2018年度“上海市浦江人才计划”（C类）
创新与竞争：网络时代的不正当竞争行为认定问题（18PJC005）

复旦大学民商法学文库

主编　季立刚

知识产权、侵权行为与自由领域

——以日韩两国的规范解释论为视角

Intellectual Property, Torts and Free Zone :

A Comparative Study on Japanese and Korean Law

丁文杰　著

法律出版社
LAW PRESS · CHINA
北京

图书在版编目(CIP)数据

知识产权、侵权行为与自由领域：以日韩两国的规范解释论为视角 / 丁文杰著. -- 北京：法律出版社，2023(2024.8 重印)
ISBN 978-7-5197-6703-7

Ⅰ. ①知… Ⅱ. ①丁… Ⅲ. ①知识产权法－研究－日本②知识产权法－研究－韩国 Ⅳ. ①D931.33 ②D931.263

中国版本图书馆 CIP 数据核字(2022)第 074764 号

知识产权、侵权行为与自由领域
——以日韩两国的规范解释论为视角
ZHISHI CHANQUAN、QINQUAN XINGWEI YU ZIYOU LINGYU
—YI RIHAN LIANGGUO DE GUIFAN JIESHILUN WEI SHIJIAO

丁文杰 著

策划编辑 沈小英
责任编辑 刘晓萌 任 娜
装帧设计 李 瞻

出版发行 法律出版社
编辑统筹 法治与经济出版分社
责任校对 王 丰 李景美
责任印制 吕亚莉
经 销 新华书店
开本 710 毫米×1000 毫米 1/16
印张 13.5 **字数** 206 千
版本 2023 年 10 月第 1 版
印次 2024 年 8 月第 2 次印刷
印刷 北京虎彩文化传播有限公司

地址：北京市丰台区莲花池西里 7 号(100073)
网址：www.lawpress.com.cn
投稿邮箱：info@lawpress.com.cn
举报盗版邮箱：jbwq@lawpress.com.cn
销售电话：010-83938349
客服电话：010-83938350
咨询电话：010-63939796

书号：ISBN 978-7-5197-6703-7
定价：86.00 元
凡购买本社图书，如有印装错误，我社负责退换。电话：010-83938349

总 序

复旦大学是我国最早开始法学教育的学校之一,1905 年立校之时就有法学课程讲习,1911 年《复旦公学章程》对法学课程的设立予以规范,1931 年复旦大学法学院获教育部备案和司法部特许成立,先后有王宠惠、梅汝璈、杨兆龙、向哲俊、卢峻、孙晓楼等一批法学大家在此开设罗马法、英美法、民法等课程。1949 年后,弥经历史大潮波澜起伏,复旦大学于 1981 年恢复法律学专业,2000 年成立单一学科的法学院。在我国法治建设历程中,复旦大学民商法学科师资团队不懈努力,在民商法基础理论、我国民商法史、比较民商法、民商部门法等研究领域屡得佳作,成果丰硕,若干领域开国内研究之先河。

"复旦大学民商法学文库"是复旦大学民商法学科团队以严谨的学术精神、开放的学术视野,努力探索中外、国际民商法治发展及其新兴法律问题的又一批研究著作。在本文库启航并将持续出版之际,我拟从以下维度谈谈自己对民商法范畴内几个问题的认识,忝以为序。

一、西方"民商法"的"源"与"流"

某一定义所表达的内容既是客观存在的,也包括人主观认识的结果,进行定义的目的有"确定本质""确定概念""确定术语符号""术语符号运用"等。[1] 虽

[1] 哈特在《法律的概念》中认为,"定义可以使导引我们使用该词语的原则变得清晰,并且可以同时展示出我们应用语词于其上的现象类型和其他现象间的关系"。参见[英]哈特:《法律的概念》,许家馨、李冠宜译,法律出版社 2006 年版,第 13 页;梁慧星:《民法解释学》,法律出版社 2015 年版,第 85 ~ 86 页。

然“民商法”不是精确的法律概念或定义,但其依然作为公知的范畴被使用着,[1]欲明晰认识西方“民法”“商法”范畴的含义,就不能不回溯其“源”与“流”。

首先,市民权、市民法是欧陆“民法”的历史源头。希腊、罗马城邦时期即存在事关市民权(jus civile)的市民法(ius civile),在罗马它曾是与万民法相对应的体系。在希腊、意大利城邦生活中,每个自由人具有双重角色:一是特定城邦的市民,他属于自己,是一个私人,谋求自己的利益;二是特定城邦的公民,他不属于自己而属于国家,是一个“公人”,须在必要时牺牲自己的个人利益去维护公益。[2] 依近现代法律观念,罗马市民法既有“私法”的内容,又有“公法”的内容。[3] 罗马私法中的“人格”有自由权、市民权和家长权三大要素,自由权决定法律上“人”和“物”的区别,市民权体现罗马人和外邦人(有无罗马公民身份)的区别,家长权确定自权人和他权人的区别。市民法早期仅适用于拥有市民权的城邦自由人,不仅决定其是否具有完全人格,还用以维持某些法律特权。在公权

---

〔1〕 范畴(category),是指人们对客观事物共同本质和关系的概括或抽象,与人的认识过程具有密切联系;范畴具有一般性与普遍性的特点,各范畴不是孤立存在的,而是有着紧密的内在逻辑关系,并形成一定的概念体系与范畴体系。范畴化是人类最重要、最基本的认知手段,体现为对事物的基本区分,而事物的性质也有本质与偶性之别。亚里士多德在其《范畴篇》中就提出反映客观事物不同方面内容的十个范畴;18 世纪后期至 19 世纪初,康德在理性批判的旗帜下,将范畴分为四对十二个,并把逻辑演绎引入范畴认知中,他认为范畴并不是简单的归纳总结、概念罗列,而是基于人们对事物的逻辑判断而形成的理性认识。18 世纪后期至 19 世纪中叶,黑格尔在其逻辑学体系中构建了严密的范畴体系。在我国,“宪法”“行政法”“经济法”“民商法”“国际法”“刑法”等均成为公认的范畴,具有部门法、学科等多重意义。

〔2〕 希腊、罗马早期是城市国家的典型。在希腊,有雅典、斯巴达、科林斯等数十个城邦;在意大利,有罗马、叙拉古、维爱等数十个城邦。在城市生活基础上,所有的自由人称为市民,产生了市民法;城市使市民法与政治发生密切联系,希腊人、罗马人皆为有政治生活的民族;就“民法为万法之母”之称而言,此“民法”当指“市民法”。参见徐国栋:《市民社会与市民法——民法的调整对象研究》,载《法学研究》1994 年第 4 期。关于罗马市民权的扩张适用,还可参阅史志磊:《论罗马市民权的观念和实践》,载《广西大学学报(哲学社会科学版)》2014 年第 6 期;赵立行:《罗马到中世纪市民权的演变》,载《历史教学问题》2016 年第 1 期;[意]洛伦佐·伽利雅迪:《〈授予市民权的优流斯法〉的颁布背景及其实施效果》,朱少龙译,载《苏州大学学报(法学版)》2018 年第 3 期。

〔3〕 Civile 是 Civis 的形容词,由动词 Ciere(“召集”“发动”)的直陈式完成时 civi 派生而来,意思是“被征召者”,为“军人”之意。古罗马实行民兵制,全民皆兵,所有的市民都是军人,Civis 是对市民军人属性的描述;Civis 的集合构成 Civitas(城邦或市民社会),它是“许多战士集合起来所组成的军队或战斗团体”,即市民共同体。Civis、Civitas、Ius Civile 根词具密切的联系:单个的 Civis 通过一定程序联合成了 Civitas,它的法就是 Ius Civile。这样的 Ius Civile 是一个 Civitas 的全部的法,而不是法之整体的一个部门,因为当时人们还没有部门法的观念。参见徐国栋:《“民法”变迁史考》,载《中国政法大学学报》2007 年第 2 期。

利方面,拥有市民权则可参与政治集会、进行投票、享有竞选和担任国家公职的权利,有起诉应诉、非经法庭审判不可定罪及为自己进行辩护等权利;在私权利方面,拥有市民权则可享有免于他人侵害其人身、财产的权利,可分得一块公有地,享有免税权(仍有缴纳赋税义务)等。[1] 市民权可因迁居外邦、犯罪等被剥夺或消减。市民权是罗马城邦自由人内部平等的权利,这种平等性基因成为罗马私法与若干制度被近代民法继受的重要原因。

在罗马,市民权的授予是一个复杂的"推广"、消弭过程。基于出生、对外邦人恩赐、"移入罗马"、奴隶解放等原因,出于增加兵员、财政、化解征服与被征服冲突等需要,市民权、市民法从适用于罗马城邦到适用于拉丁殖民地、罗马殖民地、罗马自治市、拉丁自治市等市民共同体,再到适用于同盟者。[2] 公元212年卡拉卡拉皇帝颁布的《安东尼努斯敕令》(又称《安敦尼敕令》)的内容有:"将所有事件之因归诸于神最为恰当,在如此困境中我得以幸存,我应感谢不朽的诸神。因此,如果我与已成为我臣民的外邦人以及我自己的人一起向诸神奉献,则能举行符合诸神之盛名的宏大而又谦恭的仪式。因此,我授予帝国全境内所有外邦人以罗马市民权。"[3]这意味着无论人种、民族、宗教与文化,居住在罗马帝国境内的全体民众,都成了罗马市民权的拥有人,也使市民法和万民法二元体制在市民权不断扩张下演变为市民法一元体制。但值得注意的是,在《安东尼努斯敕令》后,市民权在实际适用中也不见得那么完美,帝国晚期文献中依然充满对性别、宗教、文化,尤其是民族等"身份"的讨论,在法律上表现为不同的身份类型,甚至有"野蛮人"之称。[4] 进入中世纪后(大约指公元476年西罗马帝国灭亡至公元1453年东罗马帝国灭亡),市民权基于城邦国家瓦解、等级依附制度形成、罗马法律被日耳曼习惯法取代、分封制及附庸采邑制下国家赋税已不存在

---

〔1〕 参见赵立行:《罗马到中世纪市民权的演变》,载《历史教学问题》2016年第1期。罗马从公元前167年起开始对罗马公民免税,此后意大利的罗马公民享受了400年的直接税的免税权。

〔2〕 参见[意]洛伦佐·伽利雅迪:《〈授予市民权的优流斯法〉的颁布背景及其实施效果》,朱少龙译,载《苏州大学学报(法学版)》2018年第3期。

〔3〕 See Johnson, Coleman-Norton & Bourne, *Ancient Roman Statutes*, *Austin*, 1961, p. 225 – 226. 转引自赵立行:《罗马到中世纪市民权的演变》,载《历史教学问题》2016年第1期。

〔4〕 See Ralph W. Mathisen. Peregrini, *Barbari*, and *Cives Romani*: *Concepts of Citizenship and the Legal Identity of Barbarians in the Later Roman Empire* ,The American Historical Review,2006(4). 转引自史志磊:《论罗马市民权的观念和实践》,载《广西大学学报(哲学社会科学版)》2014年第6期。

等原因而逐渐消弭。但经教会法沿袭、罗马法复兴运动,后世大陆法系国家以罗马法术语、概念、原则为基础,均沿用“市民法”的称谓,法语为“dorit civil”,德语为“Bügerliches Recht”,意大利语为“diritto civile”,荷兰语为“Bugerlyk Regt”,若直译都是“市民法”。[1]

其次,“市民法”向“民法”蜕变。西罗马帝国覆灭后罗马法逐渐失去昔日荣光,[2]直到11世纪起商业繁荣、城市兴起,对《学说汇纂》《伦巴第法文集》等古罗马法律文本的发掘和复原,形成帕维亚法学派、波伦亚注释法学派,开启罗马法复兴运动,另一种崭新的社会形态也在逐渐生成。在历史文献中尚未发现罗马法影响中世纪城市法形成的确切证据,与罗马、希腊形成对照的是,“11、12世纪在欧洲出现的这些城市和城镇既不是中央权力的行政中心,也不是自治的共和政体,它们介于两者中间”[3]。罗马法复兴运动从学理上塑造、解释了罗马法的架构和概念,而中世纪城市法则在实践中构建了自身地位和权利,培育、发展出第三阶层及市民的诉求,“中世纪的市民权更多地是自主建构,与罗马的市民权是两个有些类似但性质完全不同的东西”[4]。自文艺复兴运动始,随着人文主义彰显、宗教改革推进、理性主义与科学兴盛,逐渐区分了人与自然(人与神)两个世界,及至近代[5]“市民法包含的诸多内容被分离出来,形成由诸部门法构成的世俗法的整体”,即宪法、民法、商法(或行政法)、刑法、刑诉法和民诉法六法体系,[6]这使“市民法”逐渐成为专指调整社会中私人利益的法,称为“私法”,形成后世欧陆私法发展的基调。“ius civile”被翻译为“民法”源自日文,一

---

[1] 大陆法系国家的市民法在普通法国家一般称“私法”。为翻译大陆法国家著作,创造了Civil Law一词,兼指罗马法和大陆法系。

[2] 对罗马法体系化作出贡献而影响后世的五大法学家:盖尤斯(约130年~180年)、帕比尼安(约140年~212年)、乌尔比安(约170年~228年)、保罗(生年不详,卒约222年)、莫迪斯蒂努斯(生年不详,卒约244年)。他们的著作代表着古罗马法学发展的高峰,成为后期传承罗马法的宝贵资料,并构成东罗马优士丁尼皇帝(527年~565年在位)《学说汇纂》的主要内容。盖尤斯的《法学阶梯》因较为简要也大受欢迎。公元6世纪编成的《优士丁尼法典》《学说汇纂》《法学阶梯》《新律》,统称为《国法大全》,其内容丰富,集千年罗马法之大成。

[3] [美]伯尔曼:《法律与革命》,高鸿钧等译,法律出版社2018年版,第470页。

[4] 赵立行:《罗马到中世纪市民权的演变》,载《历史教学问题》2016年第1期。

[5] 近代是一个宽泛的时间范畴,自英国工业革命起算“近代”更具有社会变革的意义。有关“近世”或“近代”词语在中国的传播,参见方秋梅:《“近代”、“近世”,历史分期与史学观念》,载《史学史》2004年第3期。

[6] 参见徐国栋:《“民法”变迁史考》,载《中国政法大学学报》2007年第2期。

说是佩里(Matthew Calbraith Perry,美国东印度舰队司令)叩关后,日本通过学习兰学(荷兰),由学者津田真道于1886年自荷兰语“Bugerlyk Regt”译为“民法”;一说是由学者箕田麟祥自法语“dorit civil”译为“民法”,较之于“市民法”,或为误译,但歪打正着,倒更好地体现了“市民法”中的“私法”之义。欧陆国家18、19世纪加快法典化运动,并终于取得了《法国民法典》《德国民法典》等傲人成果,欧陆民法的法典化进程秉承近代以来的自然法思想,如天赋人权、人人平等、自由、反专制、财产保障、契约精神、公共福利等,同时又伴随数学、伦理学、认识论等智识的进步,相信“一种理性的社会生活秩序的基础,或许可以通过一种全面的法律规则的新秩序予以有目的的奠定”[1]。在某种程度上,民法法典化可被视为“自然法的法典化”,[2]大陆法系国家的“民法”也主要就是指作为私法的“民法典”。无论是拿破仑引以自豪的因张扬人文主义精神、重塑法兰西公序良俗、赋予民众权利与自由而“永世长存、万古流芳”的《法国民法典》,[3]还是体系完整严密、表述精准、概念清晰、立法技术高超充满哲学智慧的《德国民法典》,[4]均在立法史上达到前所未有的高度,对大陆法系的形成与发展起到至关重要的作用。

几乎与欧陆法典化同时,普通法系也开始了曲折的民事领域法典编纂进程,如英国重述判例法的《合伙法》(1890年)、《货物买卖法》(1893年)、《财产法》(1922年)、《不动产法》(1925年);在英国殖民地,也有《继承法》(1865年)、《合同法》(1872年)、《财产转让法》(1882年)、《地役权法》(1882年)等多部“英印法典”编纂。[5]　在法律文化传统上,如同“判例制度从来都是法律制度中的命脉所在,在普通法中尤为重要,在现代民法体系中亦不逊色”一样,[6]虽在

---

〔1〕[德]K. 茨威格特、H. 克茨:《比较法总论》,潘汉典等译,法律出版社2003年版,第133页。

〔2〕丹麦于1683年、瑞典与芬兰于1784年、挪威于1791年、法国于1804年、德国于1900年制定了《民法典》,瑞士于1907年制定了《民法典》(此前有1874年《婚姻法》、1881年《债务法典》)。这一时期,比利时、卢森堡、奥地利、西班牙等国家也相继编纂了《民法典》。

〔3〕参见石佳友:《法国民法典制定的程序问题研究》,载《比较法研究》2015年第3期。

〔4〕参见舒国滢:《19世纪德国学说汇纂体系的形成与发展——基于欧陆近代法学知识谱系的考察》,载《中外法学》2016年第1期。

〔5〕参见封丽霞:《法典编纂论——一个比较法的视角》,清华大学出版社2002年版,第110~123页。

〔6〕参见[英]丹尼斯·劳埃德:《法理学》,许章润译,法律出版社2007年版,第507页。

普通法系中从来不存在一个叫作“民法”的法律部门，也缺乏对“民法”一词进行考察的立法文件，[1]而且不同法域的范畴、概念间存在差异，[2]但基于人类社会生活及理性的共通性，通过制度比较、语言语境认知，并没有不可逾越的鸿沟。20世纪以来，民法的理念、内容已发生了重要变化，诚实信用、公序良俗、人格权与人格利益保护、信赖利益保护、防止权利滥用、契约自由滥用的限制、安全保障义务、消费者合法权益保护、绿色民法等原则与规则的确立，体现着民法在维护个人本位或权利本位基石上已繁衍出诸多的“公法化”及“社会性”因素。

最后，考察“商法”范畴的形成及演变。商事活动、商事规范并不是近世或近代才有的，物品互通有无是人类社会存在的客观需求，交易活动及其规范久已有之，埃及、腓尼基、巴比伦、希腊、罗马就存在商事规范的例证，乌尔比安在《法学阶梯》中将“Taberna instructa”定义为“为了执行营业的财产与人的集合”，罗马的商业形态、商事行为多样。[3] 公元9世纪后，阿拉伯人对欧洲的入侵告一段落，商业活动复苏、商队团体出现，集市贸易于12、13世纪发达，商人们试图与封建领地决裂，恢复城市与城镇，彰显了自身的存在。商人及其贸易与城市密不可分，城市间的条约使商人获得通商权利、保障财产与自由，商人们也开始拥有自己高效率裁判的商事法院(“泥腿法庭”“潮汐法庭”)，[4]并创造及适用自己的法律。“对于商人们而言，商业惯例则是他们所共同拥有的知识(常识)，是一个从事贸易的人所应当充分了解的，如同他应当了解他所买卖的商品一样。同时，商业惯例得以创造和维持的前提是它符合贸易的特性和商人们原有的知识框架，能够被他们普遍接受”[5]，法律是经过制定的规则，但善良风俗是更为神

---

[1] 《牛津法律指南》列举了“Civil Law”一词的10种含义，其与教会法、商法、国际公法等相对应。

[2] 这种差异在同一法系，甚至同一国家、同一部法律中也可能存在，如“purchase”不仅指买卖，也包括赠与等其他取得方式，“certificate of title”(产权证书)与“document of title”(所有权凭证)的含义完全不同。

[3] 参见徐国栋：《罗马商法及其与“民法”的合一——以优士丁尼〈法学阶梯〉为考察对象》，载《法制与社会发展》2017年第5期。

[4] 商事法院既排除封建法律与习惯，也排除经院法律家所阐述的规则，而由非专业法官按照良心和公平原则去处理案件；法庭由衡平观念支配，所谓良心与公平只是商人眼中的良心与公平，它既不是基督徒的或道德哲学家的，也不是封建领主或农奴的，而是严格限于商业上的诚实与公平。裁判追求效率，案件应在一个“潮汐”间迅速完成。

[5] 陈颐：《从中世纪商人法到近代民商法典——1000-1807年欧陆贸易史中的法律变迁》，华东政法大学2002年法学硕士学位论文。

圣、公平的规则,“于习惯存在之处,一切法律皆保持沉默”。无论是海上还是陆上商人法(*Lex Mercatoria*, Law Merchant),都是中世纪沿海自治城市的商事习惯法孕育的产物,它“在西方才第一次逐渐被人们看作是一种完整的不断发展的体系,看作是一种法律体系”,[1]取得与罗马法、教会法、世俗法相独立的地位,并与“市民法”体系相分离(尽管不是完全的割裂)。不过,也不能把中世纪商法“乌托邦”化,不同城市、地区的商人毕竟存在自己的规则,中世纪商法的普遍性、统一性以及商人自治能力不能被过度夸大,商人法庭裁决的执行很大程度上受制于“封建国家”,甚至是修道院;行会的主要功能是给本会商人提供保障,对不遵守规矩的商人进行联合抵制、加入黑名单,警示人们决定是否与其保持贸易关系;行会还偏袒本会商人,歧视会外商人。某种意义上,拿破仑积极推动制定《法国商法典》正是为了解决这些问题。

我们可以看到西方商法发展更详细的脉络:一是自大约11、12世纪起,不断有商事习惯法(尤其是海商法)问世,如《阿马尔菲表》(1010年)、《特拉尼法令》(1063年)、《比萨习惯法》(1160年)、《耶路撒冷王国海商法》(1162～1173年)、《巴伦西亚习惯法》(1250年)、《巴塞罗那航行法》(1258年)、《康梭拉多海法》(约13世纪中期),这一时期还有法国的《奥内隆法典》(13世纪晚期)、波罗的港口的《维斯比法》(1350年)、巴塞罗那的《海事法典》等,[2]这都属商事习惯法的范畴。二是16、17世纪,欧洲诸国将在各国商人之间普遍适用的、具有国际性的各种商事习惯、商事规范纳入国家制定法范畴。法国路易十四时期颁布的《商事条例》(1673年)和《海事法令》(1681年)成为最早的两部国家商事法

---

[1] [美]伯尔曼:《法律与革命》,高鸿钧等译,法律出版社2018年版,第439页。

[2] 英格兰海事法院将《奥列隆案卷》作为法律(Law)接受,并收入海事法院使用的《海事黑皮书》。参见莫振坤:《中世纪欧洲海商法研究(11至15世纪)》,华东政法大学2013年博士学位论文;[美]伯尔曼:《法律与革命》,高鸿钧等译,法律出版社2018年版,第448页。

令。[1] 三是具有历史意义的拿破仑1807年《法国商法典》问世,[2]它以商行为作为构建商法体系的中心,无论谁从事经纪、海商、票据等行为,无论是商人还是非商人,均受商法调整,改变了中世纪商人法浓厚的身份色彩,令每个人都有经商的权利,使从事商行为成为一种"天赋人权",它是第一部真正意义上的近代商法。1900年《德国商法典》对1861年《德意志普通商法典》进行修订,以商人作为构建商法体系的中心,并调和民法典与商法典的关系,将原《德意志普通商法典》中存在的民事法内容移至同时生效的《德国民法典》。[3] 19世纪起的欧陆商法法典化使分散的商事习惯、规则以成文化、体系化的形式得以汇编、编纂,彰显了商法的独立性。究其原因,工业革命极大促进了经济、社会的发展,只有对传统自治性的商法体系作出革命性调整,才能适应商人群体政治地位的提高、商事活动的普遍化;只有取消或限制封建贵族所享有的各种特权,打破行会对于商人营业的管制和垄断,才能使商事主体平等、产权保障、营业自由、交易安全、自由竞争等目标得以实现。理性主义、实用主义哲学对商法发展产生了重要影响,民族国家的发展、主权理论的成熟,也为商法法典化提供了重要的立法资源。在英国,随着17世纪和18世纪国际贸易的扩展,普通法院法官摒弃了把商人法视为有别于普通法的独立法律体系的观念,商人法被逐渐地纳入普通法及普通法院管辖。1666年判决的伍德沃德诉罗维案(Woodward v. Rowe)中宣称,"商

---

〔1〕《法国商法典》的海商章节几乎原原本本地复制了《海事法令》。它还被英国人采用当作自己的海商法,现代美国和英国法院裁判中,《海事法令》仍被作为权威依据援引。参见荚振坤:《中世纪欧洲海商法研究(11至15世纪)》,华东政法大学2013年博士学位论文。

〔2〕该法典共4编648条,涉及陆上贸易401条。第一编"商事总则",共9卷,包括商人,商业帐簿,公司,商业登记,商品交易所、证券经纪人、居间商,质押与行纪商,商行为的证据,汇票、本票,时效;第二编"海商",共14卷,包括船舶、船舶抵押、船舶所有人、船长、海员、佣船契约、载货证券、租船契约、以船舶为抵押而设定的借贷、海上保险、海损、货物放弃、时效及拒诉;第三编"破产",共3卷,包括财产转移、破产及复权;第四编"商事法院",共4卷,包括商事法院的组织、管辖、诉讼及上诉程序等。

〔3〕1794年《普鲁士普通邦法》采用商人特别法观念制定,含营业规范。1857年,依据联邦代表大会的决议,在纽伦堡成立的委员会根据普鲁士和奥地利两份草案制定《德意志普通商法典》(旧商法典),于1861年施行,它是主观主义和客观主义的混合体。因当时德国缺乏统一的民法典,该法典存在大量属于民法的条款。1895年德国司法部制定新的商法草案,于1897年4月7日被帝国议会通过,即《德国商法典》(新商法典),与《德国民法典》于1900年1月1日同时生效;共4编31章905条,包括:第一编"总则"(8章),第二编"商事公司及隐名合伙"(5章),第三编"商行为"(7章)与第四编"海商"(11章)。《德国商法典》从一开始就没有把票据、保险、破产、商事法院等内容规定在商法典之内,另立单行法,但"海上保险"与《法国商法典》一样被列入海商编内。

人法是国内法”。[1]

据不完全统计，不包括英美法系样式的商法，如英国1882年《汇票法》（Bill of Exchange Act）、商事示范法（如《美国商法典》），全球制定商法典的国家与地区有60多个，其立法依年代大概分为三个时期：19世纪至20世纪初、20世纪中叶、20世纪晚期至今。[2] 前期是立法、立制阶段，后因经济社会发展、商事活动固有的国际性，商法不断经历着革命性变迁，原有法典内容中不适应新变化的部分被移除或废止，法典被“掏空”，几近空壳，经历了“去法典化”与“再法典化”进程。[3] 20世纪晚期至今，商法内容不断获得扩充，国内、国际商事规则一体化发展趋势迅猛、成果卓著，有国际商事条约，如《联合国国际货物销售合同公约》；有国际商事惯例，如商事担保、融资租赁、信用证、贸易术语、保理等统一惯例及其编纂；还有国际组织协定（如世界贸易组织），欧盟式联合体制定的规约、条例，新兴自由贸易区域性协定（如《区域全面经济伙伴关系协定》）等。在商法内容上，更关注“利益相关方”“社会责任”，强制性规范增加，体现出商法一定程度

---

[1] 参见黄进、胡永庆：《现代商人法论——历史和趋势》，载《比较法研究》1997年第2期。

[2] 第一个时期，法国（1807年制定、2006年作重要修订，以下纪年标注同）、卢森堡（1807年、2015年）、葡萄牙（1850年、2006年）、土耳其（1850年、2012年）、巴西（1850年、2016年）、马耳他（1857年、2009年）、希腊（1879年、2007年）、墨西哥（1889年、2014年）、日本（1895年、2015年）、德国（1900年、1998年）、秘鲁（1902年）、巴拉圭（1903年、1983年）、尼加拉瓜（1914年、2011年草案）、智利（1932年）、波多黎各（1932年）、伊朗（1932年）；第二个时期，洪都拉斯（1950年）、巴布亚新几内亚《商业贸易说明法》（1952年）、阿富汗（1955年）、委内瑞拉（1955年）、厄瓜多尔（1960年）、埃塞俄比亚（1960年）、突尼斯（1960年）、韩国（1962年、2011年）、哥斯达黎加（1964年）、危地马拉（1970年）、萨尔瓦多（1970年）、哥伦比亚（1971年）、阿尔及利亚（1975年）、玻利维亚（1978年）；第三个时期，斯洛伐克（1991年、2013年）、保加利亚（1991年、2012年）、布隆迪（1993年、2015年）、爱沙尼亚（1995年）、摩洛哥（1996年）、越南（1997年、2006年）、澳门（1999年、2009年）、马达加斯加（1999年）、埃及（1999年）、毛里塔尼亚（2000年）、拉脱维亚（2002年、2010年）、多米尼加（2002年）、莫桑比克（2005年）、安哥拉（2007年）、卡塔尔（2007年）、乌拉圭（2014年）；在法语国家，贝宁、几内亚比绍、布基纳法索、赤道几内亚、喀麦隆、马里、中非、尼日尔、科摩罗、塞内加尔、刚果、乍得、加蓬、多哥、科特迪瓦制定了共同适用的《非洲普通商法统一法》（2010年）。参见蒋大兴、薛前强：《商法的世界地图》，载2017年“北大商法圆桌论坛”文集。

[3] 20世纪中叶后，法国相继在商事登记、公司法、证券法、破产法、保险法、支票法等领域制定单行法，形成以《法国商法典》及单行法共同构成的商法体系，2000年颁布《法国新商法》，2004年商法典中破产法部分又作修订。《德国商法典》自颁布后也经40余次修改，1937年股份公司法、股份两合公司法另立门户，公司法、票据法、保险法制定单行法。《日本商法典》的命运也是如此，20世纪30年代公司法、票据法单独立法。参见陈岳琴：《论商法的公法化》，中国人民大学出版社2015年版，第58、65、69页；王建文：《法国商法：法典化、去法典化与再法典化》，载《西部法学评论》2008年第2期；王建文：《德国商法法典化、去法典化与现代化：历史脉络与启示》，载《法学杂志》2008年第5期。

上的“公法化”倾向。[1] 这些都已超越了传统“西方商法”的范畴与界限，已进入“现代商人法”时代。[2]

二、我国固有“民法”“商法”及其移植、创新

我国拥有“立法修律”的悠久成文法传统，从传说中的“皋陶造律”、夏“作禹刑”、商“作汤刑”、周“作九刑”、“郑铸刑书”、“晋铸刑鼎”，到秦汉律简、《北齐律》及标志中华法系成熟“礼法结合”的唐律（律、令、格、式），乃至后朝各有创制、形式多样、体系完整、立法技术高超的法典法（成文法）、制定法（国家法）。清末修律前传统法形成“礼法结合”、“明德慎刑”、“君权至上”、“权遵于法”（民本思想）、“权利等差、义务本位”、“家族本位”、“执法原情”等精华与糟粕并存的内质。传统法民事规范与商事规范的“形”与“实”同当今“民法”与“商法”虽然都有不合之处，但并不影响人们以当今法学、法律“民法”与“商法”的范式与范畴去认识、解构传统法。如此一来，古代文献中“民法”“商法”的面相便鲜活起来，我国古代有无“民法”与“商法”，有什么形态与属性的“民法”与“商法”等疑问将得到回应。

先看“民法”。在宏观叙事上，传统国家立法层面在专制政治制约、自然经济抑制，以及儒家重义轻利观念、“礼”的宗法原则的约束下，没有独立的民法体系，民事法律责任与刑事责任密切联系，但绝非被误读的“民刑不分”，而是“诸法并存，民刑有分，重刑轻民”。[3] 我国古代法律对于实施民事不法行为的行为人，不仅对其课以民事责任，更课以刑责，民事责任与刑事责任是“有分”的。如《唐律·杂律》规定，“诸负债违契不偿，一疋以上，违二十日笞二十，二十日加一

---

〔1〕 2000年《法国新商法》包括9卷，第一卷“商事总则”，第二卷“商业公司和经济利益集团”，第三卷“某些销售形式和排他性条款”，第四卷“价格和竞争自由”，第五卷“商业票据和担保”，第六卷“企业困境”，第七卷“商事裁判和商业组织”，第八卷“某些被规制的职业”，第九卷“适用于海外的规定”，可见商法典“公法化”抑或“经济法”化。

〔2〕 “现代商人法”概念由英国学者施米托夫和南斯拉夫学者哥尔德斯坦（Aleksandar Goldstajin）于20世纪五六十年代倡导。参见黄进、胡永庆：《现代商人法论——历史和趋势》，载《比较法研究》1997年第2期。

〔3〕 较为全面的论述参见张晋藩：《中国法律的传统与近代转型》（第3版），法律出版社2009年版，第247～277页。

等,罪止杖六十;三十疋,加二等;百疋,又加三等。各令备偿”[1];“亡失官私器物,各备偿。被强盗者,不偿。即失非强盗,仍合备之”[2];“买奴婢、马牛、驼骡驴……立卷之后,有旧病者,三日内听悔,无病欺者市如法,违者笞四十”[3]。对行为人在父母丧期内进行嫁娶的,《唐律·户婚律》规定,“诸居父母及夫丧而嫁娶者,徒三年;妾减三等,各离之。知而共为婚姻者各减五等;不知者,不坐。若居期丧而嫁娶者,杖一百,卑幼减二等,妾不坐”[4],即行为人不遵守丧期嫁娶规则,不仅婚姻无效,还要依亲疏尊卑等级承担相应刑事责任。

我国传统民事规范还呈现强烈的家族本位特征,如在财产关系中强调同居共财,家长支配,家产的所有权原则上归属家长;在借贷关系中认可“父债子偿”的家属连带责任,在买卖关系中亲族享有优先买受权;[5]在婚姻关系中则强调家族意志,婚姻的缔结、存续与消灭须严格遵循“六礼”“同姓不婚”“七出三不去”等礼俗;[6]在继承关系中则极为强调宗法礼制,嫡长子继承家长地位,财产诸子均分;[7]在家族伦理上遵循尊卑等级,法律允许亲属容隐,并对以尊犯卑、以卑犯尊的行为设置不同程度的民刑责任。[8]

在认识我国传统“民法”时不能忽略民间法、习惯法以及判例法。民间法与国家法对应,是由风俗习惯长期演变而来逐步制度化的规则,如调整族内秩序的对族人有普遍拘束力的宗规家法。习惯法与制定法对应,是社会生活长期实践形成的不成文民事行为规范。儒家的“礼”上升为道德规范,“礼俗”则发展成民间习惯,依靠“礼教”的力量予以维持。[9] 虽不能说我国传统法上存在当今语境

---

〔1〕《唐律·杂律》卷二六律文。参见[唐]长孙无忌:《唐律疏议》,刘俊文点校,法律出版社 1999 年版,第 522 页。

〔2〕《唐律疏议》卷二六疏文。参见[唐]长孙无忌:《唐律疏议》,刘俊文点校,法律出版社 1999 年版,第 522 页。

〔3〕《唐律·杂律》卷二六律文。参见[唐]长孙无忌:《唐律疏议》,刘俊文点校,法律出版社 1999 年版,第 538 页。

〔4〕《唐律·户婚律》卷二七律文。参见[唐]长孙无忌:《唐律疏议》,刘俊文点校,法律出版社 1999 年版,第 280 ~ 281 页。

〔5〕参见[日]贺滋秀三:《中国家族法原理》,张建国、李力译,法律出版社 2003 年版,第 236 页。

〔6〕参见郭建、姚荣涛、王志强:《中国法制史》(第 2 版),上海人民出版社 2006 年版,第 161 ~ 176 页。

〔7〕参见[日]贺滋秀三:《中国家族法原理》,张建国、李力译,法律出版社 2003 年版,第 100 页。

〔8〕参见郭建、姚荣涛、王志强:《中国法制史》(第 2 版),上海人民出版社 2006 年版,第 157 页。

〔9〕参见叶孝信主编:《中国民法史》,复旦大学出版社 2021 年版,第 6 页。

下的判例法,也难称其为成文法与判例法的“混合法”,“在现代普通法意义上,无论是采用严格的英格兰式标准、还是相对宽松的美国式标准,在中国古代法的实践中,都难以找到完全相符的对应物”〔1〕,但在我国传统法上并无法典法、制定法与判例(案例)运用对立的意识,且很早认识到“法之设文有限”〔2〕,“有法者以法行,无法者以类举,听之尽也”〔3〕。在现有已知文献中,存在不少判例、案例运用的记载:秦有《法律答问》,可视为学理性案例解释;汉《奏谳书》记载了春秋至西汉初期的22个案例,其中“阑送南”案就援引了前案进行判决,而汉之“决事比”则兼具司法判例、行政先例与类推技术的属性,“若今律,其有断事,皆依旧事断之,其无条,取比类以决之”;北魏“每有断决,多为故事”;唐代虽对比照成例断案较为谨慎,防止“害律”,但未杜绝在经特别程序认可(如皇帝特批、形成“永格”)的情况下援引先例断案;〔4〕《唐律》《宋书》中就有许多“乞鞫”案例,宋代实行奏案制度,判例使用有所增加,南宋《折狱龟鉴》《名公书判清明集》记载了丰富多彩的案例。可以说,民间法、习惯法、判例法与律令均是我国传统“民法”的渊源。

我国“民法”的近代化历程始于清末。〔5〕光绪三十年(公元1904年)设立修订法律馆后,任沈家本等为修律大臣;〔6〕光绪三十三年(公元1907年)清廷“参考各国成法,体察中国礼教民情”,“酌设二科,分任民律、商律、民事刑事诉讼之调查起草”。〔7〕沈家本于次年十月奏请聘用日本法学家志田钾太郎、松冈

〔1〕王志强:《中国法律史叙事中的“判例”》,载《中国社会科学》2010年第5期。

〔2〕《春秋左传正义》卷四十三《昭公五年至六年》。参见[唐]孔颖达等:《春秋左传正义》,[晋]杜预注,上海古籍出版社1990年版,第750页。

〔3〕《荀子·王制篇》。参见《荀子》,方勇、李波译注,中华书局2011年版,第116页。

〔4〕参见刘笃才:《中国古代判例考》,载《中国社会科学》2007年第4期。

〔5〕所谓法律制度近代化是一个动态的过程,是从传统人治型社会向现代法治型社会的历史变革过程。法制的近代化包括法律规则的近代化、法律观念的近代化、法律组织的近代化以及法律运作的近代化。其中,法律规则的近代化是法制近代化的前提条件;法律观念的近代化是法制近代化的内在动力;法律组织的近代化是法制近代化的权力后盾;法律运作的近代化是法制近代化的动态实践。法制近代化是社会变迁的一个构成要素;同时,社会变迁也为法制近代化提供了生存的土壤和动力,社会变迁与法制近代化相互作用、互相关联。还可以认为,法制近代化包括法律体系、法律观念、法律制度、法律原则、法律术语的近代化。

〔6〕初为沈家本、伍廷芳,后为沈家本、俞廉三、英瑞(因病故未就任);宣统二年(1910年),沈家本去职,刘若曾接任。

〔7〕参见李显冬:《从〈大清律例〉到〈民国民法典〉的转型》,中国人民公安大学出版社2003年版,第115页。

义正主编民律总则、债权、物权三编；亲属、继承二编因“关涉礼教”，由修订法律馆会同礼学馆编订；亲属法由章宗元、朱献文主编；继承法由高种和、陈篆主编；全稿于宣统三年(公元1911年)八月完成；[1]因清朝灭亡，未及颁行。尽管清末民事立法经历了激烈的“礼法之争”，仍留有不少封建痕迹，身份法的封建性尤甚，尚不能视为一部近代意义上的民事法律，但因其“参酌”德国、瑞士、日本等国成法，顾及民事习惯，将《大清律例》与《户部则例》民事法律部分整合(后被称为“现行律民事有效部分”)，继承、分产、婚姻、典卖、田宅、钱债等不再适用刑事制裁，[2]该律公、私法分离的近代化倾向、欧陆民法的编纂体例对我国后续民事立法产生了深刻影响。

民国初年，“民国才定，法制未定”，“应仍照前清现行律中规定各条办理”。[3] 1914年，设法律编查会，翌年编成民律亲属编草案。1918年7月，设修订法律馆。基于收回领事裁判权的需要、自然人与法人民事主体“人”的观念渐被接受、家族法效用的减弱，修订法律馆以《大清民律草案》为蓝本，调查各省民、商事习惯，参照各国最新法例，于1926年编纂完成民法草案(“民律二草”)。[4] 草案纠正前清固有民法与继受民法的二元性冲突，起到承上启下的历史作用，虽未正式生效，但北洋政府司法部于1926年11月通令各级法院作为法理引用。[5]

及至南京国民政府时期，1927年6月设法制局。民初民法总则、债权、物权各编及民事习惯、法院判例尚可维持社会所需，但亲属、继承制度因袭宗法旧制，与国民革命政纲、理念相悖，与世界潮流相逆，故先订亲属、继承两编。1928年12月立法院成立，随即组织民法起草委员会。[6] 1929年5月民法总则编成，10

---

〔1〕 参见叶孝信主编：《中国民法史》，复旦大学出版社2021年版，第544页。

〔2〕 参见李显冬：《从〈大清律例〉到〈民国民法典〉的转型》，中国人民公安大学出版社2003年版，第127～130页。

〔3〕 李显冬：《从〈大清律例〉到〈民国民法典〉的转型》，中国人民公安大学出版社2003年版，第184页。

〔4〕 总则编由大理院院长余棨昌负责起草，债编由修订法律馆副总裁应时、总纂梁敬錞主稿，物权编由北京大学教授黄右昌起草，亲属、继承二编由修订法律馆总纂高种和起草。

〔5〕 参见叶孝信主编：《中国民法史》，复旦大学出版社2021年版，第546页。

〔6〕 民法起草委员会委员有傅秉常、史尚宽、焦易堂、林彬、郑毓秀(后由王用宾继任)，民法起草委员会顾问有王宠惠、戴传贤、宝道。

月实施;1929 年 11 月民法债编、物权编公布,1930 年 5 月实施;1930 年 12 月民法亲属编、继承编公布,1931 年 5 月实施。《中华民国民法》在体例上采用“潘德克顿”式五编制,在内容上确立男女平等、废除封建宗祧继承、私权保护与公益平衡;融合欧陆商法内容,将经理人及代办商、行纪、仓储、运输、承揽等“各种之债”编入债编,又将公司法、破产法、票据法、海商法、保险法等单独立法,实现民商的有限融合,在世界民商立法中独树一帜。

1949 年废除旧法统后,我国曾先后于 1954 年、1962 年与 1979 年三次启动民法典编纂工作,但因历史原因均未制定成正式法律。[1] 改革开放后,民事立法采单行立法模式,先后颁布《中华人民共和国民法通则》(1986 年),《中华人民共和国合同法》(1999 年),《中华人民共和国物权法》(2007 年)、《中华人民共和国侵权责任法》(2010 年)等。全国人大常委会曾于 2001 年启动第四次民法典编纂工作,但草案受到批评意见甚多而被搁置。直至 2014 年明确提出“加强市场法律制度建设、编纂民法典”的目标,第五次民法典编纂开启,《中华人民共和国民法典》于 2020 年 5 月 28 日由全国人大通过,2021 年 1 月 1 日实施,包含总则、物权、合同、人格权、婚姻家庭、继承与侵权责任七编。《中华人民共和国民法典》博采众长,构建起具有中国特色的民法制度,如人格权法独立成编,侵权法创设安全保障义务规范等等。

再看“商法”。据考古发现,我国“夏后以玄贝”,春秋后金属货币普遍使用,体现交易的逐渐发达,西周晚期《颂鼎》铭文“王曰:颂,命汝官司成周贾廿家”,呈现商事管理活动的印记。战国以降,中国封建社会长期延续:政治上,君主专制制度逐渐强化;经济上,以自给自足的自然经济为特色;思想上,以“礼”为核心的儒家思想成为统治思想。“重农抑商”政策经秦汉及后朝沿用、发展,及至晚清。不过,中国传统封建制度下自然经济与商品经济既有对立性,也有同一性,以自然经济为主体的农业经济中含有商品交易的成分,抑商政策主要是对商人政治、社会地位的限制;抑商政策的对象时而呈现“抑小不抑大”的特点,如吕不韦、胡雪岩者是。古代文学作品中留有商人、商业活动的多面“画像”。[2] 商

〔1〕 参见何勤华、李秀清、陈颐主编:《新中国民法典草案总览》,北京大学出版社 2017 年版,第 1 页。

〔2〕 参见姜革文:《商人 · 商业 · 唐诗》,复旦大学出版社 2007 年版。

人政策也屡经变化，如朱元璋采取伦理上歧视商人、经济上重视商业的政策，所谓“先王之教，其业有四，曰士、农、工、商。昔民从教，专守四业，人民大安”[1]；明中叶贯彻农商不偏、顺应时势的政策；及至清代，康、雍、乾三朝实施恤商政策。但总体上看，中国传统社会中商业是在农本主义夹缝中生长的，尤其清代海禁后，商业贸易更受打击，也正因如此，我国传统制定法中几乎不存在当今意义上平等主体间的商事规范，而国家管理规范（或在当下范畴内被称为“经济法”规范）比比皆是，如盐法、酒茶专卖、矿冶法、平准税法、市舶法等。[2]

清末，随着社会经济的转型、“商战”思想的兴起、“振兴工商”的倡导，制定商法成为朝野共识，在“先订商律”政策指导下，进行了具有开创性的商事立法活动，制定了诸如《钦定大清商律》（包括《商人通律》《公司律》，1904 年）、《破产律》（1906 年）、《大清商律草案》（1909 年）及《商律草案》（商会制定的《商法调查案》的官方版本，1909 年）等主要商事法律。至民初，政府颁布命令，与民律情形一样，在新法律未制定颁行前，清末颁行的商法可以援用，后在清末商法成果的基础上相继制定了《商人通例》（1914 年）、《公司条例》（1914 年）、《破产法草案》（1915 年）、《海船律案》（1925 年）、《票据法草案》及《保险法草案》等主要商事法律，为后期商事立法奠定了坚实的基础。

1928 年，南京国民政府成立，此时的经济政策及状况、立法制度与立法指导思想均与清末、民初相比发生了显著变化。经济政策上，以发展国有经济为重点，对私人资本亦加以扶持，从而迎来中国近代资本主义经济发展的“黄金十年”；在立法制度上，中国近代史上第一个专以立法为名的立法机构——立法院正式成立，一改清末民初非正式立法机构（如清末的商部、民初的农商部或修订法律馆）从事立法的局面；在立法指导思想上，以“立法原则”或“立法政策”为指引，[3]重“社会本位”，“凡是立法——尤其是私法——应极力采取最新的法例，

---

[1] 《大诰续编·互知丁业第三》。参见钱伯城、魏同贤、马樟根主编：《全明文》，上海古籍出版社 1994 年版，第 624 页。

[2] 参见郭建：《中国经济立法史》，新华出版社 2019 年版。

[3] 立法原则可分为抽象与具体两类：抽象的立法原则是“立法院在平时或在战时、在训政中或在宪政中，行使立法权之使命所在也”；而具体的立法原则“则为训政时期特有之现象，系由中央将重要之议案发交立法院时，对于内容之要点认为不能变更者，列为原则，俾立法工作时有所遵循”。参见陈顾远：《立法要旨》，中国国民党中央执行委员会训练委员会 1942 年版，第 25 页。

而同时注重本国良好的习惯”,“以全国社会的公共利益为本位,处处以谋公共的幸福为前提”。[1] 在此背景下,大规模的商事立法活动得以展开,新的民商立法模式正式确立,建立了商法部门基本体系,基本完成了我国商事立法的近代化进程。

在《公司法》方面,其于1929年公布,1931年施行,是中国近代第三次公司立法,也是一部“比较完整的现代中国公司立法”。[2] 它在民初公司法人性质的基础上强调公司的营利性质,并以德、日公司法为借鉴,采法定资本制,即公司成立时所有的资本额都必须得到认购与发行,若公司章程规定的注册资本在公司设立时未被一次认足,则公司不能成立,增设法人持股的规定,对股份有限公司的规定加以细化,借鉴同时代其他国家公司立法,又具自身特色。[3] 1946年《公司法》创立有限责任公司制度。与民初《公司条例》比较,此时的公司立法有了更进一步发展。[4]

在《票据法》方面,民国初年虽有5部票据法草案,但终未颁行。国民政府立法者们参照民初修订法律馆第一次草案、第三次草案以及工商部送立法院审议的草案(第一案及第二案),效法德、日、英、美、法等国的法例,“不囿于一系之主义”,[5]最终于1929年制定颁行了我国近代史上第一部正式的《票据法》(总则、汇票、本票、支票、附则5章,共139条),就票据的格式、背书、承兑、保证、期日、付款、追索权、拒绝证书、复本、誊本等内容进行了细致的规定,并确立了“三票合一”的立法体例。当时各国票据立法体例并不相同,如法国、德国的商法典“票据”章节仅包括汇票与本票,支票另行规定;英国1882年制定的《汇票法》、

---

[1] 参见胡汉民:《民法债编的精神》,载胡展堂、王养冲:《革命理论与革命工作》(第3辑),民智书局1932年版,第854页。

[2] 参见江平:《新编公司法教程》,法律出版社1994年版,第15页。

[3] 这种特色表现为:“在一特别法中规定各种公司制度,此种形式,与视公司法为商法典中之一部之德国、法国、日本等国之法制,即属有异;且与以公司法订于债权编内之瑞士、苏俄,以及以一种公司为独立单行法之英吉利等国之制度,亦复不同。其他划分股份有限公司为独立法典之国家,固或有之,而民国不援其例,仍以无限公司、两合公司、股份两合公司以及股份有限公司等法规冶于一炉,此不得不认非为本法之特殊者也。”参见[日]田中耕太郎:《中华民国公司法》,刘笃译,载《法律评论》1935年第12卷第47号。

[4] 但1946年修正后的《公司法》放松了对大股东在公司股东会行使权力的限制,改变了1929年《公司法》的精神,“极端保护大股东之权益,置小股东之利害关系于不顾”,改变了此前立法中“节制资本”、保护小股东利益的价值取向。

[5] 参见《票据法草案说明书》,载《立法院公报》1929年第10期。

美国1893年制定的《统一流通证券法》则是“合一”模式。国民政府在民初修订法律馆票据法草案基础上采“三票合一”立法模式,既借鉴两大法系已有票据立法经验,也吸收民初修订法律馆票据立法成果,先就汇票各种制度进行详细规定,本票与支票的相关内容则通过准用性条款援用汇票规定,大大精简了行文,体现了较高的立法水平,是立法中借鉴、继承、自我发展的重要表现。

在金融领域立法方面,1930年国民政府立法院商法起草委员会在马寅初的主持下,“衡量本国商情,参酌他邦成例”,[1]拟具《银行法草案》(共51条),经立法院通过而予以公布,[2]涉及银行经营范围及主体、资本总额限制及其增减、银行事前和事后监督、银行出资入股的禁止、银行兼业的范围、银行的信托业务、分行制度的采用、外国银行的取缔等方面。由于业界的反对,该法被迫暂停施行,直至1947年修正后才得以正式施行,规定多种类型银行,内容大大丰富。[3]受英美银行法及我国1946年《公司法》的影响,分别就银行、银行业务、付现准备金、保证准备金等用语进行界定,并照顾当时多种金融机构并存的状况,将银行分为商业银行、实业银行、储蓄银行、信托公司、钱庄等类型。在监管上严格核准制,规定保证准备金、付现准备金制度,通过防止贷款集中、关联贷款等措施降低金融风险,更值得一提的是首倡建立存款保险组织,反映出立法者对防范金融危机的谨慎态度。[4]

1929年,国民政府工商部在民初(公元1914年)颁行的《证券交易所法》《物品交易所条例》的基础上参照各国先进的立法例,拟具《交易所法草案》,交立法院经济委员会及商法起草委员会审议通过,分设立、组织、经纪人及会员、职员、买卖、监督、罚则、附则等8章,共计58条。与民初的《证券交易所法》《物品

[1] 参见谢振民:《中华民国立法史》(下),张知本校订,中国政法大学出版社2000年版,第852页。

[2] 就银行立法而言,它发端于清末(1908年)颁布的《银行通行则例》(共16条)。至民初,则先后公布了《兴华汇业银行则例》《中国银行则例》《交通银行则例》《劝业银行条例》等特种银行法规,以及《修正银行法(草案)》《银行法施行细则(草案)》《储蓄银行法(草案)》,但均未能提交国会议决。

[3] 该银行法分定义、通则、商业银行、实业银行、储蓄银行、信托公司、外国银行、银行之登记及特许、附则等10章,共119条。

[4] 1947年《银行法》仍存在诸多不足,如银行接管、停业等方面鲜有规定。此外,该法规定银行可对农工、矿业或其他生产、公用事业或交通事业等公司进行投资,购买其股票,无疑有利于国家资本的垄断经营,因此也扩大了金融风险,使银行法有关风险控制制度的效用大打折扣。

交易所条例》相比,增加交易所缴纳保证金及买卖期限的规定,禁止内幕交易,强化主管机关的监管、加大处罚力度,在随后(公元1935年)修改中增加经纪人或会员不得受公务员之委托进行买空卖空交易,实为一大进步。

保险立法始自1910年由清末修订法律馆拟具的《保险业章程草案》,民初农商部与修订法律馆分别拟定《保险业法案》(1917年)、《保险契约法草案》(1927年,该草案参照了法、德、意、日、比、英、美等国的保险法律)。1929年,马寅初、戴修骏、卫挺生等拟具新的《保险契约法草案》,后以《保险法》之名公布。[1] 国民政府还于1935年公布《保险业法》《简易人寿保险法》《简易人寿保险章程》,初步构成了中国近代保险法律体系。

在破产立法方面,1935年《破产法》颁行前,国民政府曾先后拟定《破产法草案》(共333条)及《商人债务清理条例》(共68条),前者因"可议之点甚多"被束之高阁,后者因仅限于商人,且属暂行条例,内容不完备,"自不足以语正式之破产法典"[2]。鉴于此,国民政府民法起草委员会先"确定先决要点"[3]、"搜集参考资料"[4],并征询外籍顾问宝道、爱斯嘉拉、赖班亚、山顿等人意见,初稿确定后又约请司法院、司法行政部、各级法院、各省市商会、各地律师公会、各大学法学院等提供意见,兼听报纸杂志中评论,出炉了高水准的《破产法》[5]。一是

---

[1] 该法就保险契约(定义、生效、存续时间、形式要件)、财产损害保险、人寿保险、人身伤害保险、保险人义务及投保人义务等主要方面进行了规定。后因业界对该法多有不满,于是在1937年进行修正后再次公布,并增加了保险利益、特约条款、再保险等内容。

[2] 梅汝璈:《新破产法草案之特征与理论》,载《中华法学杂志》1935年第6卷第1期。

[3] "确定先决要点"是指确定"遵守三民主义之立法精神、适应一般社会之实际需要、保存中国固有之优良习惯、采纳各国法典之优点"四点立法原则。参见谢振民:《中华民国立法史》(下),张知本校订,中国政法大学出版社2000年版,第845页。

[4] 立法院民法委员会除搜集中国前几次破产法案及现行法令中与和解或破产有关的条文外,还由立法院编译处翻译了多个国家与地区关于和解或破产的最新法令,如英国、加拿大、巴基斯坦、美国、菲律宾、法国、南斯拉夫、波斯、秘鲁、阿根廷、德国、日本等国的破产法,法国、日本的和解法,德国的和议法草案,意大利的商法草案等。参见傅秉常:《破产法之制定及其内容》,载立法院编译处:《各国破产法选编》,会文堂新记书局1936年版。

[5] 《破产法》分总则、和解、破产、罚则4章,共计159条。除第一章"总则"、第四章"罚则"外,第二章"和解"又分为法院和解、商会和解、和解及和解让步之撤销等3节;第三章"破产"分破产之宣告及效力、破产财团之构成及管理、破产债权、债权人会议、调协、破产财团之分配及破产之终结、复权等7节,涉及破产原因、破产管辖、和解条件及其限制、债务人的监督及其行为限制、债权人利益保护、破产宣告、破产财团、撤销权、别除权、抵销权、复权等方面。具体内容可参见1935年《破产法》,载立法院编译处:《各国破产法选编》,会文堂新记书局1936年版。

破产法适用上采一般破产主义(不分商人与非商人),破产原因上采概括主义,债务人或破产人财产确定采属地主义,破产宣告采声(申)请主义,破产财团采膨胀主义,经破产程序清偿后的债权采免责主义;二是吸纳确立和解制度,该制度为比利时首创(单独立法),因该制度与"我国和平、让步、息事、宁人之习尚隐相吻合",故直接将和解制度编入破产法中,在进行破产前,可向法院或商会申请和解。[1] 法例中的破产免责主义("视其未能偿还之债权为消灭")被称道为"各国罕有见例,他异日或被视为我国对于破产法学上之贡献,正亦未可逆料"。[2]

1929 年,国民政府公布《海商法》,随后公布《海商法施行法》(共 9 条),定于 1931 年施行。《海商法》分通则、船舶、海员、运送契约、船舶之碰撞、救助及捞救、共同海损、海上保险 8 章,共 174 条,此法"乃折衷英、美惯例,德、日成规而成"[3],与民初《海船律案》相比,扩大了调整范围,增加规定了船舶国籍、船舶优先权、船舶抵押权,采德国立法例对船舶所有人责任进行限制,契约形式改采要式主义,共同海损规定更明确。

总体而言,国民政府时期商事立法持较开放的态度:一方面,广泛参照外国先进的立法例,追求符合世界潮流的商法制度;另一方面,通过发掘本土资源,勇于创新,确立独特的民商立法模式,以求制定符合国情的商事制度体系,基本完成了商法的近代化。[4]

还须提及的是,我国在近代历次民商事立法过程中均进行了颇具规模的民商事习惯调查活动。早在光绪二十八年(公元 1902 年),刘坤一、张之洞、袁世凯等人在保荐沈家本、伍廷芳修订法律的奏折中即已关注"风土人情"对于立法

---

〔1〕 参见傅秉常:《破产法之制定及其内容》,载立法院编译处:《各国破产法选编》,会文堂新记书局 1936 年版。

〔2〕 梅汝璈:《新破产法草案之特征与理论》,载《中华法学杂志》1935 年第 6 卷第 1 期。

〔3〕 王效文:《中国海商法论》,上海法学编译社 1933 年版,第 11 页。

〔4〕 不可否认,此一阶段商事立法无论是立法本身还是法律运行均存在诸多不足与缺陷,如 1929 年《公司法》"或因规定过严,不易实行,遂不得不以削足裹履方法以符合条文,或因取缔困难,致一般公司视为具文,或因束缚过甚,反使守法者难于发展,全部中之能切实奉行者,不及三分之一";另如 1935 年《保险业法》因在半封建半殖民地的旧中国,执政当局对帝国主义的依赖性和它本身的软弱性,决定了有关限制外商权益的立法必然不可能获得施行,而《海商法》因脱离当时中国海运事业实际而几乎无法施行。参见夏维忠:《新公司法要义》,中国法学社 1946 年版,第 1 页;胡文柄:《船舶所有人有限责任之过去、现在及将来》,载《中华法学杂志》1931 年第 2 卷第 1 期。

的影响。[1] 光绪三十二年(公元1906年)制定《破产律》时更重"调查东西各国破产律,及各埠商会条陈、商人习惯,参酌考订"。[2] 光绪三十四年(公元1908年),修订法律大臣沈家本奏"谨拟法律馆谘议调查章程",力陈本国习惯对于制定民商各法的重要性,"惟各省地大物博,习尚不同,使非人情风俗织悉周知,恐创定民商各法,见诸实行必有窒碍"。[3] 为开展先行的商事习惯调查,修订法律馆特定《法律馆调查各省商习惯条例》。宣统二年(公元1910年),修订法律馆将调查重点由商事习惯转为民事习惯,为此特拟订《调查民事习惯章程十条》,调查内容包括"各处乡族规、家规,容有意美法良,堪资采用者",以及"各处婚书、合同、租券、借券、遗嘱等项"。[4] 清末的民商事习惯调查,从组织机构到具体的办事事宜都有较为周密的安排。

1917年10月,奉天省高等审判厅长沈家彝向北京政府司法部"呈请创设民商事习惯调查会",称"职司审判者,苟于本地各种之习惯不能尽知,则断案即难期允惬。习惯又各地不同,非平日详加调查,不足以期明确",[5]司法部接此呈文后随即批准商事习惯调查会设立,又于1918年1月令全国其他各省高等审判厅仿照奉天省做法设立民商事习惯调查会,"岂惟为将来编制法典之基础,即现在裁判案件亦复足资参考,是此项调查实为切要之图"。[6] 可见,此次民商事习惯调查的司法运用目的十足。从组织机构上看,民商事习惯调查会由北京政府司法部负总责,具体事务由修订法律馆承办。[7] 除政府主持的商事调查外,商会、同业工会也进行了商事调查活动,[8]如在上海,有钱业公会关于连保债务责任习惯的调查,上海县商会对保单印章责任、租船损害赔偿等习惯的调查,上海

---

[1] 参见季立刚:《民国商事立法研究》,复旦大学出版社2006年版,第246页。

[2] 季立刚:《民国商事立法研究》,复旦大学出版社2006年版,第247页。

[3] 季立刚:《民国商事立法研究》,复旦大学出版社2006年版,第248页注释。

[4] 《调查民事习惯章程十条》,载《大清宣统新法令》(第16册),上海商务印书馆清宣统二—三年(1910—1911)版;李贵连:《沈家本年谱长编》,张国华审订,台北成文出版社1992年版,第331页。

[5] 参见《司法公报》1927年第242期。

[6] 参见《司法部训令第六八号》,载《司法公报》1927年第242期。

[7] 参见季立刚:《民国商事立法研究》,复旦大学出版社2006年版,第257页。

[8] 天津商会的商业习惯调查内容就有华洋交易批货习惯、倒闭商家清理外欠习惯、商人与外客交易习惯、债权让与习惯、租房习惯、货栈习惯、商家为人担保债务习惯、买货卖货回佣习惯、租约习惯等。参见天津市档案馆:《天津商会档案汇编(1912—1928)》(下册),天津人民出版社1992年版;季立刚:《民国商事立法研究》,复旦大学出版社2006年版,第259页。

商人团体整理委员会对票据付款责任的调查等。民初《钱业月报》大量登载商事习惯调查内容,如追偿票据权利习惯、掉换本票后支票发票人责任习惯、钱庄解付支票责任习惯、汇票出票人及承兑人责任习惯、本票挂失习惯、代收庄票责任习惯、照票责任习惯、兑收汇票习惯、合伙商店停业后清算人选任习惯、钱庄经理脱卸责任习惯、商店伙友解雇习惯等。[1] 国民政府时期,商会和其他商人团体继续开展商事调查活动,是民初调查活动的延续,范围与民初基本相同。[2] 清末至民国的民商事调查,反映出各界对传统法律资源效用的深刻认识,取得了一定的成果,对民商事立法产生了一定的影响。[3]

1949 年后,中国完全废止国民政府的"六法"体系,新时期商事法规的宗旨和任务是逐渐对私有经济进行社会主义改造,建立公有计划经济。1950 年 12 月 29 日颁布《私营企业暂行条例》,规定无限公司、有限公司、两合公司、股份有限公司及股份两合公司,承认资本主义工商业原有组织形式和所有权表现形式。1954 年 9 月政务院通过《公私合营工业企业暂行条例》,是对资本主义工商企业进行社会主义改造的过渡性政策措施;1956 年实行全行业公私合营,企业内部形成国有或集体公有制生产关系;20 世纪 50 年代末至 70 年代末,中国实行纯粹的社会主义公有制经济。改革开放后,中国进入一个新的历史时期,商法日益健全、完善。1979 年颁布《中华人民共和国中外合资经营企业法》后又有《中华人民共和国会计法》(1985 年)、《中华人民共和国外资企业法》(1986 年)、《中外合作经营企业法》(1988 年);1986 年《中华人民共和国民法通则》确认"民事活动应当遵循自愿、公平、等价有偿、诚实信用的原则。公民、法人的合法的民事

---

〔1〕 参见季立刚:《民国商事立法研究》,复旦大学出版社 2006 年版,第 259 ~ 260 页。

〔2〕 调查的有匹头定货习惯、华洋定货习惯、华洋商号交付货款习惯、定货迟到纠纷习惯、提单取货习惯、洋行提货习惯、取消部分定货习惯、办理押汇习惯、抵押货品习惯、掮客佣金与责任习惯、丝业定期买卖习惯、银钱业放款利率习惯、滚利作本习惯、期票使用习惯等,内容涉及定货、提货、退货、押汇、抵押、佣金、买卖、利率、票据、契约、推盘、保证、亏欠、伙友等诸多方面。参见季立刚:《民国商事立法研究》,复旦大学出版社 2006 年版,第 261 页。

〔3〕 参见季立刚:《民国商事立法研究》,复旦大学出版社 2006 年版,第 262 ~ 272 页。总体上,国民政府的立法者对民商事习惯采取了排斥的态度。究其原因,主要有以下几个方面:其一,在以自然经济为主、没有形成统一大市场的环境下,民商事习惯也不可能具有统一性、普遍性,这一方面影响了民商事习惯的效用,也给在国家立法中采纳民商事习惯带来一定困难;其二,近代中国民、商事立法是以制定法形态出现的,并不断向习惯法领域侵入,使民间习惯法的存在空间逐渐萎缩,制定法成为调整社会经济生活的主体,民间习惯法的作用逐渐被制定法所替代。同时,商事交易要求商事规范具有统一性,囿于一国强调习惯,无法适应国际商事交易的需求。

权益受法律保护,任何组织和个人不得侵犯”,成为民商事基本法,对改革开放作出伟大的历史贡献。1986 年《中华人民共和国破产法(试行)》颁布(1988 年实施),1992 年《中华人民共和国海商法》颁布,1993 年 12 月《中华人民共和国公司法》颁布。1995 年是我国商事立法的重要一年,《中华人民共和国商业银行法》《中华人民共和国票据法》《中华人民共和国保险法》相继颁布。1997 年颁布《中华人民共和国合伙企业法》,1999 年再颁《中华人民共和国个人独资企业法》,1998 年《中华人民共和国证券法》问世。须大书特书的 1999 年《中华人民共和国合同法》也是基本商行为法,它吸收 1980 年《联合国国际货物销售合同公约》内容,有关电子合同的规定领先世界潮流。进入 21 世纪,2003 年颁布《中华人民共和国证券投资基金法》,2018 年颁布《中华人民共和国电子商务法》。在商事管理方面,突出的是 2021 年国务院颁布《中华人民共和国市场主体登记管理条例》,为培育壮大市场主体和促进公平竞争提供法治保障。改革开放以来,我国商事法或立或修,我国建构起体系化、现代化、国际化商事法律制度。

三、如何认识“民商分立”抑或“民商合一”

将“民商分立”与“民商合一”立法模式争论视为一桩“公案”并不为过,它涉及立法体例、制度价值、司法适用,乃至学科分类、研究范畴等问题。通常意义上,将大陆法系某些国家分别编纂“民法典”与“商法典”两部法典的称为“民商分立”,而将另一些国家仅编纂“民法典”、无“商法典”的称为“民商合一”。其实,有关“民商分立”与“民商合一”的讨论范畴,仅涉及商事立法编纂形式问题,并非谈论商法性质、本源问题。

其一,“民商分立”与“民商合一”立法模式的形成具有历史性,“民商分立”是“民商合一”的逻辑前提。法律制度变革总是基于一定的政治、经济、社会土壤及法律观念、法律技术的进展,商法制度的变迁和体系调整同样遵循这一逻辑。大陆法系受罗马法形式理性的影响形成法典化传统,而商事规则又不能为民法典所一统包含,就有了“民法典”与“商法典”的并立。在“民法典”“商法典”分别编纂之前,民商并未形成定型化的分野,“民商合一”问题并不存在。

其二,各国“民商分立”与“民商合一”立法模式存在不同的历史特征。法国与德国虽为典型的民商分立国家,但两国立法标准和调整范围有较大差别。

《法国商法典》以客观主义为立法特征,区别商事行为与民事行为,任何主体从事商行为均受《法国商法典》调整,其由通则、海商、破产和商事法院 4 章构成。《德国商法典》以主观主义为立法特征,由商人、商事公司及隐名合伙、商行为、海商 4 章构成,以交易活动主体是否为商人来区分商事行为和民事行为。商法是规范从事商业贸易活动的商人的法律,一行为如商人或商人与非商人间为之,则受商法典调整,如非商人为之,则受民法典或者其他法律规范调整。

瑞士是 1848 年设立联邦委员会,成为联邦制国家,早期的瑞士联邦议会仅有民法典的立法权,商法典立法权还需要另行赋予。在民法典起草中,基于立法者将现实需要的、规范商事活动的规则规定于《瑞士联邦债法》中,后纳入《瑞士民法典》。1874 年瑞士联邦议会获得制定商法的权利,但此时瑞士认为没有必要再单独制定商法典,民商合一体例得以创立。瑞士学者施文策尔教授即明确指出:"瑞士法在体例上的最大特点就是放弃了独立的商法典,没有像法国和德国那样去采二元体系,而是实行一元体系。"[1]这点明显体现在瑞士立法现状之中,其没有独立于民法典的商法典,而商法的大部分内容,如公司与合作社、商事登记、商号与商业账簿及有价证券则是分别规定在《瑞士债法》第三分编至第五分编中,而《瑞士债法》在整体上又是《瑞士民法典》的第五编,只是采取了单独编序的独立立法形式。瑞士属于典型的采用民商合一立法模式的国家。[2]《意大利民法典》制定于 1865 年,商事规范内容较少,为应对商事交易活动的需要,1882 年又制定《意大利商法典》,最初是民商分立模式。1942 年《意大利商法典》被废除,其内容被吸收至新修订的民法典中,公司、企业等内容被纳入民法典劳动编,债编也含有商事规范,民商合一立法体例延续至今。在沙俄时期,俄罗斯法哲学具有基督教、东正教传统,受黑格尔、康德法哲学影响,揉入民族性格,反对专制、倾向自由主义及个人主义,[3]在立法起草中经历了从民商分立到民商合一的转变;苏联时期,1926 年制定民法典后不另立商法典,而是以商事单

---

〔1〕 Ingeborg Schwenzer, Schweizerisches Obligationenrecht: Allgemeiner Teil, 6. Aufl., 2012, S. 6 –7.

〔2〕 参见殷安军:《瑞士法上民商合一立法模式的形成——兼评"单一法典"理念》,载《中外法学》2014 年第 6 期。该论文还提供了瑞士商事立法与一般民事立法一样,各州分散立法并同样呈现多样化发展态势的资料,如瑞士西南部深受法国法,尤其是《法国商法典》影响。

〔3〕 参见杨心宇:《早期俄罗斯法哲学评述》,载《复旦学报》2000 年第 3 期。

行法调整商事活动;苏联解体后,俄罗斯承继了这种立法模式,1995 年制定的《俄罗斯联邦民法典》中几乎没有商事规范,而另订公司法、破产法、海商法、保险法、证券法等,这种立法模式被称为“折中主义”。

其三,形成“民商分立”与“民商合一”立法模式及其变迁的原因具有历史性。自罗马法到《法国民法典》,民法与私法几乎是同义语,仅有“民法典”的私法体系称为“一元化私法体系”,“民法典”和“商法典”并存的私法体系可称为“二元化私法体系”。二元化私法体系,既是民商分立的结果,也是民商分立的表现。欧洲大陆法系国家出现民商分立根源于特殊社会经济关系、商人阶层的存在和特殊利益,并随商人团体自治规则、商事惯例的累积而发展。从法典化进程与内容看,民法规范源于罗马私法,在近代资本主义商品经济下,民法规范平等地调整一切平等主体间所产生的财产关系和人身关系,而不是为了保护某一特殊阶层的利益;商法尽管与民法同属私法范畴,但它主要表现为商人阶层的法律,在中世纪商业关系中,“商法的自立及与民法的分立便成为一种自然的历史现象”[1],“民商分立的一个更深入的理由是,在中世纪,易倾向于严格的特许主义,而且通常只有那些被赋予特权的社团里的成员,持许可执照从事这项活动”[2]。商法适用具有特殊性,不具有普遍性,这是民商分立的基础和条件。同时,民商分立也是近代法典化运动的产物。法国大革命时期,新兴的资产阶级对商人和商人团体的敌意态度,使民法典中不可能包括保护商人利益的特殊制度,也必然在民法典颁行后导致“疏漏了商法”,这恰恰为商事规范另辟了制定商法典的蹊径。

如同民商分立有其特定的历史因素一样,民商合一也有其形成的特定历史条件:一是民法所具有的基础地位和核心作用形成了它特有的扩张性和包容性;尽管随着时代变迁,各种具有新内容的财产关系、人身关系不断涌现,但民法的许多基本概念、基本原理仍然适用,并不断将这些新的关系纳入自己的调整范围。二是随着资本主义商品经济发展,参与经济活动的主体具有普遍性,从中世纪以来所形成的商人的特殊地位开始逐步消失,政治主体和经济主体要求地位

---

〔1〕 郭锋:《民商分立与民商合一的理论评析》,载《中国法学》1996 年第 5 期。

〔2〕 [美]艾伦·沃森:《民法法系的演变及形成》,李静冰等译,中国政法大学出版社 1992 年版,第 10 页。

平等,从而动摇了商法独立存在的基础。由此,仅编纂“民法典”的国家日多,如泰国、越南等。与此同时,商事活动所具有的创新性、革命性,经济关系日新月异可使商法典内容迅速陈旧老化,对商法典本身的改造和修补已无法满足需要,公司、票据、提单、专利、保险等单行商事法规出现,商法典逐渐支离破碎,从而呈现商法去法典化的“解构”取向。在日本,随着商法典若干内容的单独立法,商法典内容不断“减少”,“实质商法”的范围却在不断扩大,如公司法的统一规制。〔1〕这种现象在法国、德国同样存在。〔2〕由此可见,无论是“民商分立”还是“民商合一”的立法模式,都是各国历史发展的产物,并随历史发展进程、社会发展需要、法律技术的进步而变迁。

我国国民政府时期,受民国初年的民商合一论的影响,商法学者和立法者们认为中国的商事立法应实行民商合一模式,如胡汉民、林森等在立法提案中所言,“民商分编,始于法皇拿破仑法典。维时阶级区分,迹象未泯,商人有特殊之地位,势不得不另定法典,另设法庭以适应之……然查商法所规定者,仅为具有商业性质之契约,至法律上原则或一般之通则,仍须援用民法,而商法上最重要之买卖契约,且多在民法中规定。是所谓商法者,仅为补充民法之用而已”;随后又从历史关系、社会进步、世界交通、各国立法趋势、人民平等、编订标准、编订体例、民法与商法的关系八个方面对民商合一的合理性进行论证。〔3〕尽管立法者们对于民商合一的理论论证存在不足,也没有获得一致的赞同,〔4〕但只立民法典,不另立商法典的立法模式最终被立法院采纳,中国自此走上了一条有特色的民商立法模式,即将“性质上能与民法合一规定”,如有关商法总则内容的委任、经理人及代办商,以及商行为部分的买卖、交互计算、赠与、租赁、雇佣、承揽、

---

〔1〕　参见[日]尾崎安央:《日本商法典的“解构”与日本民法的“商法化”现象》,张杨译,载《中国政法大学学报》2018年第1期。

〔2〕　参见王建文:《法国商法:法典化、去法典化与再法典化》,载《西部法学评论》2008年第2期;王建文:《德国商法法典化、去法典化与现代化:历史脉络与启示》,载《法学杂志》2008年第5期。

〔3〕　参见《民商法划一提案审查报告书》,载立法院秘书处《立法专刊》1929年9月第1辑;季立刚:《民国商事立法研究》,复旦大学出版社2006年版,第136~140页。

〔4〕　如日本学者我妻荣就针对《民商法划一提案审查报告书》所列民商合一的各项理由逐一进行反驳。参见季立刚:《民国商事立法研究》,复旦大学出版社2006年版,第140~141页。

居间与行纪、仓储、运送营业、合伙等均编入民法债编,[1]未能编入民法债编的商法总则部分的内容仍准援用民初颁布的《商人通例》;而"性质特异不能与民法合一规定者",如公司、票据、海商、破产、保险等则另订单行法,商事单行法既与民法典保持体例上的统一性,又能充分规定各自调整的内容,并可随时根据实际的需要加以修改、扩充,增添了商事法律制度的灵活性与发展性,基本解决了民法稳定性与商法革命性之间的矛盾与冲突,使民商法律编纂体例具有较强的科学性与合理性。国民政府时期既不是民商分立,也不是民商合一,而是特殊的民商立法模式,是对民商立法模式的新探索,体现了近代中国立法者们在借鉴外来法律资源过程中的开放式思维,完成了对学习对象的超越。美国学者庞德对此给予了极高的评价:"以后中国的法律,不必再一意追求外国的最新学理,中国的法律已极完美,以后的问题,应当是如何阐发其精义,使之能适应中国的社会,而成为真正的中国法律。"[2]这种民商立法模式的创新是对世界民商立法的一个重要贡献。

1949年后,虽屡次启动民法典编纂,但屡遭挫折。改革开放后,我国民商立法逐渐完善、成熟,经历了从民法通则到民法典的民事法律法典化进程,直至2020年《中华人民共和国民法典》诞生。在商事立法方面,从开放之需的"三资企业法"到《中华人民共和国公司法》《中华人民共和国保险法》《中华人民共和国票据法》《中华人民共和国海商法》《中华人民共和国企业破产法》《中华人民共和国商业银行法》《中华人民共和国证券法》《中华人民共和国期货和衍生品法》等多部单行法逐渐制定,形成民商立法体系。究现行民商法律之特征:一是在《中华人民共和国民法典》"总则编""提取公因式",对民商事主体、民商事权利、法律行为效力、民商事法律责任作一般规定,引入商事组织法上的决议制度、职务代理制度及法人登记规则;二是在"物权编 "规定具商事意义的浮动抵押、建设用地使用权抵押、权利质权;三是在"合同编 "规定商事合同,如融资租赁合

[1] 清末民初分别制定并颁行了类似于商法总则的《商人通例》(由清末的9条发展至民初的73条),它构成清末民初民商分立立法模式的基础。民初的《商人通例》内容包括商人、商人能力、商业注册、商号、商业账簿、商业使用人及商业学徒、代理商等商法总则及商行为等方面的内容,其中包括买卖、租赁、制造、加工、水电煤气、出版印刷、银行业、劳务承揽、保险、运送、牙行、居间等商行为。此外,民初还制定了一部专门的商行为法——《商事条例》,但未颁行。

[2] 王伯琦:《近代法律思想与中国固有文化》,清华大学出版社2005年版,第77页。

同、保理合同、建设工程合同、运输合同、仓储合同、中介合同、行纪合同，这些合同均具有强烈的商事属性；四是实行有限的民商融合，《中华人民共和国民法典》从总体上仍坚守了“性质特异不能与民法合一规定者”不纳入的原则，公司、票据、海商、破产、保险、银行、基金等均另订单行法，体现出对民商立法模式的历史参照，形成“既非民商分立”，“亦非民商合一”的有中国特色的社会主义民商立法模式。

随着《中华人民共和国民法典》的颁行，有关我国民商立法模式的讨论更为务实，人们更多地关注商法规范续造中与民法典的协调、差异性制度安排以及技术路线问题。《中华人民共和国民法典》在处理民商关系上的“显现缺欠”与“隐形缺欠”是显而易见的，择其要者：一是民商法渊源体系规定与商事活动所需有所不合，《中华人民共和国民法典》第 10 条确立了民商法渊源顺位，习惯渊源位阶、适用顺位居于民法典之后，与大陆法系国家大都规定“商法—商事习惯—民法”的商法渊源位阶、适用体系相异，忽略商法渊源的多样性，未充分顾及商业习惯法在商法发展中的自治性地位。二是因民法所调整民事关系的偶发性、伦理性、民族性、稳定性与商法调整关系的惯常性、营利性、技术性、国际性、革命性等差异，无法形成规范民商事关系的共同基本原则，《中华人民共和国民法典》对体现商事活动需求的基本原则——营利性原则、维护交易安全原则、外观主义原则、便捷效率原则等无法充分纳入，涉商条款在法律解释上易导入民商混淆的偏颇。三是民法与商法虽均有任意性、强制性规范，但其意思自治强弱、解释适用等方面存在较大差异，尤其在金融商法领域存在较强的国家监管。四是在具体制度设置上同时存在体系不协调、规则过度或不充分的情形，如在民商行为体系上，法人与自然人因组织、生理机制不同，其意思形成、意思表达、意思效果机制等并不一致；因“合同编”容量有限，虽将融资租赁、保理合同纳入，其条款内容又远无《国际融资租赁公约》《国际保理公约》丰富，在适用中有供给不足之处；《中华人民共和国民法典》第 170 条“职务代理”条款较为简要，商事代理、商业使用人制度缺失。我们应结合对国内外民商立法模式的历史反思，基于我国法律体系构建的科学性、技术性、可行性，结合经济、社会发展的需求，超越“民商合一”“民商分立”的旧有模式，探索我国民商事立法的应然、实然路径，择要有二：

第一，我国民商立法理念不应是“民商合一”或“民商分立”论，也不应是半斤八两式的“民商折中”论,而应确立“民商有别观”“民商有限融合观”。一方面,“民法的商法化”本质上应是指民事主体权利能力的扩展,不能改变民法应更多展现人本主义、人文主义和人道主义的内核,不能“过度商化”而应节制有度。这不是故步自封、观念陈旧,而是秉持民法满足人的生存性需要、确认民事主体权利义务、促进民事主体自由的基本目的,若违背该目的,将使民法的独立存在价值大打折扣、正当性基础受到减损,从而极大地破坏民法的伦理性、民族性基础。另一方面,“民商有别观”“民商有限融合观”可以促使审视民法典中商事规则设定过度、与民事规范不尽融合的现实,彰显商法的独立价值,以民法典之外的立法形式确定商事关系的内容,保障商事主体权利与义务的实现,促进商事交易便捷效率,维护交易安全,发挥商事司法功能。正所谓“凯撒的归凯撒,罗马的归罗马”。

第二,回应关于民商法立法模式绵延不绝的争论,建立我国现代化商事立法模式与制度规则。如今仍有人主张维护“民法典 + 商事单行法”现状,以民法典统领商事单行法,形成一般法与特别法关系和体系结构;也有人激烈地提出质疑:既然能有民法典,刑法、环境法都在追求法典化,为何不能编纂商法典?还有人“温和 ”地认为应选择第三条道路,编纂商法总则或商法通则(简要商法典),形成“商法总则(商法通则) + 商事单行法”模式。以上观点中无论是实质上的“民商合一”观,还是激烈的“民商分立”论,均与我国所颁布《中华人民共和国民法典》作为一般私法已提取法律主体、权利客体、法律行为等公因式的立法现状不符,也未注意到近代以来我国具有特色的民商立法模式实践。基于历史经验与现实,我国商事立法模式可以是以下图景:一是私法共同法的一般规定,如《中华人民共和国民法典》中的“法人”规则、私法中可通用的法律行为规则(相异者除外,保留《中华人民共和国民法典》居间、仓储、运送等民商主体共用、与民法性质不相悖的合同性规范,将融资租赁、保理等典型商行为剥离);二是制定简要商法典(商法总则或商事通则),规定商主体、商行为一般规范,保护商事权利、明确商事义务,确认符合“公序良俗”的商事习惯的优位效力;三是继续完善《中华人民共和国公司法》《中华人民共和国票据法》《中华人民共和国企业破产法》等传统商事单行法,健全符合商事活动发展的新型商事制度,以国际的视野,借鉴、识别成熟的域外商事立法、商事惯例,在总结国内外民商立法经验、科学运用立法技术、关注国情及经济社会发展中使我国的民商事立法及实践不断实现"良法善治"。

余论:新民商法学与新民商法发展观

回顾历史,不是仅使人们对往昔岁月存有记忆,而是为了领悟和回答现实问题,是在进行历史与现实、"故在"与"此在"间的对话与思考。在这个意义上,"一切真历史都是当代史","一切历史都是思想史"。[1] 法律是"历史中的法律","社会中的法律","是一个依实在法为主体的规则群体不断地、无限地向外扩展、延伸的文化场际,它是生长于、生活于社会之中并与其他社会关系发生互动的'活法'"。[2] 在哲学、社会学层面,亚里士多德就关系范畴所提出的定义是,"关系指这样一些东西,它们指的是那些与他者有联系的东西";[3]诚如维特根斯坦(Wittgenstein)所言,基于事物的复杂性,范畴可具有"家族相似性"(family resemblance)特征,在范畴内部关系上并没有绝对固定的、明确的边界。[4]

由是观之,具体到新民商法学、新民商法范畴,科学技术革命、生产方式迭代,社会关系变革使民商法律关系具有了崭新内容,新型权利不断被确认,新规则不断被创设。法学理论研究既不应拘泥于传统教义学,也不应过多地受我国当下学科行政管理理性分割的桎梏,新民商法学的任务就是去发现新型社会关系的法律意义,去探索法律发展的内在逻辑,去不断审视法律理性与经验的关系,从而构建起合法理、顺时势、利实践的理论体系,实现民商法理论创新、制度创新、实践创新的互哺,促进法治文明价值的实现。

---

〔1〕 参见姚汉昌:《"一切真历史都是当代史"与"一切历史都是思想史"——克罗齐对柯林武德的影响》,载《学术研究》2023年第10期。

〔2〕 参见尹伊君:《社会变迁的法律解释》,商务出版社2003年版,第27页。

〔3〕 参见[古希腊]亚里士多德:《范畴篇·解释篇》,方书春译,商务印书馆1959年版,第25页。经典范畴理论认为概念化范畴和语言学范畴有十分明确的界限,即任何一个事物要么就是属于这个范畴中,要么就是不属于,并不存在模糊现象;只有当这个事物在完全符合该范畴成员所具有的共同点时,它才能成为该范畴的一员。而在"家族相似性"论看来,就像一个大家族内部的成员一样,他们在不同地方和不同家庭的成员有着相似的地方,但在这个家族中某种特征并不是所有家庭成员所一致共有的。此外,关于范畴还有原型理论。

〔4〕 参见[英]路德维斯·维特根斯坦:《哲学研究》,陈嘉映译,上海人民出版社2005年版,第38页。

期待“复旦大学民商法学文库”的出版有助于提升我国民商法学研究的深度与广度，能够为促进我国法治建设添砖加瓦！

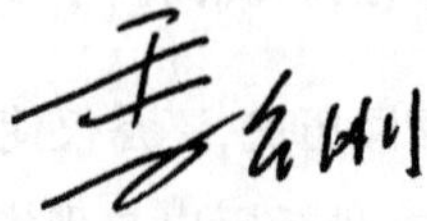
*

于复旦园

2020 年 12 月

---

* 复旦大学法学院教授。

はしがき(原文)

本書の著者の丁文傑先生は、2009 年から北海道大学法学研究科に留学し、修士課程、博士課程を経て、2014 年に博士号を取得した。その後、2014 年から北海道大学法学研究科の助教(Assistant Professor)に就任し、また2017 年から復旦大学法学院の専任講師に就任し、現在に至っている。私は丁先生が北海道大学に留学していた間、北海道大学法学研究科に所属しており、丁先生の指導教員をつとめた。

丁先生は、母国語の中国語はもちろん、ハングル語と日本語が堪能である。私が理解できるのは丁さんの日本語だけであるが、その文章力は日本語ネイティヴの研究者に伍するほどである。このような語学力にくわえて、丁先生は、裁判例や文献を渉猟し解析する能力に長けており、北海道大学に在学中から日本の知的財産法学に貢献する論文を日本語で発表していた。

そのような丁先生が博士課程における研究のテーマとして選んだのが、個別の知的財産法の条文によって明示的には保護されていない知的財産の利用行為に対して、民法の一般不法行為に基づいて不法行為が成立する可能性という問題である。知的財産法政策学を標榜する北大の知財法学の学風を大いに取り入れて完成した同論文は、日本法と韓国法を比較対象としつつ、知的財産法と民法はもとより憲法の関係までをも視野に入れ、さらに立法と司法の役割分担という観点を取り入れた大型の論文となった。同論文は、既にその日本語版が『知的財産法政策学研究』46 ~ 50 号(2015 ~ 2018 年)として発表されているが、この度、その中国語版がここに公刊されることとなった。

本書の主張は以下のようにまとめることができる。第一に、この論点については、特に近時、日本でも韓国でも重要な最上級審判決が現れているところ、日本の最高裁は不法行為を肯定するのに消極的な態度を示しているのに対して、韓国の大法院はより積極的に不法行為を是認する、という対照を見せている。第二に、このように両者が袂を分かった原因を特定するために、本書は、韓国民法の不法行為の制定の経緯や学説の継受の歴史を辿り、それが日本の民法と民法学の強い影響の下に形成されたものであることを踏まえると、規定の構造の差異がこのような正反対の解釈を生む原因となっていることは考えにくいことを指摘している。第三に、そこで、本書は、両国の判例法理が正反対の解釈を志向する理由は、その背後に潜むアプローチにあるのではないかと推測する。そのアプローチに関しては、近時の日本の有力説を紹介し、知的財産法中心型と民法自己完結型という発想の二つがあることを指摘するととともに、その対立を単なる知的財産法の体系と民法の体系という平面的な法体系同士の調整問題と捉えるのではなく、さらに立法による解決を中心に据えるのか(知的財産法中心型の場合)、司法による法創造に重きを置くのか(民法自己完結型の場合)、という立法、司法の役割分担に求めたうえで、知的財産法中心型をもって是とする提案が行われていることを指摘する。そのうえで、本書は、韓国においても、この日本の有力説に基づいて、大法院によって示された民法自己完結型の発想に対して批判が投げかけられていることを紹介することで、両国の議論の橋渡しに貢献している。第四に、韓国では、さらにこの見解を発展させ、利用者の表現の自由等の憲法論と結びつける見解が唱えられている。本書は、こうした韓国での議論に示唆を受け、そもそもの知的財産権に関し、憲法 29 条ではなく国民全般が憲法 13 条の幸福追求権を実現するための手段的な権利として位置づける権利と接合することで、より議論に深みを与えようとしている。

　このように本書は、類似の構造の条文に基づきながら好対照の展開を見せた日韓両国の裁判例を軸に据え、立法と司法の役割分担という問題に対するアプローチの違いが如何に大きな差異をもたらしうるのかということを鮮明にすることに成功している。こうしたアプローチの相違は、個別の知的財産法がない場合の民法の不法行為の成否という論点に限られることなく、多岐にわたって応用可能なものである。本書の中国語版がここに公刊されることがきっかけとなって、本書が具現する知的財産法政策学が中国の知的財産法学に何がしかの貢献をなすことになるのであれば、指導教員としてこれに優る喜びはない。

東京大学法学政治学研究科教授
田村善之
2023 年 10 月 1 日

序(译文)

本书的作者丁文杰博士于2009年至北海道大学法学研究科留学,相继完成硕士课程和博士课程的学习,于2014年取得博士学位。此后,自2014年起在北海道大学法学研究科担任助理教授,于2017年转至复旦大学法学院担任讲师至今。在作者于北海道大学留学期间,我亦在北海道大学法学研究科工作,并担任作者的导师。

除母语外,作者还具备优秀的韩语和日语能力。就我所了解的作者的日语能力而言,其写作能力与以日语为母语的研究人员相比亦不逊色。作者不仅具备优秀的语言能力,其在阅读分析判例和文献方面的能力亦十分出色。在北海道大学留学期间,作者曾用日语发表数篇论文,为日本知识产权法作出诸多贡献。

作者博士阶段的研究课题是,知识产权专门法未作明文规定的利用行为能否构成民法中的一般侵权行为。作者的论文,充分彰显了以知识产权法政策学著称的北海道大学的知识产权法学的优良学风,其将日本法和韩国法作为比较对象,探究知识产权法与民法乃至宪法的关系,并将立法与司法之间职责分立理论融入其中,可谓旁求博考之大作。论文的日文版已经在《知识产权法政策学研究》第46~50号(2015~2018年)上连载,本次出版的是其中文版。

本书的主张可以总结如下:第一,近年来,针对本书的论点,日本和韩国都出现一系列重要的最高法院判例。日本的最高法院对侵权行为的成立表现出消极态度,韩国的大法院对侵权行为的成立则表现出积极态度,二者形成鲜明的对立。第二,为探究这种对立产生的原因,本书考察了《韩国民法典》中的侵权行为法的制定始末及学说继受史,了解到《韩国民法典》中的侵权行为法深受《日本民法典》和民法学说的影响,并在此基础上认为,前述对立产生的原因并非两国法律条文的构造不同。第三,基于前文的考察,本书认为,两国的判例法理之所以呈现相互对立的局面,原因可能在于二者背后的逻辑进路不同。围绕逻辑进路这一问题,本书介绍了近年来日本的有力学说,指出存在知识产权中心论和民法自身完备论两种理论,这两种理论的对立并非单纯的知识产权法体系与民法体系之间的调整问题,更涉及立法与司法之间职能分立的问题,即究竟应当以立法为中心解决问题(知识产权中心论),还是以司法为中心解决问题(民法自身完备论)。本书的观点是应当采用知识产权中心论,以立法为中心解决问题。不仅如此,本书依据前述日本的有力学说对韩国大法院所采用的民法自身完备论进行批判,从而促进两国在该问题上的交流与讨论。第四,在韩国,前述学说得到进一步发展,出现了将之与使用者的表达自由等宪法理论相联系的学说。受韩国学说的启发,本书认为,知识产权应当被视为一种政策性的权利,其存在的根据并非《日本国宪法》第 29 条,而是为使全体国民能够享受《日本国宪法》第 13 条规定的追求幸福的权利,本书的讨论由此得到进一步深化。

综上所述,本书是以日韩两国的判例为核心,该二者虽依据类似的条文,却最终得出迥然不同的结论,在立法与司法之间职责分立视角下,成功地厘清了通过不同的逻辑进路而导致巨大差异的背后法理。这种逻辑进路的不同,不仅适用于知识产权专门法尚未明文规定时民法上的侵权行为成立与否的判定,也可以适用于更加广阔的范围。在本书的中文版出版之际,若本书所呈现的知识产权法政策学能够对中国的知识产权法学作出某种程度的贡献,我作为导师亦将感到无比的喜悦。

东京大学法学政治学研究科教授

田村善之

2023 年 10 月 1 日

目　　录

导　论

本书主要以知识产权法与侵权行为法的交叉领域为论点，即通过侵权行为法补充、完善知识产权法这一问题作为焦点展开讨论。[1] 换言之，知识产权专门

---

〔1〕 日本的相关文献包括：井上由里子「パブリシティの権利の再構築」『現代企業法学の研究（筑波大学大学院企業法学専攻十周年記念論集）』（信山社，2001 年）127～196 頁；板倉集一「商品形態の保護と不法行為法」Law & Technology 17 号（2002 年）40～49 頁；諏訪野大「知的財産権非侵害行為による不法行為の成立」『知的財産権法と競争法の現代的展開（紋谷暢男教授古稀記念）』（発明協会，2006 年）19～43 頁；横山久芳「創作投資の保護」日本工業所有権法学会年報 30 号（2007 年）123～158 頁；松本信夫「他人の成果の冒用と不法行為」知財管理 57 巻 6 号（2007 年）859～874 頁；田村善之「知的財産権と不法行為－プロセス志向の知的財産法政策学の一様相－」同編『新世代知的財産法政策学の創成』（有斐閣，2008 年）3～50 頁；三浦正広「著作権侵害と不法行為法理の機能－著作権の保護と競争秩序の維持－」野村豊弘＝牧野利秋編『現代社会と著作権法（斉藤博先生御退職記念論集）』（弘文堂，2008 年）361～378 頁；窪田充見「不法行為法と知的財産法の交錯」著作権研究 36 号（2009 年）29～57 頁；今西頼太「著作権非侵害行為と一般不法行為」同志社法学 60 巻 7 号（2009 年）1177～1211 頁；田村善之「知的財産法からみた民法 709 条－プロセス志向の解釈論の探求－」NBL936 号（2010 年）48～58 頁；田村善之「民法の一般不法行為法による著作権法の補完の可能性について」コピライト 51 号（2011 年）26～44 頁；田村善之「民法の一般不法行為法による著作権法の補完の可能性について」『ライブ講義知的財産法』（弘文堂，2012 年）494～531 頁；島並良「一般不法行為法と知的財産法」法学教室 380 号（2012 年）147～153 頁；佐藤祐介「著作権法によって保護されない場合の一般不法行為法による保護」小野秀誠ほか編『民事法の現代的課題（松本恒雄先生還暦記念）』（商事法務，2012 年）1151～1172 頁；山田知司「知的財産権法の補完としての不法行為法」中山信弘ほか編『知財立国の発展へ（竹田稔先生傘寿記念）』（発明推進協会，2013 年）507～524 頁；三村量一「一般不法行為」牧野利秋ほか編『知的財産訴訟実務大系Ⅲ』（青林書院，2014 年）352～372 頁；山根崇邦「情報の不法行為を通じた保護」吉田克己＝片山直也編『財の多様化と民法学』（商事法務，2014 年）351～380 頁等。此外，提及该论点的判例评释包括：蘆立順美「創作性のないデータベースからのデータの流用に対する不法行為の成立」コピライト 486 号（2001 年）25～27 頁；蘆立順美「新聞記事見出しの著作物性と見出しの利用に対する不法行為の成否」コピライト 521 号（2004 年）60～63 頁；横山久芳「情報誌『ケイコとマナブ』編集著作権事件」コピライト 523 号（2004 年）32～39 頁；潮見佳男「新聞記事見出しの著作物性と記事見出しの無断利用による不法行為」コピライト 538 号（2006 年）51～57 頁；茶園成樹「記事見出しの著作物性とその利用による不法行為の成否」知財管理 56 巻 7 号（2006 年）1063～1068 頁；山根崇邦「著作権侵害が認められない場合における一般不法行為の成否」知的財産法政策学研究 18 号（2007 年）221～278 頁；宮脇正晴「既存の法律書籍に依拠し、類似する内容の法律書籍を執筆・発行する行為について、著作権侵害の成立を否定し、

法未作明文规定的利用行为是否可以构成民法中的一般侵权行为,如若可以构成一般侵权行为,其构成要件应该如何确定。

一、问题的缘起

在瞬息万变的知识产权法领域,随着互联网、大数据、人工智能等技术的进步以及社会中智力成果之财产价值的提升,历次法律修订都频繁调整着知识产权法的保护边界。[1]尽管如此,鉴于知识产权法所处环境的变化,以及该现象和实现与之相适应的立法这一要求之间存在时间差,知识产权法的补充保护问题

一般不法行為の成立を肯定した例」Law & Technology 34 号(2007 年)56 ~ 68 頁;張睿暎「未承認国の著作物と不法行為 – 北朝鮮映画放映事件 – 」著作権研究 36 号(2009 年)182 ~ 198 頁;上野達弘「未承認国の著作物と不法行為 – 北朝鮮事件 – 」速報判例解説 5 号(2009 年)251 ~ 254 頁;上野達弘「未承認国の著作物と不法行為 – 北朝鮮事件 – 」Law & Technology 45 号(2009 年)60 ~ 71 頁;上野達弘「未承認国の著作物と不法行為 – 北朝鮮事件 – 」AIPPI57 巻 9 号(2012 年)562 ~ 583 頁;丁文杰「未承認国の著作物の保護範囲(1) – 北朝鮮映画放送事件 – 」知的財産法政策学研究 41 号(2013 年)325 ~ 357 頁;丁文杰「未承認国の著作物の保護範囲(2・完) – 北朝鮮映画放送事件 – 」知的財産法政策学研究 42 号(2013 年)395 ~ 444 頁等。

韩国的相关文献包括: 유대종, “불공정경쟁행위와 디지털정보의 보호”, 인터넷 법률, 제42호, 2008, 85-106면; 박준우, “인터넷에서의 사진 저작물의 보호와 부정경쟁”, 인터넷 법률, 제46호, 2009, 1-19면; 박준우, “홍보사진의 탐색비용감소기능과 저작물성의 한계”, 계간 저작권, 제95호, 2011, 83-101면; 정진근, “창작성 없는 비저작물의 이용과 일반불법행위책임-2007가합16095판결을 중심으로-”, 상사판례연구, 제22집 제3권, 2009, 247-272면; 차상육, “저작권법의 보호대상이 되지 않는 지적성과물의 모방도용행위와 일반불법행위법리의 기능”, 창작과 권리, 제56호, 2009, 82-129면; 우성엽, “한국법상 아이디어 보호의 가능성”, Law & Technology, 제6권 제1호, 2010, 63-81면; 이헌, “아이디어의 보호에 관한 연구”, Law & Technology, 제6권 제1호, 2010, 138-151면; 신지혜, “공중의 영역에 해당하는 저작물 이용에 대하여 일반불법행위 책임을 인정한 판결례에 대한 고찰”, Law & Technology, 제6권 제2호, 2010, 3-20면; 이숙연, “지적재산권법 체계하에서의 불법행위법의 역할”, Law & Technology, 제6권 제2호, 2010, 129-138면; 김관식, “인터넷상에서 광고의 차단·삽입과 그 법적문제-지적재산권법과 불법행위법의 경계-”, 비교사법, 제17권 제3호, 2010, 405-450면; 박성호, “지적재산법의 비침해행위와 일반불법행위-불법행위법리에 의한 지적재산법의 보완 문제를 중심으로-”, 정보법학, 제15권 제1호, 2011, 191-231면; 김병일, “인터넷 웹페이지에서의 광고의 삽입·차단 등을 둘러싼 법적 문제”, 사법, 제1권 제16호, 2011, 46-71면; 임상민, “지적재산법상 보호되지 아니하는 지적성과물에 대한 무단 이용과 일반불법행위의 성부”, 저스티스, 제132호, 2012, 134-171면 등。

〔1〕 在知识产权法领域,从 20 世纪 80 年代起美国企图在国际范围内提高知识产权的地位,通过各种手段推动其方针的实现。提出此观点的文献,参见高倉成男『知的財産法制と国際政策』(有斐閣,2001 年)115 ~ 150、178 ~ 183、309 ~ 318 頁;山口直樹「知的財産保護の根拠」『知的財産権と国際貿易』(成文堂,2010 年)55 ~ 119 頁等。此外,指出“立法膨胀”化动态并不局限于知识产权法领域,而是存在于全部法学领域的文献,参见井上達夫「立法学の新展開特集にあたって」ジュリスト1369 号(2008 年)8 頁;井上達夫「立法学の現代的課題 – 議会民主政の再編と法理論の再定位 – 」ジュリスト1356 号(2008 年)128 頁等。

仍待进一步讨论。[1] 既然立法过程必然伴随一定的时间成本,在此期间,如果无法通过灵活运用既有的法律规范来禁止对某种智力成果的不当利用行为,那么从激励创新的观点来看,容易产生令人不愿看到的结果。[2] 在此背景下,对于知识产权专门法尚未提供保护的智力成果,是应当根据对现行法的解释而不对其提供法律保护,还是应当寻求新的解释论,通过知识产权专门法以外的法理使其保护变成可能？如若要寻求其他法理保护,又应当在何种范围内提供保护？

为解决上述问题,民法中的一般侵权行为理论为我们提供线索。《日本民法典》第709条和《韩国民法典》第750条在构造上均属于需要通过法院将规范进行具体化的条文。如果以此条文构造为前提,且不考虑知识产权广泛限制他人行为的特征,在知识产权专门法没有明文规定的情况下,法院适用《日本民法典》第709条或者《韩国民法典》第750条也可谓有据可依。然而,从日韩两国的最高法院判例来看,围绕知识产权专门法未作明文规定的利用行为是否可以构成一般侵权行为这一问题,两国法院的判例对此采取了不同态度。具体而言,日本的最高法院判例无一例外地对此予以否认;[3] 与此相对,韩国的大法院判例则积极地承认侵权行为的成立。[4] 那么,日韩两国的最高法院判例采取不同态度的理由,究竟是两国的侵权行为法在条文构造上存在差异,还是基于对个案具体案由的判断而存在得出不同结果的特殊事由？

以上是本书的问题意识。

---

〔1〕 举例而言,在2007年《日本著作权法》修订中规定硬盘维护以及修理时的临时复制行为属于合理使用,然而普遍地认识到这一问题花费了5~6年的时间;另外,2009年法律修订时被认可的缓存问题,尽管从互联网出现开始就被指出修订的必要性,但到真正实现法律修订耗费了15年的时间;还有,关于反向工程,早在30年前就被认为其过程必然伴随复制行为,具有为其修改法律的必要性,然而相关法律修订的讨论至今仍在继续。

〔2〕 知识产权需要保护的智力成果与实际受到保护的智力成果之间往往会有偏差。因此,作为上述偏差的解决方案,主张侵权行为法具有其存在意义的日文文献,参见今西頼太「著作権非侵害行為と一般不法行為」同志社法学60卷7号(2009年)1177~1211頁。

〔3〕 最高裁判所2004年2月23日判決,最高裁判所民事判例集58卷2号311頁;最高裁判所2011年12月8日判決,最高裁判所民事判例集65卷9号3275頁;最高裁判所2012年2月2日判決,判例時報2143号72頁等。

〔4〕 대법원 2010.8.25.2008 마 1541 결정; 대법원 2012.3.29. 선고 2010 다 20044 판결 등.

二、本书的结构

在日本的审判实务中,涉及《日本民法典》第709条适用的案例数量庞大,其中不乏对知识产权法起到补充保护作用的重要案例。例如,"木纹化妆纸"案,[1]在《日本反不正当竞争法》中增设对商品形态原样模仿行为的规制之前,认定对商品形态的原样模仿构成侵权行为。该案成为1993年修订《日本反不正当竞争法》之时,新增规制商品形态原样模仿行为的第2条第1款第3项的重要契机。即可谓通过侵权行为法补充、完善知识产权法的典型案例之一。

然而,在研究通过侵权行为法补充、完善知识产权法的问题时,即便收集了所有持肯定态度的案例以及持否定态度的案例,也很难就此断言把握了问题的全貌。而为实现问题解决型的研究,有必要对数量庞大的案例进行整理,厘清个案在整体中的定位,明确案件之间的关系,从而构建一个体系化的规则理论。若要完成上述工作,需要具备高度化的理论视角,而提供此类理论视角正是学说的作用。[2] 但是,传统的形式主义思维模式通常将此问题视作特别法与一般法之间的调整问题来讨论。这种形式主义思维模式,在近年来出现的最高法院判例,尤其是在"朝鲜电影"案[3]、"粉红女郎"案[4]等最高法院判例中,明显展现出其讨论的有限性。因此,传统的理论对于理解现实问题并非是一个合适且有效的理论。

与形式主义思维模式不同,功能主义思维模式主要以目的理性的思想作为构建基础,对法律条文进行解释时,考虑相关条文在社会中承担的功能,以最适宜实现相应效果的角度去进行法律解释。从功能主义的观点来看,有必要将知识产权法的补充保护问题理解为立法(知识产权专门法)与司法(《日本民法典》第709条或者《韩国民法典》第750条)之间职责分立的问题来进行理解。理由在于,如果法院适用《日本民法典》第709条或者《韩国民法典》第750条,认定知识产权专门法未作规定的利用行为构成侵权行为,意味着由法院创设了至今

---

〔1〕 東京高等裁判所1991年12月17日判決,知的財産権関係民事・行政裁判例集23巻3号808頁。

〔2〕 平井宜雄『債権各論Ⅱ(不法行為)』(弘文堂,1992年)7頁参照。

〔3〕 最高裁判所2011年12月8日判決,最高裁判所民事判例集65巻9号3275頁。

〔4〕 最高裁判所2012年2月2日判決,判例時報2143号72頁。

尚未被知识产权法承认的新的知识产“权”，即法官造法。虽然，将其归类于《日本民法典》第709条或者《韩国民法典》第750条的法律解释问题也并非不可能，但是创设新的知识产“权”的任务到底应该交由立法程序来实现，还是交给司法来自由裁量，该问题的解答仍需要谨慎地思考与探讨。

本书结构如下：首先，基于导论中提出的问题意识，第一章将考察《日本民法典》第709条和《韩国民法典》第750条的谱系。从日韩两国的最高法院判例来看，对于知识产权专门法未作明文规定的利用行为是否可以构成一般侵权行为，两国法院的判例对此问题采取不同的态度的理由，或许正因为日韩两国侵权行为法的构造本身存在差异，因此第一章有必要对此问题进行研究。其次，第二章将明确知识产权法的制度旨趣。假设日韩两国侵权行为法在其构造上基本一致，那么在日韩两国的最高法院判例中出现不同倾向的根本原因则可能隐藏在解释论的差异中，即应当如何对《日本民法典》第709条和《韩国民法典》第750条进行规范性解释，将会是解开疑问的关键所在。探讨知识产权受到法律保护的正当化根据，将有助于探求知识产权法补充保护问题的规范性解释。再次，第三章将立足于立法与司法之间职责分立的视角，考察日韩两国学界的最新动向，并提出符合知识产权法制度旨趣的解释论。复次，第四章将对日韩两国的判例进行具体分析，探明两国的最高法院判例出现不同倾向的根本原因。最后，在结语中对第一章到第四章中的考察内容进行总结，并明确今后的课题。

第一章 侵权行为法的条文构造

基于导论中提出的问题意识，本书将从《日本民法典》第709条和《韩国民法典》第750条的条文构造展开考察。如此行文的理由是：在围绕知识产权专门法未作明文规定的利用行为是否可以构成一般侵权行为展开争论的案件中，日本的最高法院判例均否认侵权行为的成立，[1]而韩国的大法院判例均积极地承认侵权行为的成立，[2]这或许是因为《日本民法典》第709条和《韩国民法典》第750条的条文构造本身存在差异。因此，第一章有必要对此问题进行研究。

第一节 条文的谱系

为考察知识产权专门法未作明文规定的利用行为是否可以构成一般侵权行为的问题，有必要厘清一般侵权行为的构成要件。以下就《日本民法典》第709条以及《韩国民法典》第750条的谱系进行概述。

一、《日本民法典》第709条

现行《日本民法典》[3]第709条规定："因故意或过失而侵害他人的权利或法律所保护的利益者，对因此所生的损害承担赔偿责任。"即《日本民法典》第709条将"权利"或者"法律所保护的利益"确定为侵权行为法的保护对象。其

---

〔1〕 最高裁判所2004年2月23日判決，最高裁判所民事判例集58巻2号311頁；最高裁判所2011年12月8日判決，最高裁判所民事判例集65巻9号3275頁；最高裁判所2012年2月2日判決，判例時報2143号72頁等。

〔2〕 대법원 2010.8.25.2008 마 1541 결정； 대법원 2012.3.29.선고 2010 다 20044 판결 등.

〔3〕 明治29年(1896年)4月27日法律第八十九号。

中,“法律所保护的利益”这一表述,是在2004年修订《日本民法典》时,为将“虽属于已经确立的判例及通说的解释、但条文中尚未明文规定的内容纳入法律规范之中”,[1]而新增为该条文的内容。[2] 在此意义上,《日本民法典》第709条属于法律原则,需要通过司法将其进行具体化规范。

众所周知,2004年修订前的《日本民法典》第709条规定:“因故意或过失而侵害他人之权利者,对因此所生之损害承担赔偿责任。”即条文明确规定“权利侵害”是一般侵权行为的构成要件之一。《日本民法典》第709条中的“权利侵害”要件是出于“仅就造成损害的事实作出了规定,而未对其原因的事实作任何规定,后续可能会遭遇疑问”(旧《日本民法典》[3]第370条)的考虑而增加的内容。[4] 然而,狭义理解“权利侵害”将使侵权行为的成立被极度限缩。而随着社会危险广泛化、高度化发展,扩大侵权行为法上对危险所造成损害的保护的诉求日渐增强,限制侵权行为成立的解释变得越发不合时宜。如此一来,“权利侵害”要件的限制解释,就面临或早或晚被修改的命运。[5]

因此,日本早期的判例法理,尤其是“桃中轩云右卫门”案[6]中,大审院[7]对“权利”的含义进行了较为狭义的解释,认为《日本民法典》第709条所指的“权利”必须是在法律上明文规定,且像“著作权”一样具有特定名称的权利。然

---

〔1〕 法務省民事局参事官室「民法現代語化案補足説明」NBL791号(2004年)87頁。

〔2〕 关于日本判例以及学说的变迁,参见吉田邦彦『債権侵害論再考』(有斐閣,1991年);瀬川信久「民法709条(不法行為の一般的成立要件)」広中俊雄＝星野英一編『民法典の百年Ⅲ』(有斐閣,1998年)559頁;山本敬三「不法行為法学の再検討と新たな展望－権理論の視点から－」法学論叢154巻4＝5＝6号(2004年);大河純雄「民法709条『権利侵害』再考－法規解釈方法との関連において－」『市民法学の歴史的・思想的展開(原島重義先生傘寿)』(信山社,2006年)525頁;前田陽一「不法行為における権利侵害・違法性論の系譜と判例理論の展開に関する覚書(井宜雄先生古稀記念)」『民法学における法と政策』(有斐閣,2007年)445頁等。

〔3〕 明治23年(1890年)法律第二十八号。

〔4〕 《日本民法典》在其条文中设置“权利侵害”要件的初衷在于,即使因故意或过失导致他人受到直接或者间接的损害,只要没有到达侵害权利的程度,就不应当产生损害赔偿请求权。同时,也有学者认为侵权行为法是保护既存“权利”的法律,如果仅因为故意或过失导致他人受到损害就成立损害赔偿请求权,将使尚未被法律确认的权利被“创设”,从而导致侵权行为的范围变得不甚明晰。因此,就出现了限定解释“权利”范围的观点。潮見佳男『不法行為法Ⅰ』(信山社,2009年)61頁参照。

〔5〕 平井宜雄『債権各論Ⅱ(不法行為)』(弘文堂,1992年)23頁。

〔6〕 大審院1914年7月4日判决,大審院刑事判决録20輯1360頁。

〔7〕 大审院设立于明治8年(1875年),是日本最高法院的前身。昭和22年(1947年),随着《日本国宪法》的施行,大审院被撤废。

而,随后出现的"大学汤"案[1]中,大审院对其在"桃中轩云右卫门"案中所采用的"权利侵害"的严格解释进行变更。大审院指出:"《日本民法典》第709条规定的,因故意或过失而实施违反法律的行为,对因此所生之损害承担赔偿责任,应当做广义理解。"此后,大审院的这一解释便成为确定的判例准则。

另外,日本的通说认为,《日本民法典》第709条将"权利侵害"作为要件的理由是,权利侵害行为属于最典型的违法行为,即使没有发生权利侵害也应当对违法行为追究侵权责任,从而为支持上述的判例准则提供理论依据。因此,从"权利侵害"到"违法性",[2]这一转变作为日本侵权行为法发展之必然趋势的体现,其在学说中得以定论的同时,如何理解"违法性"要件的内容则成为学说发展的下一个课题。鉴于此,传统的侵权行为理论对"违法性"内容的说明如下:"权利侵害"要件是指,利益受到违法性侵害。认定"违法性",应当在衡量被侵害利益的"违法性"强弱和加害行为的"违法性"强弱的基础上进行综合判断。"举例而言,违反法规的行为侵害了现有法律体系中作为绝对权的权利时,行为的违法性是最强的;而随着新型社会关系产生的某种新的权利因他人行使权利的行为受到侵害时,行为的违法性是最弱的。"[3]上述"违法性"判断的理论,获得了日本审判实务的支持,并且直到20世纪70年代始终占据着通说的地位。

---

〔1〕 大審院1925年11月28日判决,最高裁判所民事判例集4卷670頁。

〔2〕《日本民法典》制定之初的学说中,主流的观点是遵照《日本民法典》第709条的起草旨趣,对身为侵害对象的"权利"之内涵进行严格解释。后来,大审院的"大学汤"案以后,日本的学说中,将侵权行为成立要件的"权利侵害"解读为"违法性"的见解成为有力的观点。这就是所谓的从"权利侵害"到"违法性"的转变。对该转变产生很大影响的是末川博的观点。末川博认为,侵权行为的本质是违法行为,是由于法律所保护的利益受到侵害本身具有违法性,即作为违法性的表征而被规定在条文中。侵害权利的行为由于显示了违法性表征而被视为违法行为,但违法行为中也存在不具有权利侵害这样的表征的行为。上述主张被称为违法性表征说,其特点是:将权利侵害要件替换为违法性要件,打破了一直以来限定的框架,从而扩大了《日本民法典》第709条的保护范围。末川博『権利侵害論』(弘文堂書房,1930年)250、349、361~363、377頁参照。

〔3〕 我妻栄『事務管理・不当利得・不法行為』(日本評論社,1937年)126頁。以"违法性"要件替换"权利侵害"要件时,由于"违法性"本身就是很宽泛的概念,在实际适用中何种情形可以被解释为具有"违法性"是一个重要的课题。对此作出解答的是我妻荣。我妻荣主张,同时着眼于加害行为与被侵害利益,"违法性"的有无应当通过被侵害利益的类型以及加害行为的样态进行相关、综合判断。该主张被称为违法性相关关系说。此后,其内容以"被侵害利益(的保护法益)很强大时,即使加害行为的非法性很轻微,也应当认定其违法性,而当被侵害利益(的保护法益)不那么强大时,加害行为的非法性不够严重的情况下,违法性将不被认可"这种形式被固定。鳩山秀夫「工業会社の営業行為に基く損害賠償請求権と不作為の請求権」同『債権法における信義誠実の原則』(有斐閣,1955年)441頁;原島重義「わが国における権理論の推移」法の科学4号(1986年)69頁参照。

值得注意的是，韩国1960年实施的《韩国民法典》第750条中规定："因故意或过失的违法行为而导致他人遭受损害的，承担相应的损害赔偿责任。"其中，对作为侵权行为构成要件之一的"违法性"要件的设置，可以说是深受当时日本民法学的影响。[1]

时过境迁，2004年，在对《日本民法典》进行现代语化改革的同时，将《日本民法典》第709条中"权利侵害"的表述修改为侵害"权利或法律所保护的利益"。草案负责人对《日本民法典》现代语化改革的定位是，"为与经确立的判决及通说相整合、适应而进行的条文修改"，并对《日本民法典》第709条的含义作出了如下陈述：

> 关于侵权行为的构成要件，以上述"大学汤"案为契机，逐渐出现各种各样的解释论。其中，最具代表性的是将"通过违法行为使他人遭受损害"作为侵权行为的构成要件，认为本条不过是将"侵害他人权利的情形"作为违法行为的典型代表列举出来。但是，如果将该解释论反映在条文中，则侵权行为的构成要件将从根本上被更改，这就超出本次民法典现代语化改革的旨趣。尽管如此，如果不对过去的条文作任何更改，而只是单纯地将其转换为现代语表述的话，那么经判例反复确认的、"严格意义来说不能算作权利的利益受到侵害时同样可以构成侵权行为"这一事实上的规范则无法在条文中得以体现。从本次现代语化的旨趣来看，也会遗留下问题。基于上述考虑，本次修订为在不改变《日本民法典》第709条的基本构造的前提下，将事实规范反映到条文中而增加了"法律所保护的利益"这一内容。[2]

二、《韩国民法典》第750条

现行《韩国民法典》[3]第750条规定："因故意或过失的违法行为而导致他

[1] 鄭鍾休『韓国民法典の比較法的研究』（創文社，1989年）228頁。

[2] 吉田徹＝筒井健夫編著『改正民法（保証制度・現代語化）の解説』（商事法務，2005年）116頁。

[3] 1958年2月22日法律第471号。

人遭受损害的，承担相应的损害赔偿责任。”即《韩国民法典》第750条明确加害行为之“违法性”是侵权行为的构成要件之一。此处的加害行为之“违法性”是指，违法侵害法律所保护的利益的特殊含义，即使没有以某种权利的形式被明文规定在法律中，也可能成为侵权行为法的保护对象。[1] 在此意义上，《韩国民法典》第750条也属于法律原则，需要通过司法将其进行具体化规范。

鉴于此，先就《韩国民法典》的立法背景作简要考察。其理由是，在条文构造上《韩国民法典》与《日本民法典》极为相似，而其相似原因可以追溯到《韩国民法典》编纂的历史过程。韩国对西欧法律的继受，是以1894年日本政府强制性提出的两个内政改革案为契机开始的。具体而言，进入19世纪后半叶，韩国因与日本缔结不平等条约而被迫开国。1894年，日本政府提出的《内政改革法案纲目》[2]以及后续的《内政改革纲领》[3]使韩国在法治层面迅速西欧化。此次改革，包括两个改革法案在内，与其说是韩国方面对法治近代化的内在需求，不如说是韩国所处的国际政治环境所导致的产物，其内容总是与日本的政治目的相联系。[4] 由此产生的结果是，早在1905年至1910年，日本民法学便以一定的形式影响了韩国民法学。[5]

此后，1910年缔结的《日韩合并条约》使韩国成为日本的殖民地，朝鲜总督被授予规定韩国立法事项的权限（制令权）。其制令的第一号文件是在日韩合

[1] 곽윤직편, 민법주해 18（채권11）, 박영사, 2005, 205-227 면; 권용우, 불법행위론, 신양사, 1998, 69-71 면; 김준수, 채권각론, 삼영사, 1997, 648-650 면; 김상용, 채권각론, 법문사, 2003, 661-662 면 참조.

[2] 1894年6月，由日本驻首尔公使大鸟圭介提出的《内政改革法案纲目》由包含5条26项的第一部以及记载第一部的详细内容和追加条件的第二部构成。关于其内容，参见田保橋潔『近世日朝関係の研究（上）』（朝鮮総督府，1941年）382～387頁。

[3] 为施行《内政改革法案纲目》，设立了名为“军国机务处”的最高决策机关，并由日本公使大鸟圭介担任其顾问，但从设立之初起该机关就受到韩国方面强烈的反对，因此并未能够展开实质性的改革。为此，日本政府替换了大鸟圭介，任命日本政府内务大臣井上馨为新任公使，并在1894年11月推行了新的改革案，即《内政改革纲领》。该案在实际上完全继承了大鸟圭介的改革案的基础上，尝试通过更为大胆的方式干涉韩国政府的内政，共由20条构成。田保橋潔『近世日朝関係の研究（上）』（朝鮮総督府，1941年）387頁参照。

[4] 鄭鍾休『韓国民法典の比較法的研究』（創文社，1989年）84頁。

[5] 日俄战争前夕，韩国开始受到日本的强烈影响。1904年起，日本对韩国进行所谓的顾问政治，以及1905年起进行统监政治。韩国的司法权被日本篡夺，该领域受日本敕令或统监府令规制。其他领域的立法权也受到日本顾问的严格控制，导致韩国政府的立法权实际上名存实亡。日本为支配韩国而颁布的法令激增也是当时的现象之一。

并之日颁布的《关于朝鲜法令效力的文件》。根据该文件,日韩合并时具有法律效力的韩国法令以及统监府令作为"当时朝鲜总督颁布的命令"被认可具有效力。之后,1912 年,在朝鲜总督被赋予制令权二年后,《朝鲜民事令》[1]作为制令第七号文件被颁布,该法令可以说是韩国在日本统治时期的民事基本法。其第 1 条规定,韩国人"民事相关事项,除本法其他法令有特殊规定外,依用下述法律",其中"下述法律"中列举包括《日本民法典》在内的多部法律。由此,韩国继受了《日本民法典》,并导入了其他附属的法律。一直以来,在韩国对殖民地时期适用的《日本民法典》并不作任何说明,而仅是称呼其为"依用民法",[2]而"依用"这个说法就是从"依据《朝鲜民事令》适用的《日本民法典》"这一意思中提取的。[3]

1910 年至 1945 年,即韩国沦为日本殖民地期间,尽管不同时期会略有差别,但日本民法学始终保持着接受德国法学强烈影响的状态。[4] 尤其是在 1910 年前后,德国法学对日本民法学的影响增强,甚至被认为"即使说'德国法学几乎压倒性地支配了日本法学家的思考方式,日本法解释学基本上机械地借用了德国的法解释理论'也并不为过"。[5] 北川善太郎明确地将"从民法施行以来到第一次世界大战后的 1920 年前后德国法学压倒性输入日本的历史现象"归为日本民法学发展史中的"学说继受"期。[6] 而"学说继受"的结果是导致日本民

〔1〕 关于《朝鲜民事令》的先行研究包括:김병수, "조선민사령에 대해: 제11조 '관습' 을 중심으로" , 법제사연구, 제 26 호, 1977, 147-169 면 등.

〔2〕 곽윤직, 민법총칙, 박영사, 1985, 37면; 김증한, 민법총칙, 박영사, 1972, 42 면; 김용한, 민법총칙론, 박영사, 1986, 13 면 등 참조.

〔3〕 鄭鍾休『韓国民法典の比較法的研究』(創文社,1989 年)93 ~ 103 頁参照。

〔4〕 如《日本民法典》起草者所言,其是"比较法的产物",包含着许多非德国法的要素。在《日本民法典》起草者之一的梅谦次郎看来,《日本民法典》"由于在形式上与德国相似,所以人们往往误认为其是完全根据《德国民法典》制定的。但其实并非如此。《日本民法典》是参考了与德国法居于同等地位的法国民法以及依据法国民法制定的其他法典及相关学说、判例制定的"。梅健次郎「開会ノ辞及ヒ仏国民法編纂ノ沿革」『仏蘭西民法百年紀念論集』(有斐閣,1905 年)3 ~ 4 頁参照。然而,在《日本民法典》施行后,德国民法学对日本民法学的影响渐渐增强。受德国民法的影响,"大正初期日本的民法学与德国民法学在本质上已经达到了几乎没有区别的地步"。末弘厳太郎「民法学生時代の回顧」『東京帝国大学学術大観』(東京帝国大学,1942 年)116 頁。

〔5〕 伊藤正己編『外国法と日本法(岩波講座現代法 14)』(岩波書店,1966 年)172 頁(野田良之執筆部分)。

〔6〕 北川善太郎『日本法学の歴史と理論 - 民法学を中心として - 』(日本評論社,1968 年)25 ~ 26 頁。

法的二重构造,即《日本民法典》原本预期的体系与继受的德国法理论体系之间理论关系上的紧张。韩国的法学教育机构所实施的法学教育,从本质上来说和日本的教育是一样的。大部分韩国学生在韩国国内或日本的大学中所学习的民法学深受德国法学影响,那些制定《韩国民法典》的相关人士也无一例外。韩国殖民地时期的官方语言是日语,判决书也是以日语书写的,因此日本的法律用语深深植根于韩国法学中。在 1912 年到 1959 年,韩国适用《日本民法典》。自 1960 年起实施的《韩国民法典》,在采用与《日本民法典》相同体系的同时,也含有德国法学的内容,这与自"学说继受"期以来日本民法的二重构造是分不开的。[1]

第二次世界大战日本战败,韩国从日本的殖民统治中独立出来,迎来了美国的军事统治。在美国的军事统治期间,韩国民法典的编纂工作随着 1948 年 7 月韩国政府的成立正式展开。[2] 1948 年 9 月 15 日,韩国政府公布《大统领令》第四号《法典编纂委员会职制》,并任命当时的大法院院长金炳鲁为法典编纂委员会的委员长,委员会拥有职制以及事务处理规定。1948 年 12 月,民法典制定工作有了具体的行动,确定了各编的起草负责人,并发表《民法典编纂要纲》[3] 等基本方针。然而,随后 1950 年 6 月爆发的朝鲜战争持续了 3 年之久,为民法典编纂所准备的、包含财产编的起草要纲在内的立法资料全部丢失。由于不可避免的原因,法典编纂委员会未能实现其机能,起草民法典的任务实际由委员长金炳鲁一人承担。1954 年 10 月,《韩国民法典》草案以政府案的形式提交国会。1957 年 12 月 17 日,国会结束对民法案的审议,并于 1958 年 2 月 5 日将通过的《韩国民法典》移送政府。1958 年 2 月 22 日,《韩国民法典》作为第 471 号法律公布,并于 1960 年 1 月 1 日起正式施行。[4]

综上所述,尽管《韩国民法典》是由本国的法学者起草并由本国立法机构制定的法律,但由于韩国长期被强制适用《日本民法典》,其核心内容还是采用了

---

〔1〕 鄭鍾休『韓国民法典の比較法的研究』(創文社,1989 年)283 ~ 287 頁参照。

〔2〕 1948 年 7 月 17 日,《韩国宪法》公布,同时韩国政府成立。然而,《韩国宪法》第 100 条规定:"现行法令,在不抵触本法的情况下,保有其效力。"当时现行法律效力被认可的结果是,直到 1960 年 1 月 1 日《韩国民法典》实施为止,《日本民法典》也同样继续具有效力、被适用。

〔3〕 关于 1948 年 12 月制定的《民法典编纂要纲》,现在韩国法学界也未能知其全貌。韩国政府的法制处和法务部的资料室,乃至大法院和国会图书馆等相关机构中也没有保存,其全貌恐再难得见。

〔4〕 鄭鍾休『韓国民法典の比較法的研究』(創文社,1989 年)145 ~ 198 頁参照。

《日本民法典》的构造。不过，从内容上来看，《韩国民法典》更接近于德国民法。其理由是，《韩国民法典》起草者参照的是当时的日本民法学，因此体现在《韩国民法典》中的是当时那个时期成型的日本民法学。基于这样的立法背景，也就不难理解为什么《日本民法典》和《韩国民法典》尽管在外观上具有相似性，但从谱系上来看，前者接近法国民法，而后者与德国民法更为接近。[1]

因此，纵观《韩国民法典》的条文以及解释论，发现其中并非全部都是直接沿袭德国法学中的内容，而是存在将日本民法学过去继受的法理二次继受的内容，以及直接吸收日本民法学理论的部分。例如，《韩国民法典》第750条就是其中一例。现行《韩国民法典》第750条所对应的《日本民法典》第709条，即依据《朝鲜民事令》第1条适用的《日本民法典》第709条，以“权利侵害”而非“违法性”作为构成要件。而自1925年的“大学汤”案[2]起，日本的判例以及学说便将“权利侵害”这一要件扩大解释为侵害“法律所保护的利益”的行为或是具有“违法性”的行为。现行《韩国民法典》第750条正是实现了上述解释的立法化，进而扩大了侵权行为法的保护范围。换言之，现行《韩国民法典》第750条与《日本民法典》第709条在条文构造以及解释论上基本一致的原因，多半与上述立法过程有关。

第二节　条文的特征

从法律规则和法律原则的分类来看，《日本民法典》第709条和《韩国民法典》第750条的共同特征是，两者均不属于事前特定“权利侵害”内容的规则型侵权行为法律条文，而是仅设定诸如“权利以及法律所保护的利益”或“违法行为”等抽象的要件，并将具体的判断交由法院进行自由裁量。

法学与经济学中有关法律规则与法律原则之间区别的理论，是由路易斯·卡普洛提出的。[3] 根据该理论，法律的具体内容是在作为法律规制对象的个人

〔1〕 鄭鍾休『韓国民法典の比較法的研究』(創文社，1989年)277～325頁参照。

〔2〕 大審院1925年11月28日判決，最高裁判所民事判例集4巻670頁。

〔3〕 See Kaplow Louis, *Rules versus Standards: An Economic Analysis*, Duke Law Journal 42, 557－629(1992).

行动之前决定的(法律规则),还是在个人行动之后决定的(法律原则)这一分歧点成为重要的标准,法律应当采用规则还是原则的形式,取决于(1)立法阶段必要成本的差异;(2)个人意思决定阶段必要成本的差异;以及是否会对个人事前的行动产生影响;(3)法律适用阶段必要成本的差异。在讨论这些要素时,(4)个人行动以及法律适用的频率也成为重要的考虑要素(之一)。此外,两者的优劣取决于采用原则型条款带来的便利(由法律内容的详细程度引发符合期望的行动)是否高于法律适用阶段增加的成本(法律内容的详细程度以及采用原则型法条而造成的成本)。一般来说,适用法律的频率越高,比起原则型条款,规则型条款更容易符合期望。其理由在于,法律适用频率高,则每次适用都将出于确定法律内容的目的而产生必要的成本,同时,由于此时个人行动的频率也相对较高,为取得相应信息也将产生必要的成本。而规则型条款的情形下,个人在获得相关信息后再作出意思决定的案例增多,采取符合期望的行为的盖然性提高,规则型条款会对当事人事前的行为产生影响。[1]

实际上,采用原则型条款时存在以下的缺点:其一,在个人根据法律决定自身行动的阶段,原则型条款由于其法律内容尚未确定,专家等要正确预测未来可能被确定的法律内容时,比起规则型条款,将耗费更高的成本。而且,认为这种成本属于追加成本的个人往往不会选择去获取信息,而直接根据自己的推测作出意思决定。此时,法律所期望、预想的行动与个人实际采取的行动之间将出现偏差,产生偏差成本。其二,在法律适用阶段,比起已经明确法律内容的规则型条款,原则型条款需要法律适用机关取得相应的信息并确定法律的内容,将产生更高的成本。[2]

尽管如此,《日本民法典》第709条和《韩国民法典》第750条仍被设为原则型条款的理由在于,原则型条款在事后明确详细的法律内容,将有助于促使当事人在意思决定阶段获得相应信息后采取相关法规所期望看到的行动。

---

〔1〕 森田果「最密接関係地法－国際私法と“Rules versus Standards”－」ジュリスト1345号(2007年)66～71頁参照。

〔2〕 森田果「最密接関係地法－国際私法と“Rules versus Standards”－」ジュリスト1345号(2007年)67頁参照。

第三节　小结

现行《日本民法典》第 709 条规定:“因故意或过失而侵害他人的权利或法律所保护的利益者,对因此所生的损害承担赔偿责任。”即《日本民法典》第 709 条将“权利”或者“法律所保护的利益”确定为侵权行为法的保护对象。同时,现行《韩国民法典》第 750 条规定:“因故意或过失的违法行为而导致他人遭受损害的,承担相应的损害赔偿责任。”即《韩国民法典》第 750 条明确了加害行为之“违法性”是侵权行为的构成要件之一。从条文的谱系来看,《日本民法典》第 709 条和《韩国民法典》第 750 条的共同特征是,两者均不属于事前特定“权利侵害”内容的规则型侵权行为法律条文,而是仅设定诸如“权利以及法律所保护的利益”或“违法行为”等抽象的要件,并将具体的判断交由法院进行自由裁量。如果以此条文构造为前提,且不将知识产权法的制度旨趣纳入讨论范畴,在知识产权专门法中没有明文规定的情况下,法院适用《日本民法典》第 709 条或者《韩国民法典》第 750 条也可谓有据可依。

第二章　知识产权法的制度旨趣

第一章的讨论明确了《日本民法典》第709条和《韩国民法典》第750条在条文构造上并无显著性差异。那么，围绕知识产权专门法中未作明文规定的利用行为是否可以构成一般侵权行为的问题，日韩两国的最高法院判例出现不同倾向的根本原因是否隐藏在解释论的差异中？换言之，如何对《日本民法典》第709条和《韩国民法典》第750条进行规范性解释，将会是解开疑问的关键所在。为此，探讨知识产权受法律保护的正当化根据必将有所裨益。因此，第二章将以明确知识产权法的制度旨趣为主题展开讨论。

第一节　知识产权的特殊性

传统的观点认为，知识产权的客体并非有体物而是无体物。但是，无体物是人们头脑中虚构出来的概念，[1]而这一概念的使用往往给人们带来一种仿佛存在着这样的"物"的错觉。[2] 正如田村善之指出，"知识创作物的保护"以及"对知识创作物的权利"这种表述中，无意识地形成了一种默认前提，即仅仅是对存在于人们行为之外的知识创作"物"设定权利。然而，这种思维模式存在缺陷，也就是在"知识创作物"这种表述下，虽然实际规制的是人们的行为，但是给人一种存在着某种与人们行为无关的、能够从行为中分离的客体的印象。如果追

---

〔1〕 Peter Drahos, *A Philosophy of Intellectual Property*, Dartmouth Publishing Company Limited, 1996, p. 18.

〔2〕 田村善之「知的創作物の未保護領域という陥穽について」著作権研究36号(2010年)3頁；田村善之「メタファの力による"muddling through"：政策バイアスvs. 認知バイアス－『多元分散型統御を目指す新世代法政策学』総括報告－」新世代法政策学研究20号(2013年)99頁参照。

本溯源的话，就会发现这种表述有掩盖事实真相的效果。虽然在知识产权法的领域经常说"知识创作物"的保护，但最终知识产权都不过是制约人们行为模式的权利而已。[1] 需要注意的是，本书在讨论知识产权客体的特殊性时，为将其与所有权的客体进行对比，方便起见采用了无体物这一用词，但这并不意味着本书认同存在无体物这一观点。

一、消费的非竞争性

动产或不动产等有体物，具有被特定人占有或使用后他人便无法使用的特征。举例而言，假如甲消费了特定的苹果，其他人便无法对该苹果进行消费。即有体物具有消费的竞争性(rivalrous)特征。由于有体物存在竞争性特征，如果对本就稀少的有体物过度消费，就会产生资源枯竭的问题。当资源处于共有状态时，则存在人们为追求各自的利益而过度使用共有资源的可能。因此，为避免出现资源共有时可能造成的悲剧，有必要设定私人财产权。私人财产权便是以所谓的"公共资源悲剧"理论为正当化基础的。[2]

与所有权相比较，知识产权客体具有消费的非竞争性(non-rivalrous)特征。智力成果具有不会因他人的消费而减少，并且能够被多数人同时消费的性质。举例而言，如果甲想到一个有趣的想法，可以在保有该想法的同时将其传达给乙。那么，即便乙没有物理性地夺走甲的想法，也可以使用该想法。即无体物具有消费的非竞争性特征。这就意味着，在不存在排他权的情况下，多数人可以在任何地方同时对同一无体物进行消费。换言之，如果知识产权的客体不被赋予法律保护，则该客体即可作为公共财产，任何人都可以自由利用。[3] 因此，知识产权的本质是通过法律手段对他人的行为自由进行人为制约的特权(privilege)，

---

〔1〕 田村善之「知的創作物の未保護領域という陥穽について」著作権研究36号(2010年)3~6頁参照。

〔2〕 关于公共资源悲剧，参见山本顕治「現代不法行為法学における『厚生』対『権利』」民商法雑誌133巻6号(2006年)898~903頁。

〔3〕 山根崇邦「知的財産権の正当化根拠論の現代的意義(1)」知的財産法政策学研究28号(2010年)214~215頁参照。

是一种广泛制约多数人行为的权利。[1]

二、边界的模糊性

动产或不动产等有体物存在物理性边界。因此,有体物的权利及范围是明确的,人们可以通过感官知悉其范围。[2] 当然,边界本身是一种习惯上的概念。例如,土地或领土的边界是可以根据社会、政治、军事等观点来决定的。对有体物来说,划分明确的边界并非无法实现。[3]

与所有权相比较,知识产权的客体具有边界的模糊性(ambiguity)特征。对发明或作品等无形的智力成果,无法在物理上划出边界。因此,大多数无体物的边界,是在知识产权侵权诉讼中通过对同一性以及相似性的判断划定的。[4] 例如,在著作权侵权诉讼中,将原告作品与被告作品进行对比,通过判断被告作品是否再现了原告作品的独创性表达(实质性相似)来界定侵权的边界。这就意味着,所有权以对特定有体物实施物理性接触的利用行为作为其权利内容,因此所有权对他人行为进行广泛制约的情形会受到限制,该权利也不会无限制地扩大。但是,因知识产权客体边界的不明确性,针对权利扩大的问题,通过物理上的禁止也无法达到相应效果。其结果是,知识产权的权利设定方式没有限定,能够人为创设广泛制约他人行为的权利。而且,由于知识产权能够不限定场所地

---

〔1〕 田村善之「知的財産法政策学の試み」知的財産法政策学研究 20 号(2008 年)3 頁;山根崇邦「知的財産権の正当化根拠論の現代的意義(1)」知的財産法政策学研究 28 号(2010 年)219 頁参照。此外,Wendy J. Gordon(田辺英幸訳)「INTELLECTUAL PROPERTY」知的財産法政策学研究 11 号(2006 年)1 頁中指出,property 这个标签,使人们忽略了知识产权的本质并非人与物之间的关系,而是人与人之间的关系,同时强调应当将知识产权理解为是针对特定类型行为的权利。

〔2〕 中山信弘『工業所有権(特許法)』(弘文堂,2000 年)24 頁参照。

〔3〕 Peter Drahos(山根崇邦訳)「A Philosophy of Intellectual Property(6)」知的財産法政策学研究 39 号(2011 年)247 ~ 248 頁;山根崇邦「知的財産権の正当化根拠論の現代的意義(1)」知的財産法政策学研究 28 号(2010 年)216 ~ 217 頁;山根崇邦「情報の不法行為を通じた保護」吉田克己 = 片山直也編『財の多様化と民法学』(商事法務,2014 年)359 ~ 361 頁参照。

〔4〕 山根崇邦「知的財産権の正当化根拠論の現代的意義(1)」知的財産法政策学研究 28 号(2010 年)216 ~ 217 頁参照。

制约人的行为,其权利范围可能跨越国境,无限制扩张。[1]

第二节　知识产权的内在制约因素

知识产权的内在制约因素是指,知识产权所带来的正外部效应(positive externality)。如前所述,知识产权的本质是通过法律手段自由地对他人的行为进行人为制约的特权。那么,国家为何设置知识产权将具有共有财产性质的智力成果作为私有财产进行保护,对人的利用行为进行制约,并人为制造智力成果的稀有状态?这一问题涉及知识产权的正当化根据。以下,将从宪法学的视角出发,对知识产权的正当化根据进行考察。

一、宪法上的条文根据

知识产权在宪法中的条文根据究竟是什么?《韩国宪法》第22条第1款规定:"所有国民享有学问和艺术的自由。"第22条第2款又规定:"作者、发明人、科学技术者以及艺术家的权利受法律保护。"换言之,《韩国宪法》第22条不仅规定了消极的权利内容,还规定了积极的权利内容。其中,"所有国民享有学问和艺术的自由"属于消极的权利内容,而"作者、发明人、科学技术者以及艺术家的权利"属于积极的权利内容。尽管《韩国宪法》第22条并未对保护作者及发明人的理由作任何说明,但其毫无疑问地为知识产权法提供了宪法上的条文根据。[2] 此外,与所有权不同,在《韩国宪法》与财产权相关的第23条[3]之外单独设立了第22条来规定作者与发明人的权利这一事实,体现了知识产权是为了促进学问以及艺术的发展而存在的权利。

---

〔1〕 田村善之「知的財産法政策学の試み」知的財産法政策学研究20号(2008年)5頁;山根崇邦「知的財産権の正当化根拠論の現代的意義(1)」知的財産法政策学研究28号(2010年)221頁参照。中山信弘指出:"工业所有权的客体是无体财物(一种情报、信息),与有体物相比较,保护该财务的法律制度本身具有国际化的倾向。因为与物相比,对信息来说,国界所具有的意义不那么明显。"中山信弘『工業所有権法(特許法)』(弘文堂,2000年)18頁。

〔2〕 정상조 편, 저작권법 주해, 박영사, 2007, 2-3 면; 정상조, 박준석, 지식재산권법, 홍문사, 2011, 33-34 면 참조.

〔3〕《韩国宪法》第23条第1款规定:"所有国民的财产权受到保障。其内容及界限由法律规定。"而第23条第2款又规定:"财产权的行使应当与公共福祉相适应。"

与之相对,《日本国宪法》中并不存在与著作权和专利权相关的条文。因此,关于知识产权在宪法上的定位,即知识产权在宪法上的条文根据,日本学说中存在如下3种观点:《日本国宪法》第21条论、[1]《日本国宪法》第29条论[2]以及《日本国宪法》第13条论。以下将对此作详细说明。

(一)《日本国宪法》第21条论

日本的学说中,有观点认为,应当从《日本国宪法》第21条[3]所保障的表达自由的框架内,寻求著作权制度的存在意义。例如,知识产权法学者横山久芳,[4]叙述如下:

> 如果将表达自由理解为表示"作为公共财产的表达空间"的概念的话,[5]"表达自由"作为宪法上的权利,除作为人的基本权的表达自由的保障("来自国家的自由")外,国家为实现表达空间而积极作为("通过国家实现的自由")也应当成为必然的要求。如果将宪法上表达自由理解为出于确保"作为公共财产的表达空间"这一目的而设定的内容,且为实现这一目的,宪法上的"表达自由"要求包括"通过国家实现的自由(国家积极创设制度的义务)",那么著作权制度就可以重新理解为,为实效性地确保"作为公共财产的表达空间"而"通过国家

---

[1] 横山久芳「著作権の保護期間延長立法と表現の自由に関する一考察－アメリカのCTEA憲法訴訟を素材として－」学習院大学法学会雑誌39巻2号(2004年)19～97頁。

[2] 今村哲也「著作権法と表現の自由に関する一考察－その規制類型と審査基準について－」季刊企業と法創造1巻3号(2004年)81～93頁;大日方信春「著作権の憲法上の地位－合衆国憲法一条八節八項の文理解釈を導きの糸として－」姫路法学45号(2006年)1～49頁;大日方信春「著作権をみる憲法学の視点について」熊本法学114号(2008年)1～36頁;大日方信春「著作権と憲法理論」知的財産法政策学研究33号(2011年)229～257頁等。

[3] 《日本国宪法》第21条第1款规定:"保障集会、结社以及言论、出版及其他一切表达自由。"

[4] 横山久芳在其论文中写道:"著作权的最终目的,并非保护作者的经济利益,而是通过赋予作者创作的激励,为多种多样的作品能够在市场中流通创造机会,从而使得'作为公共财产的表达空间'得以实现。"横山久芳「著作権の保護期間延長立法と表現の自由に関する一考察－アメリカのCTEA憲法訴訟を素材として－」学習院大学法学会雑誌39巻2号(2004年)77頁。

[5] 首次提出"作为公共财产的表达空间"这一概念的是長谷部恭男。長谷部恭男『テレビの憲法理論－多メディア・多チャンネル時代の放送規制－』(弘文堂,1992年)12～15頁。另外,長谷部恭男将确保"作为公共财产的表达空间"理解为国家积极创设制度义务的一部分。長谷部恭男「国家による自由」ジュリスト1244号(2003年)31～36頁参照。

实现的自由”的体现。[1]

换言之,横山久芳并没有将著作权制度理解为限制表达自由的存在,而是将其视作“为实现更高层次的表达自由而设立的制度保障”,[2]认可了“为确保信息能够自由且充分地流通,而对著作权这一私人法益进行保护”的权利结构。[3]

然而,上述观点受到了宪法学者的猛烈批判。例如,宪法学者大林启吾指出:“制度保障的目的——至少对于属于自然权利的表达自由来说——是通过制度的保障来间接性地保障权利。即使有可能为表达自由提供制度保障,但其只能限缩制度相关的立法裁量,以至于牺牲个人表达自由的理解,显然是本末倒置的。”[4]此外,即便是将确保“作为公共财产的表达空间”视作国家制度创设义务的一部分的宪法学者长谷川恭男,在“著作权制度的前提,即通过著作权的保护来促进表达活动是否具有现实合理性”这一问题上,也采取了相当谨慎的态度,并对以确保“作为公共财产的表达空间”为由扩大著作权保护范围的观点持否定意见。[5]

---

〔1〕 横山久芳「著作権の保護期間延長立法と表現の自由に関する一考察－アメリカのCTEA憲法訴訟を素材として－」学習院大学法学会雑誌39巻2号(2004年)74～75頁。

〔2〕 这一观点与美国将著作权法理解为是“表达自由之引擎”的观点具有异曲同工之妙。例如,在围绕第三人利用与福特前总统回忆录相关的未发表原稿是否构成著作权侵权的事件中,联邦最高法院判决[Harper & Row, Publishers, Inc. v. Nation Enters., 471U.S. 539, 558(1985)]指出,“宪法起草者意图将著作权作为表达自由之引擎(the engine of free expression)。通过规定能够在市场中交易表达的权利,著作权为思想的创作、发表提供了经济上的激励”。联邦最高法院将著作权比喻为“表达自由之引擎”,比起对立关系,更倾向于将著作权与表达自由理解为是相互亲和的关系。另外,围绕著作权法保护期延长法案(Copyright Term Extension Act of 1998, CTEA)合宪性展开争论的最高法院判决[Eldred v. Ashcroft, 537U.S. 186, at 219(2003)]提出,著作权所承认的限制独占性与修正法案第1条中的言论自由是可以共存的。基于上述基本论点,该判决认为关于引发讨论的CTEA,议会并未改变著作权保护的传统,因此不需要进行修正法案第1条的合宪性审查。

〔3〕 大日方信春「著作権をみる憲法学の視点について」『著作権と憲法理論』(信山社,2011年)31頁参照。

〔4〕 大林啓吾「表現の自由と著作権に関する憲法的考察－判例法理の批判から新たな議論の展開へ－」大沢秀介＝小山剛編『東アジアにおけるアメリカ憲法－憲法裁判の影響を中心に－』(慶応義塾大学出版社,2006年)330～331頁。有关制度保障与自由之间的关系,参见小山剛『基本権の内容形式－立法による憲法価値の実現－』(尚学社,2004年)150頁。

〔5〕 長谷部恭男「Interactive 憲法 憲法学者はなぜ著作権を勉強する必要がないか?」法学教室305号(2006年)36頁;長谷部恭男「著作権と表現の自由」コピライト616号(2012年)8頁参照。

(二)《日本国宪法》第 29 条论

日本的学说中,也有观点认为,著作权是通过以《日本国宪法》第 29 条[1]为基础的法律(著作权法)创设出的权利。例如,知识产权法学者今村哲也,叙述如下:

> 与所有权等历史悠久的财产权不同,著作权等财产权尚处在发展过程中,且其权利内容与权利性在很大程度上依赖于法律规范方式。其新规范的创设,具有能够决定今后经济社会结构(构造规范)的性质……这样的构造规范,依据《日本国宪法》第 29 条第 2 款有关财产权保障的规定,以符合公共福祉需求的形式进行决定。[2]

换言之,今村哲也将《日本国宪法》第 29 条第 2 款理解为财产权保障的根据条文,并将财产权以及包含其中的著作权理解为是由法律创设的权利。

对此,宪法学者大日方信春在指出上述观点"并未真正理解宪法条文之内涵"的基础上,表达了如下观点:《日本国宪法》第 29 条第 2 款规定"财产权的内容应当与社会福祉相适应,由法律规定",意义何在? 说到底,理解其意义的关键在于对"财产权的内容"这一用词的理解。本书将其理解为"权利人依据各自的财产权可行之事的范围及程度"[3],而非受财产权保护的内容。该条文并非要求国会通过法律对财产权的内容形式进行规定,而是由于本身财产权的行使过程中会牵扯他人以及社会,对财产权以及与之相对权益之间的利益调整是不可或缺的,因此要求国家以法律的形式制定利益调整的规则。由于《日本国宪法》属于立宪主义宪法典,第 29 条第 2 款向身为国家机关的国会要求上

---

[1] 《日本国宪法》第 29 条第 1 款规定:"财产权不受侵犯。"而第 29 条第 2 款又规定:"财产权的内容应当与公共福祉相适应,由法律规定。"关于《日本国宪法》第 29 条第 1 款和第 2 款之间的关系,学说中存在形成说与限制说。其中,形成说认为,第 29 条第 1 款所保护的财产权的内容,由基于第 2 款制定的法律具体形成。另外,限制说则将规定所有权之不可侵犯性的第 1 款辅之以 20 世纪社会国家观加以修正,从而将第 2 款理解为对财产权进行限制的根据。有关形成说与限制说的详细说明以及对两种学说的批判,参见阪本昌成『憲法理論Ⅲ』(成文堂,1995 年)258 ~ 260 頁。

[2] 今村哲也「著作権法と表現の自由に関する一考察 – その規制類型と審査基準について – 」季刊企業と法創造 1 巻 3 号(2004 年)82 頁。

[3] 佐藤幸治『憲法』(青林書院,1995 年)567 頁。

述利益调整的规则应当与“公共福祉”相适应。回过头再看著作权法,不能将其理解为是创设“著作权”这一权利的法律。而应当理解为,著作权法是通过将无体财产权中的著作权范畴化,规定该权利发生、取得、交换的规则,保障作品在言论市场中交易行为稳定性的同时,调整著作权与对立权利之间的利害关系的法律。[1]

此外,关于著作财产权与著作人身权之间的关系,大日方信春从言论市场的观点出发,提出了一元论解释,即狭义的著作权的本质,应当是指内在于言论市场中所表达出来的、归属于个人所有之客体的性质。“通过创造性手法表达思想或感情的东西”,不仅包含非物质属性,同时表明了在言论市场中不具有管理可能性。然而,作为智力活动产物的作品,其归属必须经过创作主体授权。内在于作品中的这一性质被制度化后作为狭义的著作权规定在著作权法上。这一过程,在术语上被称为言论的私有化(privatization of speech)。而发生在作品上的私有化,与其说是通过法律实现的,倒不如理解为是作品内在作为经济财产的性质所导致的结果。但是,发生在作品上的商品化,并非出于保护著作权的目的,而是伴随作品的管理成为可能产生的间接效果。如前所述,智力活动的产物必须经过创作主体的授权。著作人身权的保护法益正在于此。并且,一般认为作者对于自己所有的作品是否在言论市场受到合理的评价抱有高度的关心。此处的保护对象,正是作者在言论市场中获得公正、合理的评价这样事关作者地位、资格的内容。[2]

换言之,在大日方信春所主张的“一元论解释”的理论框架之下,著作财产权自不必多言,著作人身权的本质也应当被理解为是为确保言论市场中作品交

---

〔1〕 大日方信春「著作権をみる憲法学の視点について」『著作権と憲法理論』(信山社,2011年)38～39頁。同时,参见大日方信春「著作権の憲法上の地位－合衆国憲法一条八節八項の文理解釈を導きの糸として－」姫路法学45号(2006年)39頁;大日方信春「著作権と憲法理論」知的財産法政策学研究33号(2011年)240～241頁。

〔2〕 大日方信春「著作権をみる憲法学の視点について」『著作権と憲法理論』(信山社,2011年)36～37頁;大日方信春「著作権の憲法上の地位－合衆国憲法一条八節八項の文理解釈を導きの糸として－」姫路法学45号(2006年)10～11頁。

易的稳定性而制度化的产物。[1] 可以说,这是将《日本国宪法》第29条第2款理解为是著作权法在宪法中的条文根据所导致的必然产物。其理由在于,《日本国宪法》第29条第2款规定:“财产权的内容应当与公共福祉相适应,由法律规定。”如果将该条文作为著作权法的宪法根据,那么包括著作人身权在内的著作权法整体都将受到“与公共福祉相适应”这一条件的制约,这便与将著作人身权理解为是基本人权的“二元论解释”相冲突。因此,“一元论解释”,暂且不论其结论如何,至少在推导结论的过程中,可以说其理论具有一贯性。[2]

然而,现行《日本著作权法》的体系中,明确区分了保护作者财产利益的著作权与保护作者人格利益的著作人身权,即采用的是二元的体系。例如,《日本著作权法》第60条第1款规定“著作权可被全部或部分转让”的同时,第59条又规定“著作人身权专属于作者,不得转让”。换言之,现行《日本著作权法》将著作财产权和著作人身权理解为是可以分属于不同人的权利。此外,著作权的保护期间,对作者死后人身利益受到的侵害的民事请求权的时效(《日本著作权法》第116条)以及刑事处罚刑期的规定(《日本著作权法》第60条、第120条)

〔1〕 大日方信春从实现言论市场中公正、合理之交易的视角出发,对著作人身权进行了如下解读。即发表权(《日本著作权法》第18条),是由作者决定进入言论市场时机的权利。因为何时进入言论市场,将影响作者的名声、地位以及成功。署名权(《日本著作权法》第19条)体现了作品与作者之间的关联,有助于维持言论交易安全。为达到丰富言论市场的效果,无名氏或匿名作者的作品也应当被允许进入该市场。此外,同一性保持权(《日本著作权法》第20条)是通过禁止未经许可篡改作品的行为以保障言论市场中交易不受歪曲的权利。同时,也是保障作者不会因为非真实的信息(表达物)受到评价。大日方信春「著作権をみる憲法学の視点について」『著作権と憲法理論』(信山社,2011年)37頁参照。

〔2〕 关于著作人身权与一般人格权的关系,采用异质说的观点认为:第一,著作人身权并非所有自然人都拥有的权利,而是只有作者才能享有的权利;第二,其保护的对象并非人格本身,而是与作者人格相独立的作品。半田正夫『著作権法概説』(法学書院,2009年)116頁参照。同样,大日方信春也将著作人身权理解为与一般人格权不同的权利,因此接近异质说的观点。从如下叙述中也可窥见,即“异质说,不以人格价值作为著作人身权的根本,而将该权利的本质理解为作者与具体作品之间不可分的联系,其对考察著作权本质的本书存在巨大的影响。这是因为,作者与作品之间的纽带是在向言论市场提供作品时对作者来说重要的关心点(interest)”。大日方信春「著作権をみる憲法学の視点について」『著作権と憲法理論』(信山社,2011年)34頁。此外,潮海久雄以使著作人身权相关的处分行为容易得到认可为由,对异质说作出正面的评价。潮海久雄「職務著作制度の法的構造」本郷法政紀要4号(1995年)149~150頁。

等均有所不同，也在一定程度上补足了"二元论"。[1] 如果以上述现行法的体系为前提来考虑，"一元论解释"将《日本国宪法》第29条第2款作为著作权法的宪法根据，这一理解是否妥当尚留有可供质疑的余地。

（三）《日本国宪法》第13条论

日本的学说中，还有观点认为，知识产权法是为支援《日本国宪法》第13条中规定的国民的幸福追求权而设立的制度。例如，知识产权法学者田村善之，叙述如下：

> 著作权法的发展经历了三个阶段，推动著作权产生的印刷技术的普及是第一浪潮，复制技术的普及是第二浪潮，互联网技术的普及是第三浪潮。这一观点，已经论述过多次。随着第二浪潮中复制者人数与复制数量飞跃性增长，人们对复制禁止权中心主义的实效性开始产生质疑。为此，日本摸索出租禁止权及针对复制机器、媒体的收费制度（在日本法中，作为私人录音录像补偿金制度得以实现）等对策。此外，对复制管理技术以及存取管理技术的法律支援，也可以被看作是针对第三浪潮的对策。像这样为确保权利实效性而作出的制度设计，立足于激励理论时，原则上由立法来完成此项工作。因为，在何种程度上给予著作权的保护能够激励创作、促进文化的发展这一问题，交由民主决定是最好的选择。延伸到宪法论中，基于激励理论的解释，著作权是为国民能够享受到文化发展带来的恩惠而必要存在的手段，因此，可以将其理解为是为支援《日本国宪法》第13条中规定的国民之幸福追求权而设立的制度。由于著作权制度并非保障从国民全体的权利中分离出的、特定的个体（如作者）所享有的基本人权的制度，在缺乏立法保护的情形下，不存在以基本人权受到侵害为由请求司法介入的可能。[2]

---

〔1〕 对于"一元论"，山本桂一批判其并不具有不惜违背日本著作权法的构造也要采用的实际价值。山本桂一『著作権法』（有斐閣，1973年）13頁参照。此外，田村善之也评价"一元论"是明知讲不通却仍要将著作人身权与著作财产权视作不可分割的同一权利的观点。田村善之『著作権法概説』（有斐閣，2001年）405頁参照。

〔2〕 田村善之「技術環境の変化に対応した著作権の制限の可能性について」ジュリスト1255号（2003年）128～129頁。

田村善之认为,如果从激励理论的观点出发的话,知识产权是为使国民享受到技术以及文化发展带来的恩惠而必要存在的手段,因此是为支援《日本国宪法》第 13 条规定的国民之幸福追求权而设立的制度。[1] 对此观点,大日方信春则提出了质疑:“如果立足于激励理论来考察著作权的渊源的话,为何著作权在《日本国宪法》上的条文根据是第 13 条呢?”[2]

二、知识产权的正当化根据

那么,究竟应该如何理解知识产权的正当化根据? 以下将就本书的基本立场进行阐述。

(一)宪法根据:《日本国宪法》第 13 条

《日本国宪法》第 13 条规定:“全体国民都作为个人而受到尊重。对于追求生存、自由以及幸福的国民权利,只要不违反公共福祉,在立法及其他国政上都应当受到最大的尊重。”为理解《日本国宪法》第 13 条的意义,可以将罗纳德·德沃金所提倡的王牌理论作为参考。[3] 据此理论,宪法上的权利包含了以社会

---

〔1〕 田村善之『競争法の思考形式』(有斐閣,1999 年)51 ~ 52 頁。另外,长谷川晃认为,“田村知产法论”将知识产权法制度理解为是激励创作的制度,该理论学说被称为“竞争繁荣”论(competitive flourishing)。分析其理论及法哲学基础的文献,参见長谷川晃「〈競争的繁栄〉と知的財産法原理 – 田村善之教授の知的財産法理論の基礎に関する法哲学的検討 – 」知的財産法政策学研究 3 号(2004 年)17 ~ 34 頁;長谷川晃「〈競争的繁栄〉と知的財産法原理 – 田村善之教授の知的財産法理論の基礎に関する法哲学的検討 – 」田村善之編『新世代知的財産法政策学の創成』(有斐閣,2008 年)103 ~ 120 頁。

〔2〕 大日方信春「著作権をみる憲法学の視点について」『著作権と憲法理論』(信山社,2011 年)31 頁参照。

〔3〕 ロナルド・ドゥオーキン(石山文彦訳)『自由の法　米国憲法の道徳的解釈』(木鐸社,1990 年)258 ~ 260 頁。德沃金反对功利主义的、利益衡量的考虑方式,指出通过成本效益分析对个人权利与社会一般的需求进行计算以求取平衡的方式是错误的。介绍德沃金理论的文献包括:齊藤愛「ドゥオーキンの表現の自由論に関する一考察」本郷法政紀要 7 号(1998 年)347 頁;齊藤愛「表現の自由 – 核心はあるのか – 」長谷部恭男編『講座人権論の再定位 3(人権の射程)』(法律文化社,2010 年)161 頁等。此外,王牌理论相关的文献包括:長谷部恭男『憲法』(新世社,2011 年)87 ~ 139 頁;阪口正二郎「憲法上の権利と利益衡量 –『シールド』としての権利と『切り札』としての権利 – 」一橋法学 9 巻 3 号(2010 年)721 ~ 727 頁;駒村圭吾「基本的人権の概念①(人権の意味)」小山剛 = 駒村圭吾編『憲法』(弘文堂,2013 年)22 頁;巻美矢紀「個人としての尊重と公共性」安西文雄ほか編『憲法学の現代的論点』(有斐閣,2009 年)286 ~ 291 頁;小泉良幸『リベラルな共同体　ドゥオーキンの政治・道徳理論』(勁草書房,2002 年)157 頁;小泉良幸「政治的責務と憲法 –《法の共和国》の試みとして – 」宇佐美誠 = 濱真一郎編著『ドゥオーキン　法哲学と政治哲学』(勁草書房,2011 年)151 ~ 153 頁;中曽久雄「民主主義のもとでの司法審査 – 権限アプローチの構築に向けて – 」阪大法学 59 号(2010 年)889 頁等。

全体利益为理由受到保障的权利和以个人自律为基础的个人权利。罗纳德·德沃金认为,将个人的权利与社会一般的要求用成本收益分析计算并取得平衡这一方法是错误的。事实上,这并不意味着个人权利比社会整体福利更重要,而是将功利主义作为大前提,在确保社会整体福利的前提下避免侵害作为王牌的个人权利与行动自由。此时,不再是政府应该如何规制的问题,而是规制的理由更显重要。当政府以否定市民的平等分配,甚至侵害市民个人权利的方式实施规制时,作为王牌的个人权利就会发挥其作用。[1]

宪法学者长谷部恭男,在积极运用王牌理论的基础上,[2]对《日本国宪法》第13条的意义进行如下说明:

> 《日本国宪法》第13条的后半段,在保障"追求生存、自由以及幸福的国民权利"的同时,为其在"立法及其他国政上"受到尊重,设置了"不违反公共福祉"这一限制。此处所说的"追求生存、自由以及幸福的国民权利",并非为保障个人自律而存在的人权,而是指一般的行为自由。这种一般的自由普遍地存在,彼此间可能相互冲突。因此,包括法院在内的国政机关为调整冲突、使冲突与摩擦最小化,有必要设置各种各样的法律规范作为国民社会生活的准则。一般的自由,是由于这些准则的确立,才终于能够开始发挥其作用,给予国民正当的期待与追求幸福的权利。因此,显而易见,国政中对一般的自由的规制与公共福祉两者应当是共存的。与之相对,与个人自律相关且不受公共福祉限制的权利根据《日本国宪法》第13条前半段受到保障。与该条后半段不同,前半段并未以公共福祉为限。[3]

---

〔1〕 ロナルド·ドゥオーキン(石山文彦訳)『自由の法　米国憲法の道徳的解釈』(木鐸社,1990年)258~260頁。

〔2〕 有关王牌理论与违宪审查的关系,参见阪口正二郎「憲法上の権利と利益衡量－『シールド』としての権利と『切り札』としての権利－」一橋法学9巻3号(2010年)703頁;阪口正二郎「人権論Ⅱ違憲審査基準の二つの機能－憲法と理由－」法律時報80巻11号(2008年)70頁;阪口正二郎「憲法学と政治哲学の対話－リベラリズム、違憲審査基準、権利－」公法研究73号(2011年)42頁;阪口正二郎「民主主義と人権の関係－多数決で決めるべき事柄と多数で決めてはならないもの－」法学セミナー570号(2002年)2頁等。

〔3〕 長谷部恭男『憲法』(新世社,2011年)142~143頁。

按照该解释,《日本国宪法》第 13 条所保护的权利中,同时包含前半段规定中宣言保障个人自律的权利,和后半段规定所保障的一般的自由权。其中,《日本国宪法》第 13 条后半段承认"追求生存、自由以及幸福的国民权利"即幸福追求权的理由在于,为使国家权力仅在公共福祉所允许的范围内行使而赋予国民一般的自由,从而使国家权力肩负正当化限制该自由的责任,并由司法部负责监视相关的限制行为。此外,《日本国宪法》第 13 条前半段中宣言保障个人自律的权利,其理由在于,"在一定的情形下,即使违反了公共福祉,也应当将个人自律性决定权视为人权行使的一部分进行保障"。[1]

以上述理论为基础,应该如何理解知识产权法的制度旨趣呢?《日本著作权法》第 1 条规定,"本法的目的是,就作品、表演、录音、广播以及有线广播,规定作者的权利以及相关的邻接权,关注上述文化成果的公正利用,保护作者等主体的权利,并且推动文化发展";另外,《日本专利法》第 1 条规定,"本法的目的是,通过对发明的保护与利用,鼓励发明,推动产业发展"。对上述条文的理解,尽管学界存在自然权理论和功利主义理论的对立,但无论采用哪种理论的观点,其讨论的前提都是一致的。即《日本著作权法》和《日本专利法》是为推动文化或产业的发展,对作者或发明人与使用者之间的利益进行衡量,进而调整其间的利益平衡的规则。换言之,国家在考虑作者或发明人的利益与使用者的利益之间可能存在冲突的基础上,为调整其间的冲突,使对立与摩擦最小化,而制定了著作权法、专利法等法律作为社会生活的规则。这些规则的确立,有助于推动"文化发展"以及"产业发展"等社会整体利益的实现,从而赋予人们正当的期待与追求幸福的权利。在此意义上,著作权和专利权可以说是国民为享受文化及产业发展所带来的恩惠而必要存在的手段,是为支援《日本国宪法》第 13 条所保障的国民之幸福追求权而设立的权利。此种权利,并非为保障个人自律而存在的人权,而应当理解为是在符合"公共福祉"的限度内受保护的政策性权利。

另外,知识产权中还存在将个人自律性决定权作为人权的行使进行保护的

---

〔1〕 長谷部恭男『憲法』(新世社,2011 年)142 ~ 144 頁参照。此外,根据长谷部恭男的观点,以单独个别权利为单位,区分具体哪些权利属于《日本国宪法》第 13 条前半段保障的王牌权利,哪些权利是作为公共福祉的一部分受到第 13 条后半段的保障是不可能的。其理由在于,判断不受公共福祉限制的权利是否受到侵害,与政府基于怎样的理由采取行动关联甚深。

权利。例如,《日本著作权法》中,不仅仅存在保护作者财产利益的著作财产权,同时包含保护作者人格利益的著作人身权。著作人身权是指,保护作者对其创作的作品所享有的人格性权利,包括发表权(《日本著作权法》第18条)、署名权(《日本著作权法》第19条)、同一性保持权(《日本著作权法》第20条)、禁止以侵害作者名誉或声望的方式利用作品的权利(《日本著作权法》第113条第6款)等。著作人身权从性质上说是专属于作者的权利(《日本著作权法》第59条)。此种权利,属于以保障个人自律而存在的王牌权利,应当被认为是受到《日本国宪法》第13条前半段规定的保护。

鉴于此,在考虑知识产权法的制度旨趣时,有必要注意知识产权的内在制约因素,即国家调整智力成果相关权利人与使用者之间利益平衡的行为是为实现"公共福祉"还是保障"个人自律"。

(二)理论根据:功利主义理论

以上述理论为基础,应该如何理解知识产权的正当化根据呢?关于知识产权的正当化根据,学界有自然权理论和功利主义理论两种相互对立的观点。[1]自然权理论认为,人对于自己创作的智力成果当然地享有权利;[2]而功利主义理论认为,知识产权是为对智力成果的创作提供激励动机,并以此来增加公共福祉为目的而设置的政策性权利。然而,如果将罗纳德·德沃金提出的王牌理论应用于知识产权的正当化根据,那么可以说知识产权尽管以功利主义理论为大

---

〔1〕 森村進『財産権の理論』(弘文堂,1995年)168~171頁;田村善之「知的財産法政策学の試み」知的財産法政策学研究20号(2008年)1頁;山根崇邦「知的財産権の正当化根拠論の現代的意義(1)」知的財産法政策学研究28号(2010年)206頁;小泉直樹「著作権制度の規範的理論」『アメリカ著作権制度(原理と政策)』(弘文堂,1996年)13頁;島並良「特許客体論の方法と構造」知財研フォーラム55号(2003年)14頁;島並良「特許制度の現状と展望:法学の観点から」『岐路に立つ特許制度(知的財産研究所20周年記念)』(知的財産研究所,2009年)13頁等。

〔2〕 对知识产权法领域具有深远影响的自然权理论有洛克的劳动所有权理论(John Locke, *Two Treatises of Government*, Cambridge University Press, 1988, p. 286.)和黑格尔的精神所有权理论(Justin Hughes, *The Philosophy of Intellectual Property: Intellectual Property, Moral, Legal, and International Dilemmas*, Edited by Adam D. Moore, Rowman & Littlefield Publisher, Inc., 1997, p. 108-109)。洛克的劳动所有权理论认为,人们应该拥有通过自己劳动所生产出来的物品。而黑格尔提出的精神所有权论是以人格利益或人格权为基础的理论,即认为知识产权是创作者人格的表现物,因而当然地应受到保护。上述理论均以人的自由为基础,如果将著作权设定为限制他人行动自由的权利的话,自由和自由之间难分高下,人仅仅凭借进行创作这一理由是很难对他人自由进行限制的。因此,为使著作权得以正当化,认可著作权的理由,并非仅出于对创作者利益的保护,而应当理解为是为谋求保护更普遍、多数人的利益。

前提，为确保此前提也需要作为王牌的自然权理论。正如田村善之指出，知识产权需要多元化的正当化根据，以功利主义为基调的激励理论作为积极根据的同时，以自然权理论作为其消极根据，从而使知识产权对他人利用行为的规制获得正当性。[1] 具体而言：

首先，功利主义理论是知识产权的积极根据。知识产权作为制约他人行为自由的权利，仅仅凭借某人创造出某个东西就去制约他人的行为自由，实则让人难以信服。如果仅涉及创造者的利益，则利用者的自由将与创造者的利益相抗衡，无法当然地赋予创造者权利。因此，知识产权的正当化根据，并不只是权利者自身的利益，还应加入有益于更广泛的多数人利益的考虑。也就是说，如果对某种"搭便车"行为不加以规制的话，致力于创造活动的人将大量减少，一般公众就会蒙受利益损失。这种情况下，由于不仅涉及创造者的利益，还涉及公共福祉的问题，知识产权可以作为制约他人行为自由的积极根据。[2]

其次，自然权理论是知识产权的消极根据。因为功利主义理论将公共福祉作为知识产权的积极根据，最终知识产权将会成为基于公共福祉而对人们的行为自由进行规制的权利。然而，为社会整体的多数利益而规制个人自由的"目的手段思维模式"，作为知识产权的正当化根据仍略显不足。[3] 此时，某人创造了某个东西这一命题，虽然无法单独成为知识产权的积极根据，但以知识产权的积极根据即功利主义作为大前提，足以使制约他人行为自由的知识产权获得正当化的消极根据。例如，在热带雨林的深处发现了草药。如果对该草药以天然的未经任何加工的状态提出专利申请，通常是不作为发明对待的。但是，如果仅从功利主义的观点来看就会认为，由于深入热带雨林腹地会花费相当的费用，为了激励探索行为而设置某种回报也情有可原。尽管如此，仅是发现自然界中既存的东西并没有任何创造行为，因此缺乏正当化该专利权的消极根据，这是最受

---

〔1〕 田村善之『著作権法概説』(有斐閣,2001年)6~8頁;田村善之「知的創作物の未保護領域という陥穽について」著作権研究36号(2010年)7頁;田村善之「日本の著作権法のリフォーム論－デジタル化時代・インターネット時代の『構造的課題』の克服に向けて－」知的財産法政策学研究44号(2014年)64~44頁。

〔2〕 田村善之「知的創作物の未保護領域という陥穽について」著作権研究36号(2010年)6頁参照。

〔3〕 See Jeremy Waldron, *From Authors to Copiers: Individual Rights and Social Values in Intellectual Property*, 68 Chi-Kent L. Rev. 1993, p. 841, 862–864.

认同的否认上述观点的理由。[1]

综上所述，既然将改善公共福祉这一功利主义理论作为知识产权的积极根据，那么在根据《日本民法典》第709条或者《韩国民法典》第750条创设新的知识产“权”的时候，法院或多或少也会受到功利主义理论的影响。

第三节　知识产权的外在制约因素

知识产权的外在制约因素，是指知识产权所带来的负外部效应（negative externality）。如前所述，从立法和司法之间职能分立的观点来看，法院适用《日本民法典》第709条或者《韩国民法典》第750条，认定知识产权专门法未作规定的利用行为构成侵权行为，意味着由法院创设至今尚未被知识产权法承认的新的知识产“权”，即法官造法。那么，知识产权存在何种外在制约因素，为何在知识产权专门法中没有明文规定的情况下，法院应尽量避免对《日本民法典》第709条或者《韩国民法典》第750条的过度适用？本书将尝试就自由领域的侵蚀问题、利益表达的非均衡问题等知识产权的外在制约因素进行探讨。

一、自由领域的侵蚀问题

知识产权是通过法律手段对人的行为模式进行人为制约的权利，其对他人行为自由的制约程度较强。因此，为防止过度地限制他人的行为自由，在某种程度上需要对权利加以限制。在此情况下，就何种限度内权利人的利益应予优先、何种限度内应确保利用者行为自由的问题进行讨论时，应当在给予创作者激励与确保他人自由这两种价值间寻找平衡点。以下将以著作权与表达自由的关系为题材，探讨自由领域的侵蚀问题。

（一）著作权与表达自由

《日本著作权法》第2条第1款第1项将著作权的客体限定为思想或感情的独创性表达，且属于文艺、学术、美术以及音乐范畴的成果。换言之，著作权法赋予了独创性“表达”排他性权利，即著作权。而著作权通过限制他人的表达自由

---

〔1〕　田村善之「知的創作物の未保護領域という陥穽について」著作権研究36号（2010年）7頁参照。

的方式得以实现。从这个意义来说,显然著作权与《日本国宪法》第 21 条所保障的表达自由之间存在着某种形式的联系。

然而,日本学界在有关著作权与表达自由的讨论中,往往不太关注著作权对表达自由的限制这一问题。[1] 例如,2003 年时任文化厅著作权课长的冈本薰,在其著作中叙述如下:著作权是规定在《国际人权公约》中的"私权(人权)"之一。所谓的"规制",是指由"官"控制"民"原本可以自由进行的活动的制度。例如,"关于建筑面积率与容积率等,如果未能满足行政标准并取得行政许可,即便在自家土地上建造自己的房子也是不被允许的"。与之相对,"禁止擅自在他人土地上建造自己的房子"是由于其行为对他人"私权"(财产权)造成了侵害,不属于上述"规制"的问题。[2] 从这段描述来看,冈本薰将著作权理解为是天赋人权,同时认为著作权法设定的著作权不构成对表达行为的"规制"。

此外,小岛立将著作权法理解为是国家文化政策的一部分,以比喻的方式提

---

〔1〕 日本的文献中,有关著作权与表达自由之间关系的先行研究包括:中根哲夫「デジタル時代の著作権保護と表現の自由」大学院研究年報 31 号(2002 年)367 頁;横山久芳「著作権の立法と表現の自由に関する一考察 - アメリカのCTEA 憲法訴訟を素材として - 」学習院大学法学会雑誌 39 巻 2 号(2004 年)19 頁;今村哲也「著作権法と表現の自由に関する一考察 - その規制類型と審査基準について - 」季刊企業と法創造 1 巻 3 号(2004 年)81 頁;山口いつ子「表現の自由と著作権」『知的財産法の理論と現代的課題(中山信弘還暦記念)』(弘文堂,2005 年)365 頁;大日方信春「著作権と表現の自由の間隙」山崎広道編『法と政策をめぐる現代的変容(熊本大学法学部創立 30 周年記念)』(成文堂,2010 年)1 頁;大日方信春「著作権の憲法上の地位 - 合衆国憲法一条八節八項の文理解釈を導きの糸として - 」姫路法学 45 号(2006 年)1 頁;大日方信春「著作権法をみる憲法学の視点について」熊本法学 114 号(2008 年)1 頁;大日方信春「暗号化と表現の自由:米国デジタル・ミレニアム著作権法を素材に」熊本法学 119 号(2010 年)1 頁;小島立「著作権と表現の自由」新世代法政策学研究 8 号(2010 年)251 頁;比良友佳理「デジタル時代における著作権と表現の自由の衝突に関する制度論的研究(1)」知的財産法政策学研究 45 号(2014 年)79 頁等。此外,与戏仿作品相关,涉及表达自由的讨论包括:山本隆司「パロディによる表現の自由と著作権の保護の限界」ジュリスト1215 号(2002 年)172 頁;小泉直樹「表現の自由、パロディ、著作権」ジュリスト1395 号(2010 年)149 頁;西森菜津美「表現の自由と著作権 - パロディ表現物に関する憲法的検討 - 」立命館法政論集 6 号(2008 年)1 頁;佐藤薫「憲法第二一条と同一性保持権 - パロディおよびその保護について - 」海保大研究報告 35 巻 1 号(1989 年)1 頁;佐藤薫「著作権、同一性保持権と表現の自由 - パロディを例として - 」憲法論叢 2 号(1995 年)45 頁;飯野守「表現の自由からみた著作権の論点(1) - アメリカの判例に見るパロディ表現の取扱い - 」情報研究 40 号(2009 年)29 頁;中山代志子「著作物の権利制限規定を巡る著作権と言論の自由の衝突 -『チーズはどこへ消えた?』事件(東京地裁平成 13 年 12 月 19 日決定)を題材として - 」明治学院大学法科大学院ローレビュー 1 巻 1 号(2004 年)1 頁等。

〔2〕 岡本薫『著作権の考え方』(岩波書店,2003 年)6 頁。对此,大日方信春批判冈本薰的观点过于轻视著作权的特殊性。大日方信春「著作権をみる憲法学の視点について」『著作権と憲法理論』(信山社,2011 年)28 頁参照。

出创作者及权利人“必须赢得赌注”，并叙述如下：尽管著作权制度中的利害关系人需要“面临风险”，其中赢得“赌注”的人便能够从国家、私人或私人团体的庇护中得以解放。笔者认为，文化艺术相关者的经济基盘的安定性对于其自立问题，变得尤为重要，而在这种情况下，著作权作为支撑表达自由的存在，具有重要价值。〔1〕 正如小岛立所言，著作权法能够帮助创作者在不依靠国家庇护的情况下，通过灵活运用市场原则收回投入的资本。在此意义上，著作权法是“有助于创作者自立的存在”，从根本上支撑、保障了表达自由。

上述观点，或是以著作权法是保护作者财产的制度，并不干涉言论市场或私人活动的领域为由，回避了对表达自由的讨论；或是着眼于著作权的保护有助于产出有价值的言论，却避而不谈在此过程中著作权对个人的表达行为可能造成的限制。

对此，以宪法学为中心，学界对上述重视著作权的财产权性质或重视著作权对言论产出的帮助作用的观点提出了反对的意见。例如，宪法学者大日方信春教授就著作权的财产权说表达了如下立场：“本书对重视著作权财产性质的观点持批判态度。其理由是，促进表达行为，尤其是通过保障言论市场中表达产物交易的稳定性来达到促进表达行为的效果，才是设定著作权的目的。根据该观点，作品(expression)具有财产性，仅是因为通过设定权利能够有效地对作品进行管理。”〔2〕

另外，关于如若著作权能够使言论数量有所增加，是否能够消除著作权与表达自由之间的冲突问题，大日方信春指出：表达自由，又可以理解为进行“交流活动”的自由，是言论的表达者与接收方之间的相互作用。表达自由的法理正是为保障这样的主体间的行为不受国家行为的干涉或介入。即便著作权制度能够有效地增加未来言论的产出量，也并不意味着能够彻底解决著作权与表达自由之间的问题。表达自由具有言论产出量所无法还原的价值。此外，即便追求

〔1〕 小島立「著作権の保護期間－文化政策の観点から－」知的財産法政策学研究33号(2011年)279～280頁。同时，参见小島立「著作権と表現の自由」新世代法政策学研究8号(2010年)260～263頁；小島立「著作権と表現の自由」全国憲法研究会編『憲法問題21』(三省堂，2010年)79～80頁参照。

〔2〕 大日方信春「著作権と表現の自由の間隙」『著作権と憲法理論』(信山社，2011年)229頁。

著作权保护的最适量,过度的抽象性也只能导致该理论的可信性被抹杀。[1]

著作权保护与保障表达自由之间存在着二律背反的矛盾。[2] 如此断言的理由在于,表达自由是为保障个人在从事表达活动时不受到来自国家的干涉,而著作权则是通过国家设定一时性的排他权的形式,对原本所有人都能够自由进行的活动加以限制。因此,后来者的表达行为在先行者作品的范围内受到国家的利用规制,即著作权是限制表达自由的权利。

(二)宪法学的分析角度

那么,《日本国宪法》第21条所保障的表达自由,究竟具有怎样的性质呢?[3] 一直以来,日本宪法学中关于宪法权利与公共福祉之间的调整问题,基本看法是将以表达自由为代表的精神自由置于优于经济自由的位置,认为在对限制精神自由的立法进行合宪审查时,应当采取比限制经济自由的立法合理性更为严苛的标准,即支持双重标准理论。[4] 该理论重视表达自由的理由之一,主要是出于维持民主政治过程的考虑。[5] 换言之,通过广泛认可表达自由,在社会中流通各种信息,以培育能够对政治作出理性判断的市民,激发批判与讨论,促进民

---

〔1〕 大日方信春「著作権と表現の自由の間隙」『著作権と憲法理論』(信山社,2011年)226~227頁。持同样观点的日文文献,包括:大林啓吾「表現の自由と著作権に関する憲法的考察-判例法理の批判から新たな議論の展開へ-」大沢秀介=小山剛編『東アジアにおけるアメリカ憲法-憲法裁判の影響を中心に-』(慶応義塾大学出版社,2006年)330~331頁;長谷部恭男「Interactive 憲法　憲法学者はなぜ著作権を勉強する必要がないか?」法学教室305号(2006年)36頁;山口いつ子『情報法の構造　情報の自由・規制・保護』(東京大学出版会,2010年)237~239頁参照。

〔2〕 以著作权法是否与修正法案第1条背向而驰的疑问为出发点展开讨论的论文,参见 Melville B. Nimmer, *Does Copyright Abridge the First Amendment Guarantees of free Speech and Press*?,17 U. C. L. A. L. Rev. 1970, p. 1180。此外,由于根据文义对修正法案进行解释时,不得不承认著作权法存在违宪可能,基于这样的问题意识,该论文试图寻找调整著作权与修正法案第1条之间关系的方法。尼默(Nimmer)自身认为,两者间的关系是一个在很大程度上被忽视了的悖论(a largely ignored paradox)。

〔3〕 与表达自由价值相关的日文文献,包括:奥平康弘『なぜ「表現の自由」か』(東京大学出版社,1992年)3~79頁;市川正人『表現の自由の法理』(日本評論社,2003年)1頁;阪口正二郎「表現の自由の原理論における『公』と『私』-『自己統治』と『自律』の間-」長谷部恭男=中島徹編『憲法の理論を求めて(奥平憲法学の継承と展開)』(日本評論社,2009年)39頁;長谷部恭男「続・Interactive 憲法　表現の自由の根拠」法学教室360号(2010年)65頁等。

〔4〕 阪口正二郎「表現の自由の『優越的地位』論と厳格審査の行方」駒村圭吾=鈴木秀美編著『表現の自由Ⅰ-状況へ-』(尚学社,2011年)558頁;駒村圭吾「表現の自由の『価値』・『機能』・『成立条件』-『優越的地位論』・『思想の自由市場論』の再検討に向けての序論的考察-」慶應義塾大学新聞研究所年報37号(1991年)99頁。此外,概览了二重标准论相关学说的日文文献包括:大河内美紀「『精神的自由の優越的地位』について」ジュリスト1400号(2010年)60頁。

〔5〕 長谷部恭男『憲法』(新世社,2011年)106~107頁参照。

主政治活力,并通过提供多样的人生观、价值观,培育人与人之间的宽容精神,从而使重要且惠及社会全体的利益得以实现。也就是说,自由的表达活动带来的利益,不仅局限于表达者自身,而是能够惠及社会全体。大部分的人,无须付出相应的对价,即可享受其带来的便宜。例如,作为保障社会中言论、信息多样化,服务于维持民主政治过程的权利,以大众媒体为权利主体的出版自由受到保护。因为报道机构并非个人,没有理由将以尊重个人为依据的人权赋予报道机构。

另外,个人自律以及基于个人自律的人格发展也被视为理由之一。[1] 保障表达自由的宪法条文中存在的核心理念,即无论怀抱怎样的世界观、思想,生存信念是什么,每个人都可以理性地选择,并以此为基础活出自己的人生。侵害上述表达自由的行为,换言之,侵害个人的根源性平等的行为,即使在某种程度上有利于社会全体的利益也不应当被允许。从这个角度来说,此种表达自由构成个人的"王牌权利"。例如,以某种学术理论是错误的观点为由禁止该学说的发言,是由政府代替个人自律性判断的结果。可以说,此种法律否定了个人的根源性平等。

由此可见,一方面,有些表达自由以社会全体的利益为根据,因此可能会因社会全体利益的影响而受到制约;另一方面,有些表达自由以保障个人的自律性而非客观的结论为依据,因此即便与社会全体利益无关也不会受到制约。

根据上述观点,著作权法是限制表达行为的法律,而表达自由也并非绝对地受到保护。以此为前提的话,从宪法学的角度分析著作权法的言论规制是否具有合理依据显得尤为重要。关于著作权与表达自由之间调整关系的宪法学分析,大日方信春论述如下:著作权法是由国家,更具体来讲是由国会根据《日本国宪法》第41条的权限,为"谋求作者与作品利用者之间的利益平衡"[2] 而制定的法律。换言之,可以将著作权法理解为是国家通过立法手段调整相对立的利益关系的产物。同时,可以将对著作权侵害的司法救济,理解为是国家通过司法手段对相对立的利益关系进行调整。当国家通过立法或司法手段调整相对立的

---

〔1〕 長谷部恭男『憲法』(新世社,2011年)194頁参照。

〔2〕 田村善之「技術環境の変化に対応した著作権の制限の可能性について」ジュリスト1255号(2003年)128頁。

利益时,宪法学的课题变得尤为明显。宪法学者应当始终对这样的国家行为是否适当这一问题进行判断。[1]

换言之,大日方信春认为,分析著作权的宪法学观点,并非是在讨论著作权与表达自由之间关系时,明确著作权与表达自由之间何者更重要,而是应当关注著作权法的言论规制是否具有合理依据,以及是否对表达自由进行了超出必要范围的限制等问题。

上述宪法学的分析角度,对本书的课题来说是必不可少的。[2] 理由在于:如果法院适用《日本民法典》第709条或者《韩国民法典》第750条,认定知识产权专门法未作规定的利用行为构成侵权行为,意味着法院创设了至今尚未被知识产权法承认的新的知识产"权",即法官造法。[3] 而法院创设的新的知识产"权"所规范的行为模式中,包含表达活动或研究活动等与宪法的基本价值密切相关的行为。

(三)宪法权利的私人间效力

接下来讨论的是,知识产权专门法未作明文规定的利用行为是否可以构成一般侵权行为,是否仅仅是私人间的民事纠纷,而并不涉及国家规制言论的问题。日本的学说中,围绕宪法中的权利条文对私人关系有何拘束力的问题,主要分为间接适用说和直接适用说。[4] 间接适用说认为,在解释私法中的一般条款

---

〔1〕 大日方信春「著作権をみる憲法学の視点について」『著作権と憲法理論』(2011年・信山社,2011年)28頁;大日方信春「著作権と憲法理論」知的財産法政策学研究33号(2011年)244頁。关于隐私权、名誉权问题的宪法学分析视角,参见阪本昌成『憲法2(基本権クラシック)』(有信堂,2008年)102~103頁。

〔2〕 日本的宪法学将侵害隐私权的表达、损毁名誉的表达、侵害肖像权的表达等,构成侵权行为的表达行为称为"侵权行为言论"(tortious speech),并探讨这些表达行为与对立法益之间的调整原理。实际上,由法院创设新的知识产"权"与隐私、名誉以及挑衅言论(fighting words)等相同,均属于"侵权行为言论",与传统宪法学所讨论的言论规制问题从根本上来说是相同的。

〔3〕 由法院创设的新的知识产"权"是否具有法律拘束力,即原本为解决具体案件而下达的法院判决是否具有作为一般规范约束后续判决的作用,是有待解释的问题。一般认为,能够成为这种意义上的判决,仅限于判决理由中构成引导主文的直接论据的部分(ratio decidendi),除此之外的旁论部分(obiter dictum)均不具有作为判例的意义。此外,对于法律问题持有最终解释权的法院在事实上受到判例约束是指,最高法院的判例对于下级法院具有法律上的约束力。这是因为,即便下级法院的判决对某个问题存在不同理解,只要最高法院作出相关判断,此后下级法院的判断便与最高法院相统一,不会出现与最高法院判断不同的结果。長谷部恭男『憲法』(新世社,2011年)30~31頁参照。

〔4〕 芦部信喜(高橋和之補訂)『憲法』(岩波書店,2007年)111~112頁;長谷部恭男『憲法』(新世社,2011年)125~127頁;阪本昌成『憲法2(基本権クラシック)』(有信堂,2008年)57~59頁。

时，如规定违反公共秩序或善良风俗之法律行为无效的《日本民法典》第 90 条、[1]规定一般侵权行为的《日本民法典》第 709 条等条款，通过充分考虑宪法旨趣后再适用的方式，间接地规范私人间行为。而直接适用说则认为，宪法中权利条款对私人间行为具有直接适用的效力。

在日本的审判实务中，最高法院明确采用间接适用说。例如，在"三菱树脂"案中，[2]公司以就职考试中未申报参加学生运动的经历为由拒绝正式录用的行为是否侵害原告思想、良心自由成为争议焦点。[3] 最高法院指出：《日本国宪法》中关于自由权以及平等权的规定，是专门规范国家或公共团体与私人间关系的，并不能够直接对私人间的相互关系进行规范。在私人支配关系中，当对个人基本的自由或平等存在具体的侵害，且其形态、程度超出社会所能容许的范围时，除通过立法举措进行纠正以外，可以通过《日本民法典》第 1 条、第 90 条以及与侵权行为相关各项规定进行适当调整。

然而，日本宪法中的权利条款是将结论往特定的方向引导的原则性(principle)条款，通常与其他原理相冲突。因此，如果采用相对化人权规范效力观点，无论将其理解为是直接适用宪法规定的结果，还是将其作为《日本民法典》第 709 条等私法上的一般条款的解释适用问题进行处理，差别并不大。实际上，私人间效力中最大的问题是，"针对以既存的法律秩序为前提展开的私人活动，国家以违反'人权'条款为理由临时介入，否定该法律行为的效力或限缩自由的活动范围的行为是否具备合理性"。[4]

---

〔1〕 在"日产汽车"案中，对男性退休年龄60 岁、女性退休年龄55 岁的就业规则，最高法院根据《日本民法典》第 90 条，以性别歧视为由认定其无效。最高裁判所 1981 年 3 月 24 日判決，最高裁判所民事判例集 35 卷 2 号 300 頁。

〔2〕 最高裁判所 1973 年 12 月 12 日判决，最高裁判所民事判例集 27 卷 11 号 1536 頁。

〔3〕 该案中，原告隐瞒了自己参加学生运动的经历入职，却在 3 个月的试用期满时收到了不予转正的通知。以此为由，原告提起了确认雇佣合同上地位以及请求支付工资的诉讼。一审及二审均以原告胜诉告终。但是，最高法院在对宪法权利的私人间效力问题采用间接适用说的基础上，认为企业即便因为员工拥有特定的思想、信仰而拒绝雇用也不当然地构成违法。试用期后不予转正与一般的不予采用并不相同，本案中的不予采用应当根据保留解约权的旨趣，从是否存在客观合理的理由，以及是否受到社会共同认知理解来进行判断。

〔4〕 長谷部恭男『憲法』(新世社，2011 年)126 ~ 128 頁；長谷部恭男「基本権条項の私人間効力」法学教室 344 号(2009 年)69 頁；山本敬三「現代社会におけるリベラリズムと私的自治(二・完) - 私法関係における憲法原理の衝突 - 」法學論叢 133 卷 5 号(1993 年)15 ~ 25 頁参照。

二、利益表达的非均衡问题

知识产权作为限制不特定多数人行为的权利,极大可能会侵蚀自由领域。因此,法院在根据《日本民法典》第709条或者《韩国民法典》第750条创设新的知识产"权"的时候,有必要采取使自由领域不受过度侵蚀的措施。那么,该通过何种方法来确保自由领域不受过度侵蚀呢?本书将就利益表达的非均衡问题进行讨论。

(一)少数派利益偏向

围绕知识产权专门法未作明文规定的利用行为是否可以构成一般侵权行为的问题,日韩两国的知识产权法学者主要关注成文法的条文解释或对判例的研究,而对于规则形成的理解则略显不足。例如,国家法律是经由怎样的政治过程制定的,反映了怎样的集团利益,作为其产物的规则又具有怎样的性质,事实上实现了怎样的效果,是否产生外部性效应等政治经济学上公共选择的观点。[1]

从公共选择理论的观点来看,知识产权法的立法过程中存在利益表达的非均衡问题。例如,田村善之教授叙述如下:

> 如集体行为理论所说,政策形成过程中,与少数人集中的、容易组织化的利益相对容易被反映不同,多数人分散的、不易组织化的利益相对难以被反映。利益分散意味着搭乘他人政策形成活动便车更容易获益,由此产生"搭便车"的问题。同时,利益分散意味着每个人可获得的实际利益较小。此时,假设人们仅进行经济合理的行动,那么当活动无法获得相对等的利益时,人们将不会进行诸如游说(包括提供立法所必须的各类信息等行为)等能够对政策形成过程产生影响的活动。因此,尽管分散的利益数目庞大,以社会整体为单位进行计算的话,将构成巨大的、远比少数人集中的利益总和更大的利益,但在政策形成过程中还是会存在少数人的利益更容易得到反映的偏向性问题(少数派利益偏向)。[2]

---

〔1〕 藤田友敬「はじめに」『ソフトローの基礎理論』(有斐閣,2008年)1~2頁。

〔2〕 田村善之「日本の著作権法のリフォーム論-デジタル化時代・インターネット時代の『構造的課題』の克服に向けて-」知的財産法政策学研究44号(2014年)30頁;田村善之「知的財産法政策学の試み」知的財産法政策学研究20号(2008年)5~6頁;田村善之「知的創作物の未保護領域という陥穽について」著作権研究36号(2010年)12~13頁参照。

换言之,在政策形成过程中存在构造性的利益偏向问题。[1] 即集中在多国籍企业等,能够积极展开对政策形成过程产生影响的政治游说等活动的少数派群体的利益更容易得到反映,同时,分散于普通用户等,无力进行政治游说活动的多数群体的利益则很难体现。

值得注意的是,并不是说立法游说活动应该被谴责。相反地,欲实施的立法游说行动其实是产业界经济合理行动的结果。并且,产业界比立法机关更加熟悉在实际生活中的需求,以及经济活动中不断产生的新问题。立法游说活动,为立法机关提供了最新信息,如果没有信息传递就无法制定适应技术发展和时代需要的法律。虽然产业界介入立法程序本身并不应当被谴责,应该看到其自身存在的意义,但也不意味着立法机关要顺从产业界的一切要求。

由于政策形成过程中存在构造性的利益偏向问题,知识产权法的修订便始终伴随政治游说活动的影响,并且修订将很可能以适应少数派利益的形式往强化权利的方向进行。[2] 其结果是,《日本著作权法》的条文,以相对概括的形式规定了复制、上演、上映、公众送信等权利,为著作权提供保护。在限制著作权的方面,没有采取一般条款的形式,而个别的限制条款也多仅限定许可某种特定的利用形式。在最近的法律修订中,新增以私人使用目的下载录音录像行为的违法化规定以及对该行为的刑事处罚规定。[3] 在新增的限制规定的背后,大多存在电脑产业、手机产业、搜索引擎、拍卖网站等特定的利益团体,而针对如传真或邮件的复制粘贴等个别且零碎,同时并没有某个特定群体能够明显从中受益的

---

〔1〕 京俊介认为,由于有权者并不将著作权法视为政治上的筹码,并且其修订与选票并无直接联系,著作权法处于政治家并不关心的"低显著性"(low-salience)政治领域。因此,官僚们会偏向于避开对现存法律制度进行根本性改革。京俊介『著作権法改正の政治学 - 戦略的相互作用と政策帰結 - 』(木鐸社,2011 年)参照。

〔2〕 知识产权领域中,自 19 世纪 80 年代起美国在国际上采用强化知识产权法的方针,并通过各种手段促使其实现。以此为契机,《与贸易相关的知识产权协定》(Agreement on Trade-Related Aspects of Intellectual Property Rights,TRIPs)和"世界知识产权组织"(World Intellectual Property Organization,简称 WIPO)以及两国间的自由贸易协定等,使得国际知识产权保护水准有了飞跃式的提高。高倉成男『知的財産法制と国際政策』(有斐閣,2001 年)115 ~ 150、178 ~ 183、309 ~ 318 頁;山口直樹「知的財産保護の根拠」『知的財産権と国際貿易』(成文堂,2010 年)55 ~ 119 頁参照。

〔3〕 2009 年修订的《日本著作权法》中规定,在网络上恶意录音、录像侵害著作权的内容,即便出于个人使用目的也会构成侵权(《日本著作权法》第 30 条第 1 款第 3 项)。此外,2012 年的法律修订中,新增了刑事处罚(《日本著作权法》第 119 条第 3 款)。

使用行为，新增限制规定的进度则迟缓得多。[1]

当然，当集中在少数人身上的利益也十分庞大，其总量超过分散于多数人的利益之总量时，从“公共福祉”的观点来看，对其进行保护可以说是具有正当性的。然而，从社会全体角度来看，集中在少数人的利益往往并非多大的利益，相对来说分散于多数人的利益才更为可观。但在政策形成过程中，总是少数人的利益被优先对待。上述情形下，“公共福祉”有所偏离，无法以“公共福祉”的观点作为支撑。[2]

（二）确保自由领域

知识产权法作为政策形成过程中利益失衡的产物，如果将其构造在法律解释中体现出来的话，在扩张权利方面应当采用概括性解释，而限制权利方面则应当采用限定解释。此种解释，以立法具备民主正统性为前提。但是，像知识产权这样的权利，由于可以人为地创设，受到政治游说等活动影响的可能性很高，其政策形成过程中无法防止少数派利益偏向问题的出现。此时，通过纠正利益偏向问题来保障自由领域不被侵蚀的重任，尤其是在日本，便落在不受游说活动影响的司法上。[3]

具体而言：第一，关于制约知识产权方面的解释，假定分散的利用者的利益存在问题，则考虑该利益是政策形成过程中难以体现在立法上的利益，应当期待通过司法途径对其进行保护。此外，如为确保自由这类不能被效率原则剥夺的领域，应更多地期待司法能够更加大胆地介入。第二，关于创设或者强化知识产权方面的解释，假定集中在少数人身上的利益存在问题，则该利益或早或晚会在政策形成中被吸收。因此，即使不特意通过司法保护，也可以依靠立法得以解决。而且，对于知识产权制度，通过制度的改变能够在多大程度上带来社会福利

---

〔1〕 2012 年《日本著作权法》修订时，导入一般条款的计划被延后，取而代之的是新增了附随对象作品的利用（第 30 条之 2）、讨论过程中的利用（第 30 条之 3）、供技术开发或实用化的实验之用的利用（第 30 条之 4）、为通过情报通信技术提供信息情报做准备必要的信息处理所产生的利用行为（第 47 条之 9）等个别的限制规定。

〔2〕 田村善之「知的創作物の未保護領域という陥穽について」著作権研究 36 号（2010 年）12 頁；田村善之「日本の著作権法のリフォーム論－デジタル化時代・インターネット時代の『構造的課題』の克服に向けて－」知的財産法政策学研究 44 号（2014 年）30 頁参照。

〔3〕 藤谷武史「『より良き立法』の制度論的基礎・序説－アメリカ法における「立法」の位置づけを手がかりに－」新世代法政策学研究 7 号（2010 年）184～185 頁参照。

的改善这点本身就是不明确的,最终必须通过立法使之正统化。因此,关于此方面的解释,应当根据现行法的构造,通过探寻如何以民主方式决定制度设计的方式,明确现行法合理的趣旨,而对待积极的司法介入行为则应采取相对慎重的态度。[1]

基于上述解释论,在知识产权专门法中没有明文规定的情况下适用《日本民法典》第709条或者《韩国民法典》第750条,则属于创设或者强化知识产权的解释,显然介入司法力量应当慎重。理由是,权利人的利益迟早会在立法过程中得以体现,因此权利人的利益是否值得保护,原则上应当交由立法机关进行判断。但是,并非任何情况下都不允许司法进行创设或者强化知识产权的解释。

第四节 小结

围绕知识产权专门法中未作明文规定的利用行为是否可以构成一般侵权行为的问题,日韩两国的最高法院判例出现不同倾向,其根本原因是解释论的差异。然而,在探寻《日本民法典》第709条和《韩国民法典》第750条适用的应然形态时,讨论知识产权的权利依据是有所裨益的。

法院适用《日本民法典》第709条或者《韩国民法典》第750条,认定知识产权专门法未作规定的利用行为构成侵权行为,意味着由法院创设至今尚未被知识产权法承认的新的知识产"权",即法官造法。然而,由法院创设新的知识产"权"的时候,仍需要考虑知识产权的外在制约因素和内在制约因素。

知识产权的内在制约因素,是指知识产权所带来的正外部效应。著作权、专利权等知识产权是为国民享受文化及产业发展所带来的恩惠而必要存在的手段,是为支援《日本国宪法》第13条所保障的国民之幸福追求权而设立的权利。此种权利,并非是为保障个人自律而存在的人权,而应当理解为是在符合"公共福祉"的限度内受保护的政策性权利。另外,知识产权中还存在将个人自律性

〔1〕 田村善之『知的財産法』(有斐閣,2010年)26頁。另外,参见田村善之「知的財産法政策学の試み」知的財産法政策学研究20号(2008年)11~13頁;田村善之「著作権法に対する司法解釈のありかた-美術鑑定書事件・ロクラク事件等を題材に-」法曹時報63巻5号(2011年)1~28頁;田村善之「日本の著作権法のリフォーム論-デジタル化時代・インターネット時代の『構造的課題』の克服に向けて-」知的財産法政策学研究44号(2014年)36~64頁。

决定权作为人权进行保护的权利。此种权利，属于为保障个人自律而存在的人权，应当被认为受到了《日本国宪法》第 13 条前半段的保护。鉴于此，在考虑知识产权法的制度旨趣时，有必要注意知识产权的内在制约因素，即国家调整智力成果相关权利人与使用者之间利益平衡的行为是为实现“公共福祉”还是保障“个人自律”。

知识产权的外在制约因素，是指知识产权所带来的负外部效应。知识产权是通过法律手段对人的行为模式进行人为制约的权利，其对他人行为自由的制约程度较强。因此，为防止过度地限制他人的行为自由，在某种程度上需要对权利加以限制。从公共选择理论的观点来看，知识产权法的立法过程中存在利益表达的非均衡问题。即集中在多国籍企业等，能够积极展开对政策形成过程产生影响的政治游说等活动的少数派群体的利益更容易得到反映，而分散于普通用户等，无力进行政治游说活动的多数群体的利益则很难以体现。因此，通过纠正利益偏向问题来保障自由领域不被侵蚀的重任，便落在不受游说活动影响的司法上。一方面，关于制约知识产权方面的解释，假定分散的利用者的利益存在问题，考虑该利益是政策形成过程中难以体现在立法上的利益，应当期待通过司法途径对其进行保护；另一方面，关于创设或者强化知识产权方面的解释，假定集中在少数人身上的利益存在问题，则该利益或早或晚会在政策形成中被吸收。由于，不特意通过司法保护也可以依靠立法得以解决，因此对待积极的司法介入行为则应采取相对慎重的态度。

如果将知识产权法的上述特征作为前提进行思考的话，对于知识产权专门法未作明文规定的利用行为是否可以构成一般侵权行为的问题，仅仅将其作为《日本民法典》第 709 条或者《韩国民法典》第 750 条自身的解释问题来理解是不够充分的。[1]

---

〔1〕 窪田充见指出：“知识产权法与侵权行为法之间，并非仅在消极命题中展现出来的关系，而是在侵权行为的成立与否中也包含着知识产权法的观点。自行车损害赔偿保障法与侵权行为法的关系同样引发了讨论，但两者的保护法益均属于明确的权利。与之相对，知识产权法与侵权行为法交错领域中引发问题的利益本身，在保护必要性以及权利属性上便存在诸多暧昧的地方。由此看来，根据具体情况差异，借用知识产权法的思考模式与判断方式对侵权行为法上的问题进行判断本身，也不存在不自然的地方。”窪田充見「不法行為法と知的財産法の交錯」著作権研究 36 号(2010 年)35 頁。

第三章 学 说

本章在考虑知识产权法制度旨趣的同时,围绕知识产权专门法未作明文规定的利用行为是否可以构成一般侵权行为的问题,对日韩两国学界的动向进行考察。通过第一章的讨论,明确了在《日本民法典》第709条和《韩国民法典》第750条条文构造基本一致的前提下,围绕知识产权专门法中未作明文规定的利用行为是否可以构成一般侵权行为的问题,日韩两国最高法院在个案中作出不同判断的根本原因在于解释论的差异。第二章的讨论,考虑到知识产权存在内在制约因素和外在制约因素后进一步明确,将知识产权法的补充保护问题仅作为《日本民法典》第709条或者《韩国民法典》第750条的解释问题来理解的思维模式是存在局限性的。那么,围绕知识产权法的补充保护问题,为探求《日本民法典》第709条或《韩国民法典》第750条适用的应然模式,日韩两国的学者又进行了怎样的讨论?第三章中将通过对学说的探讨来明确侵权行为的构成要件。

第一节 思维模式的转换

传统的形式主义思维模式通常将知识产权专门法未作明文规定的利用行为是否可以构成一般侵权行为的问题,视作特别法与一般法之间的调整问题。一方面,日本学说中的传统观点主要包括:认为即便是知识产权专门法未作明文规定的利用行为,当从自由竞争的方面来看该行为不具备正当性时,即可能成立侵权行为的观点;[1]认为在立法或法律修订无法及时跟进的现状下,有必要通过

〔1〕 上野達弘「未承認国の著作物と不法行為－北朝鮮事件－」速報判例解説5号(2009年)251～254頁;上野達弘「未承認国の著作物と不法行為－北朝鮮事件－」Law & Technology 45号(2009年)60～71頁;上野達弘「未承認国の著作物と不法行為－北朝鮮事件－」AIPPI57巻9号(2012年)562～583頁等。

侵权行为法的规定对未经许可的信息利用行为进行救济的观点;[1]将通过侵权行为法补充保护知识产权法的问题理解为特别法与一般法之间的调整问题,认为应当从既有的知识产权法不提供保护的旨趣出发进行考虑的观点等。[2] 另一方面,韩国学说中的传统观点主要包括:认为由于《韩国反不正当竞争法》属于民法中侵权行为的特别法,即便是《韩国反不正当竞争法》未作规定的不正当竞争行为,也应当作为《韩国民法典》所规定的侵权行为进行规制的观点;[3]以现行《韩国反不正当竞争法》中对禁止的行为类型采用限定列举的形式为理由,主张应当引入一般条款的观点等。[4]

然而,传统的形式主义思维模式的解决方法并未触及问题的核心。《日本民法典》第709条或者《韩国民法典》第750条含有抽象的要件,根据法律规则和法律原则的分类法,属于法律原则,有必要通过司法进一步具体化规范。由此看来,将知识产权法的补充保护问题单纯地理解为知识产权法与民法在法律体系中的调整问题略有不妥。[5]

与形式主义思维模式不同,功能主义思维模式主要以目的理性的思想作为构建基础,在对法律条文进行解释时,考虑相关条文在社会中承担的功能,从最适宜实现相应效果的角度去进行法律解释。从功能主义的观点来看,有必要将知识产权法的补充保护问题理解为立法(知识产权专门法)与司法(《日本民法典》第709条或者《韩国民法典》第750条)之间职责分立的问题。其理由在于:如果法院适用《日本民法典》第709条或者《韩国民法典》第750条,认定不受知识产权专门法规制的行为构成侵权行为,意味着由法院创设了至今尚未被知识产权法承认的新的知识产"权",即法官造法。虽然,将其归类于《日本民法典》第709条或者《韩国民法典》第750条的法律解释问题也并非不可能,但是创设

---

[1] 今西頼太「著作権非侵害行為と一般不法行為」同志社法学60巻7号(2009年)1180、1200頁。

[2] 島並良「一般不法行為法と知的財産法」法学教室380号(2012年)147~153頁。

[3] 박준우, "인터넷에서의 사진 저작물의 보호와 부정경쟁", 인터넷 법률, 제 46 호, 2009, 13면; 김병일, "인터넷 웹페이지에서의 광고의 삽입 · 차단 등을 둘러싼 법적 문제", 사법, 제 1 권 제 16 호, 2011, 59-60 면.

[4] 정호열, "독일 부정경쟁방지법 제 1 조의 일반조항에 관한 소고", 기업법의 현대적 과제, 조세통람사,1992,496-497면.

[5] 田村善之「知的財産法からみた民法709条-プロセス志向の解釈論の探求-」NBL936号(2010年)54頁;窪田充見「不法行為法と知的財産法の交錯」著作権研究36号(2010年)54頁参照。

新的知识产“权”的任务到底应该交由立法程序来实现，还是交给司法来自由裁量，仍需要谨慎地思考与探讨。

基于上述问题，本书将从立法与司法的职责分立角度出发，具体分析日韩两国的学说动向，探索构建与知识产权法的制度旨趣相适应的解释论。

第二节 日本学说

先考察日本学说的动向。一直以来，围绕知识产权专门法未作明文规定的利用行为是否可以构成一般侵权行为的问题，相关研究主要从民法学和知识产权法学两方面展开。[1] 那么，民法学者对此问题是如何说明的，知识产权法学者又是如何说明的？日本的研究，到底明确了哪些内容，又有哪些内容尚待解决？接下来，本书将就先行研究的局限性进行具体讨论。

一、灵活解释论

围绕知识产权专门法未作明文规定的利用行为是否可以构成一般侵权行为的问题，日本的民法学者究竟是如何理解的呢？

在“新闻标题”案[2]的评述中，民法学者潮见佳男叙述如下：

> 对此问题，应当理解为是X方的营业自由及营业利益乃至财产权等基本权利，与Y方同样享有的营业自由及营业利益等基本权利之间的权利衡量问题。为此，需要从权利保护的必要性及权利制约的角度出发，基于权利侵害要件与故意、过失要件，就出于保护前者的基本权

〔1〕 围绕知识产权法补充保护问题的解释论，可能存在两种不同的思维模式。例如，作为理念型，民法自身完备型以及知识产权法中心型均有可能成立。具体来说，民法自身完备型，是指构筑与个别知识产权法相对独立且完整的侵权行为法体系，即无须考虑知识产权法的特殊性，只要在《日本民法典》第709条的范围内对构成要件进行解释即可。而知识产权法中心型，是指尽管知识产权法作出了各种细致的规定，但却没有对某种“搭便车”行为予以规制，设想其中存在一定的缘由。因此，在该缘由的基础上，考虑是否应当通过《日本民法典》第709条进行补充保护的问题。田村善之「知的財産法からみた民法709条－プロセス志向の解釈論の探求－」NBL936号(2010年)48頁；田村善之「民法の一般不法行為法による著作権法の補完の可能性について」『ライブ講義知的財産法』(弘文堂，2012年)494～495頁参照。

〔2〕 東京地方裁判所2004年3月24日判決，判例時報1857号108頁。

利的理由是否能够对后者的基本权利进行制约，以及在何种程度上制约这一问题展开讨论。[1]

上述观点，旨在通过基本权利间衡量论来解决问题，[2]体现了强调侵权行为法中“权利论”意义的潮见佳男，在《日本民法典》第709条中构建与知识产权专门法相互独立且完整的侵权行为法体系的意图。

一直以来，潮见佳男从保护受害者和加害者的权利以及保护界限的角度对侵权行为法进行解读。即权利是指国家根据宪法承认归属于个人并受宪法保护的一种地位。侵权行为法是在私人之间的权利发生冲突的民事生活关系场景中，当权利人的权利受到侵害或可能受到侵害时，国家为实现对私人权利进行保护及对权利进行制约而设立的一种制度。[3] 在衡量受害者与加害者之间的权利时，由于受害者和加害者的权利都是受宪法保护的权利，因此应按照比例原则进行权衡（禁止过度干预和保护不足）。[4] 根据上述理论，以个案的具体情况为前提，对智力成果的创造价值、经济价值及作者投入资本的回收等作者的保护必要性，以及对方经济活动的自由与预测可能性等利益进行比较衡量，从而灵活地作出决定以实现当事人之间的利益平衡。

然而，田村善之对基本权利间衡量论提出如下质疑：该观点未能从与相邻领域的著作权法的旨趣之间的关系以及司法、立法的职责分担角度给予明确答复。判断竞争行为必然会对他人造成损害是否成立侵权时，如何划定权利限制的底

---

〔1〕 潮見佳男「新聞記事見出しの著作物性と記事見出しの無断利用による不法行為」コピライト538号(2006年)55頁。

〔2〕 作为基本权利间衡量论出发点的基础理论是由德国法哲学学者罗伯特・亚历克西斯(Robert Alexys)提出的规则・原则模式(Regel/Prinzipien-Modell)理论。与规则・原则模式相关的日文文献包括：山本敬三「現代社会におけるリベラリズムと私的自治(二・完)－私法関係における憲法原理の衝突－」法學論叢133卷5号(1993年)15頁；亀本洋「法におけるルールと原理－ドゥオーキンからアレクシーへの議論の展開を中心に－(1)」法学論叢122卷2号(1987年)18頁；亀本洋「法におけるルールと原理－ドゥオーキンからアレクシーへの議論の展開を中心に－(2)」法学論叢123卷3号(1988年)95頁；佐藤岩夫「信義則分析の基礎視角－トイプナーとアレクシーの比較を中心に－」『民事法学の新展開(鈴木禄弥教授古稀記念)』(有斐閣,1993年)1頁；田中成明「法的思考についての覚書－R・アレクシーと平井宜雄の理論展開を機縁に－」山下正男編『法的思考の研究』(京都大学人文科学研究所,1993年)547頁等。

〔3〕 潮見佳男『不法行為法Ⅰ』(信山社,2009年)10頁。

〔4〕 潮見佳男『不法行為法Ⅰ』(信山社,2009年)12頁。

线本身就成为需要解决的课题。此时,是否能够不引入如功利主义这样的第三方尺度,而是通过在权利之间进行衡量的方式来划定底线。如果选择此种方式,那么该理论是否可以被具象化到能够适用于个别案件的具体标准?这些问题仍尚待解决。[1]

换言之,将知识产权专门法未作明文规定的利用行为是否可以构成一般侵权行为的问题,单纯理解成是《日本民法典》第709条自身的解释问题时,完全没考虑相邻领域的知识产权法是如何进行规范、市场与法律之间的职责分立,以及诸如功利主义这样的第三方尺度问题。

在受到上述批评后,随着时间推移,潮见佳男的观点发生了变化。例如,其在2009年出版的《不法行為法Ⅰ》(第2版)中写道:

> 在特别法中,决定何种行为能够符合侵权行为构成要件时,应当对在特别法所规范对象的领域中,构成侵权行为的行为类型与不构成侵权行为的行为类型,存在利害关系的当事人间的权益以及公共利益等,进行综合判断。当特别法中对侵权行为类型作出选择、决定时,此时并不"欠缺规范",因此原则上与该选择矛盾的、通过一般侵权行为法进行的"补充"行为不应当受到承认。但是,当从其他角度来看具备权益条件时,由于发生了在该特别法制定当时无法预料的事态,导致该特别法处于对该事态"欠缺规范"的状态,或是在该特别法制定当时已经对问题事态有所意识,并将其作为特别法中评价的对象,但法律制定后由于社会、经济情况以及市民意识发生变化,有必要对新的权益进行保护时,为实质改变过去的特别法制度而通过民法形成相应的规范制度等情形应当被视为例外。[2]

由此可见潮见佳男基本态度的变化。即在以基本权利间的衡量论为基础的

---

〔1〕 田村善之「知的財産権と不法行為－プロセス志向の知的財産法政策学の一様相－」『新世代知的財産法政策学の創成』(有斐閣,2008年)49頁。另外,参见田村善之「知的財産法からみた民法709条－プロセス志向の解釈論の探求－」NBL936号(2010年)53頁。

〔2〕 潮見佳男『不法行為法Ⅰ』(信山社,2009年)91~94頁。

同时,采取将民法与知识产权法之间的关系也纳入考虑的谨慎态度。

二、严格解释论

围绕知识产权专门法未作明文规定的利用行为是否可以构成一般侵权行为的问题,日本的知识产权法学者又是如何理解的呢?

知识产权法学者井上由里子在讨论现行知识产权法未禁止的模仿行为,能否基于侵权行为法请求仅限于损害赔偿的救济这一问题时,叙述如下:

> 即便救济仅限于损害赔偿,在没有任何立法措施的情况下,将模仿行为认定为违法行为所产生的萎缩效果依旧是不可否认的。尽管从政策判断上来看,对"搭便车"行为置之不理可能会对社会整体造成负面的影响,但对仅能够就个案违法性进行判断的法院来说,很难形成有大局观的政策性判断。即使随着判例的累积,其内容能够渐渐明晰,但过程中耗费大量时间,法律将欠缺安定性。因此,即便是不包含停止侵害请求权而仅限于损害赔偿请求权的救济,在缺乏相应立法的情况下,一般来说也应当采取谨慎的态度。〔1〕

的确,在认定知识产权专门法未作明文规定的利用行为构成一般侵权行为时,有必要考虑此种规制是否会导致信息的自由利用、市场的自由竞争原则失去意义,以及是否将过度限制他人文化、经济活动的自由等问题。换言之,在裁判案例积累过程中,应考虑相关标准不甚明确所带来的萎缩效果。但是,即便井上由里子的担忧是有道理的,也不能仅凭这一点就采用严格解释论,其必然性难以被证明。如果将《日本民法典》第709条的适用转化为构成要件的设定问题,就能够在一定程度上消除前述负面影响。〔2〕 例如,某些"搭便车"行为损害了智力成果开发者的合法权益,进一步破坏了智力成果开发的激励机制,并且从功利主

〔1〕 井上由里子「パブリシティの権利の再構築」『現代企業法学の研究(筑波大学大学院企業法学専攻10周年)』(信山社,2001年)180頁。

〔2〕 田村善之「知的財産権と不法行為－プロセス志向の知的財産法政策学の一様相－」同編『新世代知的財産法政策学の創成』(有斐閣,2008年)45～46頁参照。

义的观点看,有必要通过规制“搭便车”行为来确保智力成果开发的激励机制,则可以例外地对“搭便车”行为加以规制。因此,从确保自由领域的观点出发采用严格解释论的观点,仅仅是在创设知识产权的问题上相应控制司法介入的理由,无法构成完全否决司法介入的依据。[1]

另外,从近来日本最高法院判例的倾向来看,显然并未采用井上由里子所主张的严格解释论。[2] 例如,在“朝鲜电影”案[3]中,最高法院以《日本著作权法》明确规定权利所涉范围及界限为由指出:利用不属于《日本著作权法》第6条各款所规定范围内作品的行为,除非存在与著作权法所规范的对象利益具有不同旨趣的合法利益受到侵害等特殊事由,否则该利用行为不构成侵权行为。从上述判旨来看,最高法院在一定程度上限制侵权行为成立的同时,提示了当“特殊事由”存在时结论可能有所不同。

因此,知识产权法领域中的多数派学说是限定解释论,主张即便不是知识产权法明文作为权利认可的利益,也有可能成为侵权行为的保护对象,而与井上由里子持相同立场的文献可以说极为稀少。[4]

三、限定解释论

围绕知识产权专门法未作明文规定的利用行为是否可以构成一般侵权行为的问题,日本的多数派,既不支持将该问题单纯理解为《日本民法典》第709条解释问题的灵活解释论,也不支持完全否定由侵权行为法补充、完善知识产权法的严格解释论,而主流学说是类似于折中说的限定解释论。接下来,本书将着眼于限定解释论的学说,并对何种情形下可以通过侵权行为法为知识产权法提供补充保护的要件论展开讨论。

---

〔1〕 田村善之「知的財産権と不法行為－プロセス志向の知的財産法政策学の一様相－」同編『新世代知的財産法政策学の創成』(有斐閣,2008年)45頁参照。

〔2〕 最高裁判所2004年2月23日判決,最高裁判所民事判例集58巻2号311頁;最高裁判所2011年12月8日判決,最高裁判所民事判例集65巻9号3275頁;最高裁判所2012年2月2日判決,判例時報2143号72頁等。

〔3〕 最高裁判所2011年12月8日判決,最高裁判所民事判例集65巻9号3275頁。

〔4〕 从信息自由利用原则出发,主张无法直接通过对有价值的信息设置权利的观点,参见玉井克哉「情報と財産権」ジュリスト1043号(1994年)74頁。

(一)着眼于外在制约因素的学说——确保自由领域

在日本的限定解释论中,有一种观点从确保自由领域的视角出发,认为由侵权行为法对知识产权法进行补充保护的问题需要谨慎对待。例如,中山信弘采取限定解释论,叙述如下:

> 物的无形利用,从根本上讲是对信息的利用,其规范属于知识产权法的范畴。知识产权专门法对这些信息中特别需要保护的给予法律保护,知识产权专门法不给予保护的,原则上属于自由利用的范畴。即使是不受知识产权专门法保护的信息,在某些情况下也可能构成侵权行为。但不受知识产权法保护的制度设计意味着,这些信息基本上属于可自由使用的领域,人们可以自由利用这些信息进行竞争。此外,从法律稳定性的角度来看,不应仅通过利用这些信息就认定侵权行为成立。侵权行为的成立不应仅依据是否进行了复制等因素判断,而应综合考虑信息的获取方法、使用信息的形式、不公平的竞争形态等因素,只有在具有较强的违法性时才可认定为属于侵权行为。[1]

此外,上野达弘在"朝鲜电影"案的判例评释中,叙述如下:

> 如果在《日本著作权法》和《日本反不正当竞争法》中均不构成违法行为,因为能够进一步促进自由竞争而得以正当化,所以属于正当的竞争行为。但是,当该行为难以被称作是正当的竞争行为时,从自由竞争的观点来说便不具有正当性。以往的判例中,对既不侵害著作权也不构成不正当竞争的行为,从自由竞争的角度出发,原则上允许其自由利用。但当存在特殊事由,如该行为唯一的目的是损害竞争对手利益时,那么在自由竞争的立场上该行为不具备正当性,可能作为例外认定侵权行为成立。这正是根据上述观点得以正当化的产物。[2]

---

〔1〕 中山信弘『著作権法』(有斐閣,2014 年)244 ~ 246 頁。

〔2〕 上野達弘「未承認国の著作物と不法行為 - 北朝鮮事件 - 」Law & Technology 45 号(2009 年)65 頁;上野達弘「未承認国の著作物と不法行為 - 北朝鮮事件 - 」AIPPI57 巻 9 号(2012 年)574 ~ 575 頁。

上述理论的特点是，均以需确保自由领域的知识产权的外在制约因素为由，认为法院应当谨慎对待创设知识产“权”的问题。换言之，在以“知识产权专门法对这些信息中特别需要保护的给予了法律保护，知识产权专门法不给予保护的，原则上属于自由利用的范畴”的前提下，对于不受知识产权法保护的智力成果，主张应从自由竞争的角度出发，积极保障他人的行为自由。在考虑知识产权的外在制约因素时，鉴于不仅要确保自由领域，还要考虑政策形成过程中的利益偏向问题，可以说上述理由虽然不充分，但其方向是正当的。

然而，对如何认定例外的侵权行为成立的标准，中山信弘主张应综合考虑信息的获取方法、使用信息的形式、不公平的竞争形态等因素，在具有较强的违法性时才可认定为属于侵权行为，而上野达弘则提出存在特殊的事由时，即使用信息的目的仅是为给竞争对手造成损害，则认定侵权行为成立。但是，两种观点仅提出抽象的标准，判断侵权行为成立还需要超越循环理论的论据。

对此，上野达弘回应：知识产权法的保护与侵权行为法的保护，在有无停止侵害请求权、保护范围的明确性以及保护期间等方面存在实质性重大区别。因此，即便通过侵权行为法来规制知识产权法未作规范的利用行为，也不会直接脱离知识产权法的旨趣。由于侵权行为法的保护能够基于相对灵活的侵权判断，并通过损害赔偿的方式给予救济，提供了中间的解决方案，从现阶段来看有其特殊价值。[1]

的确，日本的通说认为，基于《日本民法典》第 709 条不能主张停止侵害请求权。如果立足于此理解，那么对知识产权专门法未作明文规定的利用行为，即便根据相对灵活的判断标准承认损害赔偿请求，也不能认为给予侵权行为法与知识产权法相等同的法律保护，因此上述说理具备一定的说服力。但值得注意的是，知识产权立法时，理论上也并非普遍承认停止侵害请求权。例如，现行《日本著作权法》中规定，如商业唱片二次使用费请求权（《日本著作权法》第 97 条）、对出租已满政令规定期限商业唱片的报酬请求权（《日本著作权法》第 97 条之 3）、私人录音录像补偿金请求权（《日本著作权法》第 104 条之 3）等仅限报

〔1〕 上野達弘「未承認国の著作物と不法行為－北朝鮮事件－」Law & Technology 45 号(2009 年)65～66 頁；上野達弘「未承認国の著作物と不法行為－北朝鮮事件－」AIPPI57 巻 9 号(2012 年)574 頁。同时，参见横山久芳「情報誌『ケイコとマナブ』編集著作権事件」コピライト523 号(2004 年)37～38 頁。

酬请求权的法条。此外,根据该理论,存在将知识产权法未作规定的行为视作违法的危险性。例如,在"通勤大学法律课程"案[1]中,法院以被告利用不具有独创性的表达为由否定著作权侵权的同时,将该行为认定为侵权行为,即为典型一例。

实际上,通过侵权行为法来提供补充保护不会直接脱离知识产权法旨趣的原因在于,如果侵权行为法是基于现行知识产权法中没有的目的进行规制的话,由于此种规制内容尚未经过民主程序决定,因此不会存在违背民主决定的危险。[2] 例如,著作权的保护不限于竞争行为,而是广泛地对他人的利用行为进行制约,其保护原则上以作者死后50年为限,是长期的保护。如此强大的权利不能延伸到不属于表达的思想或是缺乏独创性的表达之上,正是著作权法将独创性表达规定为作品要件之一的旨趣所在。由此来看,对网罗式数据库、[3]字体[4]等智力成果,限定在竞争行为范围内,且在能够收回投入资本的期间内赋予侵权行为法的保护,并未脱离著作权法的旨趣。[5]

(二)着眼于内在制约因素的学说——知识产权法的条文旨趣

在日本的限定解释论中,有观点将通过侵权行为法补充、完善知识产权法的问题,理解为特别法与一般法之间的调整问题,认为应当回到现行知识产权法不提供保护的旨趣上重新思考该问题。例如,知识产权法学者岛并良,叙述如下:

> 与侵权行为法相比,知识产权法明确了侵权行为的构成要件,使之效果进一步扩大。因此,两者之间属于特别法与一般法的关系。知识产权法不提供保护的结果,究竟是(1)展现了作为一般法的侵权行为法提供的、较弱的保护也应当被否定的强烈意图,还是(2)否定了给予

---

〔1〕 知的財産高等裁判所2006年3月15日判決,平成17(ネ)1005。

〔2〕 田村善之「知的財産権と不法行為-プロセス志向の知的財産法政策学の一様相-」同編『新世代知的財産法政策学の創成』(有斐閣,2008年)44頁参照。

〔3〕 東京地方裁判所2001年5月25日判決,判例時報1774号132頁。

〔4〕 大阪地方裁判所1989年3月8日判決,無体財産権関係民事・行政裁判例集21巻1号93頁;大阪地方裁判所1997年6月24日判決,判例タイムズ956号267頁;大阪高等裁判所1998年7月17日判決,最高裁判所民事判例集54巻7号2562頁。

〔5〕 田村善之「知的財産権と不法行為-プロセス志向の知的財産法政策学の一様相-」同編『新世代知的財産法政策学の創成』(有斐閣,2008年)45頁参照。

> 侵害行为扩大效果(停止侵害请求权),而对限于损害赔偿的效果并无意见(根据原则交由侵权行为法这样的一般法来处理)。根据结果的不同,有必要分别进行讨论。因此,在决定能否由侵权行为法提供补充保护时,应当根据个案的实际情况,判断为什么知识产权法不提供保护,其理由是(1)(2)中的哪一种类型。一般来说,为保障行为人的预测可能性,以(1)类型为原则,仅在例外情形下允许一般侵权行为法提供补充保护。[1]

此外,佐藤祐介在其论文中也指出:

> 由侵权行为法补充、完善知识产权法的问题,归根结底是一个知识产权法的解释问题,也就是知识产权法上允许的"搭便车"行为,是否能够解释为侵权行为法也允许该"搭便车"行为。换言之,该问题意味着是否在侵权行为法下也不被问责,还是仅不构成知识产权法上的权利,但在侵权行为法下仍有可能被问责。并且,该解释问题并不是要求对全部知识产权法进行统一解释,而是对个别问题进行具体解释,如该个别规定在多大程度上可能影响到他人的行为自由等。[2]

作为判断法院能否酌情创设知识产"权"的标准,上述理论的特点是,均提及知识产权法的条文旨趣这一知识产权的内在制约因素。也就是说,如果现行知识产权法不提供保护的旨趣是"否定了给予侵害行为扩大效果(停止侵害请求权),而对止于损害赔偿的效果并无意见"的话,可以认定一般侵权行为的成立。因此,可以说限定解释论中采用了相对宽松的标准。在此理论框架下,虽然不清楚知识产权法的条文旨趣是否与《日本国宪法》第13条后半段所述的"公共福祉"有关,但是值得肯定的是,即使是知识产权专门法未作明文规定的使用行为,也有可能基于现行知识产权法所没有的目的受到规制。

---

〔1〕 島並良「一般不法行為法と知的財産法」法学教室380号(2012年)151頁。

〔2〕 佐藤祐介「著作権法によって保護されない場合の一般不法行為法による保護」小野秀誠ほか編『民事法の現代的課題(松本恒雄先生還曆記念)』(商事法務,2012年)1166~1167頁。

此外，岛并良教授将保障行为人的预测可能性作为控制以侵权行为法补充、完善知识产权法的理由。[1] 确实，对知识产权专门法未作规定的利用行为，允许通过一般侵权行为提供保护，意味着限制了他人原本可以自由进行的利用行为。但是，此处所说的预测可能性问题，只是在保护与知识产权法所规范的对象利益具有相同旨趣的利益时，才会产生竞争萎缩效果。正如在"通勤大学法律课程"案[2]中所述，基于与现行知识产权法相同的目的认定知识产权法未作规定的行为违法时，将过度损害行为人的预测可能性，从而可能导致竞争过度萎缩。

实际上，之所以应当控制以侵权行为法补充、完善知识产权法，其积极的理由在于，知识产权本身存在自由领域的侵蚀问题、利益表达的非均衡问题等外在制约因素。如此断言的理由是，认定知识产权专门法未作规定的利用行为构成侵权行为，意味着由法院创设了至今尚未被知识产权法承认的新的知识产"权"，即法官造法。虽然，将其归类于《日本民法典》第 709 条的法律解释问题也并非不可能，但此行为会对知识产权政策造成一定影响。例如，在《日本反不正当竞争法》中尚未对商品形态原样模仿行为进行规定时，以认定模仿行为构成侵权行为的"木纹化妆纸"案[3]为契机，经 1993 年《日本反不正当竞争法》的修订，增加了规制商品形态原样模仿行为的第 2 条第 1 款第 3 项。此案便是法院判断影响知识产权政策的典型事例之一。

（三）着眼于二元论解释的学说——内在制约因素与外在制约因素

在日本的限定解释论中，也有观点采用二元论解释，认为应当从知识产权的内在制约因素与外在制约因素的视角来理解知识产权法的补充保护问题。例如，田村善之认为，《日本民法典》第 709 条属于具有抽象要件的法律原则，需要通过司法使条文得以具体化，而且将知识产权专门法与《日本民法典》第 709 条之间的关系理解为立法（知识产权专门法）与司法（《日本民法典》第 709 条）之间职责分立的问题。在此基础上，田村善之叙述如下：

---

〔1〕 横山久芳指出："一般情况下，不受知识产权法保护的信息往往被认为是可以自由模仿、利用的。因此，讨论是否构成侵权行为时，必须充分考虑到信息利用者的预测可能性。"横山久芳「情報誌『ケイコとマナブ』編集著作権事件」コピライト523 号（2004 年）38 頁参照。

〔2〕 知的財産高等裁判所 2006 年 3 月 15 日判决，平成 17（ネ）1005。

〔3〕 東京高等裁判所 1991 年 12 月 17 日判决，知的財産権関係民事・行政裁判例集 23 巻 3 号 808 頁。

如知识产权法一般，采取活用市场的组织框架，其权利的存在意义本身很大一部分在于对效率的追求，而通过知识产权法能在何种程度上改善效率性，其结果的测定是极为困难的。因此，知识产权法单凭归结主义难以得到正当化。对于此种法律制度，不仅是立法与司法，市场与行政之间的职责分立问题也应当被包含在考察对象中。换言之，应当从程序的角度来解决问题。[1]

此外，围绕知识产权专门法未作明文规制的利用行为是否可以构成一般侵权行为问题，田村善之认为：

如果涉及的是容易被组织、集合起来的利益，这些利益或早或晚都将在政策形成过程中被体现。因存在技术适格性以及政治责任等问题，有关创设知识产权方面的工作原则上应当交由立法来决定，或以自由放任的姿态委任给市场，而对于通过司法来创设保护，应当采取慎重的态度。但作为例外情形，放任"搭便车"行为导致激励严重不足，进而使得成果开发的投资过少，且对法院来说必要的成果供给严重不足且显而易见时，应当容许司法介入。但是，其一，毫无疑问的是，当经由立法程序决定不规制某种类型的利用行为时，司法介入是绝对不被允许的；其二，司法应当充分保障那些利益难以在政策形成过程中得以体现的人的自由。从归结主义的观点来看，可能存在使之得以正当化的事例。当可能对表达自由或私人行动的自由造成过度限制的担忧无法被消除时，应当否定侵权行为法的保护。[2]

---

〔1〕 田村善之「知的財産法からみた民法709条－プロセス志向の解釈論の探求－」NBL936号(2010年)54頁参照。

〔2〕 田村善之「知的財産権と不法行為－プロセス志向の知的財産法政策学の一様相－」同編『新世代知的財産法政策学の創成』(有斐閣,2008年)42～43頁；田村善之「知的財産法からみた民法709条－プロセス志向の解釈論の探求－」NBL936号(2010年)56頁等。

此外，三村量一在采用二元论解释的基础上，提出如下观点：

> 知识产权法在其部门法中规定了哪些受到法律保护，哪些不受法律保护，根据这种选择，相应设置了侵犯知识产权行为的构成要件。因此，在知识产权法领域，如不符合知识产权法规定的要件，由于不受知识产权法的保护，应允许其被自由利用。从根本上说，国民的言论自由和商业自由是受宪法尊重和保护的。除从与他人权利协调和与公共福祉统一的角度出发，在法律法规规定对其进行最小限度的限制外，可以允许人们自由进行这些行为。因此，如果侵犯知识产权行为不成立，除极其例外的情况，则应认为一般侵权行为也不成立。[1]

上述理论的特点是，以知识产权的外在制约因素和内在制约因素为理由，采用二元论解释。即考虑到知识产权的外在制约因素，原则上法院应尽量避免过度适用《日本民法典》第709条。但是，基于知识产权的内在制约因素，“当放任引发问题的搭便车行为导致激励严重不足，进而使得成果开发的投资过少，且对法院来说必要的成果供给严重不足是显而易见”的情况，或者“从与他人权利协调和与公共福祉统一的角度出发，在法律法规规定对其进行最小限度的限制”的情况，应该作为例外，允许法院适用《日本民法典》第709条。

对此，文献中也有观点认为，若要作为例外肯定侵权行为成立，必须获得社会的承认。例如，窪田充见在考虑到侵权行为法与知识产权法之间关系的同时，就侵权行为的成立问题，表达了如下观点：即便社会已经形成某种利益值得受到法律保护的价值判断，也不代表问题会自动得到解决。此种形成中的权利，并非以所有权的形式受到保护。即便是已经作为权利被确立的，如著作权等知识产权，将其认定为权利也并不意味着问题本身完全得以解决。只有当“权利基于与何种行为间的关系而受到保护”的规则被制定，才能说法律救济的全体构造得以确定。知识产权法无法直接包含判断构造的程序，但对于被认为应当受到

[1] 三村量一「一般不法行為」牧野利秋他編『知的財産訴訟実務大系Ⅲ』(青林書院,2014年)366～367頁。

知识产权法保护的发展中的权利来说,应当同样适用。[1]

此种观点,将社会承认一定的利益值得法律保护作为讨论前提。然而,如法律原则一般的规范已经被制定,应当控制法院介入的理由在于法院难以形成具有大局观的政策判断,并且不承担政治责任,没有必要通过社会的承认来寻求正当化。[2]

第三节　韩国学说

近年来,韩国学界受到田村善之所主张的限定解释论的影响,[3]出现以功利主义理论为基础,并在此基础上进一步发展限定解释论的文献。对韩国学者的观点根据主张限定解释论的论据进行整理,大致可分为以下两种类型:一是着眼于"特殊事由"类型化的观点;二是着眼于基本权限制原则的观点。

一、"特殊事由"的类型化

在韩国的限定解释论中,有观点认为,当判断侵害与智力成果相关法益的行为是否构成侵权行为时,应当考虑功利主义理论的正当化根据,有必要通过相应的程序对作为"违法性"判断要素的"特殊事由"进行类型化。例如,知识产权法学者朴成浩,叙述如下:

> 诸如大法院"网络广告"案,[4]必须围绕知识产权法的理论体系以及其正当化根据展开讨论,以激励理论作为媒介,对违法性较大的"特殊事由"进行类型化。其理由在于,模仿、利用他人不受现存知识产权

---

〔1〕 窪田充見「不法行為法学から見たパブリシティ－生成途上の権利の保護における不法行為法の役割に関する覚書－」民商法雑誌133巻4＝5巻(2006年)741頁。

〔2〕 田村善之「知的財産法からみた民法709条－プロセス志向の解釈論の探求－」NBL936号(2010年)56頁参照。

〔3〕 例如,朴成浩的论文中大幅介绍、引用了田村善之的观点,可见深受田村善之论文的影响。박성호, "지적재산법의 비침해행위와 일반불법행위–불법행위법리에 의한 지적재산법의 보완문제를 중심으로–", 정보법학, 제 15 권제 1 호, 2011, 221–222 면.另外,林相珉曾在由田村善之担任中心主任的北海道大学法学研究课情报法政策学研究中心作为研究员进行研究,其论文中也反映了不少田村善之的观点。임상민, "지적재산법상 보호되지 아니하는 지적성과물에 대한 무단 이용과 일반불법행위의 성부", 저스티스, 제 132 호, 2012, 134–171 면.

〔4〕 대법원 2010.8.25.2008 마 1541 결정.

法保护的智力成果,原则上是自由、不受限制的。因此,对原则上允许自由模仿、利用的行为进行规制的例外情形,应当仅限于存在"特殊事由"的情况。所谓需要通过侵权行为法理进行补充保护的知识产权法之"立法缺陷"则是指,相当于《韩国反不正当竞争法》中不正当竞争行为的情形。换言之,当仅依赖《韩国反不正当竞争法》列举的不正当竞争行为类型,无法为智力成果的创造提供足够的激励时,应当通过侵权行为法理对知识产权法进行补充保护。因此,对作为违法性判断要素的"特殊事由"进行类型化的时候,应当将知识产权正当化根据的激励理论作为违法性的判断要素具体考虑,并有必要将"特殊事由"各个类型的内容逐一体系化。〔1〕

此外,关于"特殊事由"类型化的具体内容,朴成浩指出:

《韩国民法典》第750条作为补充知识产权法的法律规范,实质上与1909年《德国反不正当竞争法》(UWG)第1条以及2004年全面修订的《德国反不正当竞争法》第3条〔2〕等一般条款所实现的补充功能具备相同的作用。与《德国反不正当竞争法》一般条款(第1条)的解释相同,被视为能够对模仿他人成果的行为进行规制的"特殊事由"包括:销售类似商品或经营类似服务导致的商品、服务来源混淆,对商品、服务信誉的"搭便车"行为,违反与在先者之间的合同义务或诚信原则实施的模仿,以及其他类型的"直接模仿"行为。在德国,通过旧法时期的判例,模仿他人商品、服务等成果的行为被类型化为不正当竞争行

---

〔1〕 박성호, "지적재산법의 비침해행위와 일반불법행위-불법행위법리에 의한 지적재산법의 보완문제를 중심으로-", 정보법학, 제 15 권 제 1 호, 2011, 217 면.另外,在《韩国反不正当竞争法》中新增一般条款之前,就有学者主张,从长远角度来看,有必要在反不正当竞争法中增加一般条款。정상조, 부정경 쟁방지법 원론, 세상출판사, 2007, 9-10 면 참조.

〔2〕 《德国反不正当竞争法》第1条(一般条款)规定:"在营业中为竞争目的采取违反善良风俗的行为者,可请求其制止或赔偿损害。"相关文献,参见정호열, 부정경쟁법, 삼차원, 1996, 97 면; 권오승, 독일 경쟁법, 법문사, 1997, 38-70 면;小泉直樹『模倣の自由と不正競争』(有斐閣,1994年)160~167頁;中田邦博「ドイツ不正競争防止法の新たな展開－新 UWGについて－」立命館法学298号(2004年)259頁;横山久芳「創作投資の保護」工業所有権法学会年報30号(2007年)137~139頁。

为，并被作为示例的构成要素列举在2004年全面修订的《德国反不正当竞争法》第4条第9款(a)至第9款(c)中。[1] 既然现行《韩国反不正当竞争法》未设置一般条款，从而无法为知识产权法提供补充保护，那么在创造智力成果或获得具有顾客吸引力的信息的激励过度不足的案件中，由法院通过侵权行为法理对此类被类型化、累积起来的判例作出判断，在后续立法过程中将得以反映。[2]

上述理论认为，模仿、利用他人不受现行知识产权法保护的智力成果，原则上是自由、不受限制的。然而，在知识产权法存在"立法缺陷"的情况下，如仅依赖《韩国反不正当竞争法》列举的不正当竞争行为类型，无法为智力成果的创造提供足够的激励时，应允许通过民法的侵权行为法理对知识产权法进行补充保护。因此，属于限定解释论中相对严格的标准。

根据上述理论框架，当通过侵权行为法对知识产权法进行补充保护时，应当满足"若容许某种利用行为将明显导致成果开发所必要的激励严重不足"的条件，且仅限于该利用行为很可能作为不正当竞争行为在今后《韩国反不正当竞争法》修订中得以体现的情况。例如，在《日本反不正当竞争法》增加有关商品形态原样模仿行为的规定之前，认定模仿行为构成侵权行为的"木纹化妆纸"案[3]，若结合1993年《日本反不正当竞争法》修订时引入的规制商品形态原样

---

[1] 德国曾经多次尝试将1909年《德国反不正当竞争法》一般条款所规范的行为类型化。严格来说，时至今日仍未有定论。尽管如此，除各个类型的命名、类型之间分界线的划分方式的不同等外，在根据被侵害法益(竞争者、一般消费者)进行分类方面，基本上已经达成一致。此外，联合抵制交易、恶意转职等妨碍行为(Behinderung)与泄露商业秘密(Geheimnisverrat)的行为，以及模仿他人作品的行为均构成作为侵害竞争者利益的行为。其中，具备补充、完善知识产权法功能的是侵害竞争对手利益的行为之一的"盗用他人作品"。"盗用他人作品"在讨论时往往被进一步区分为"盲从模仿"(sklavische nachahmung)与"直接模仿"(unmittelbare leistungsubernahme)。"盲从模仿"与"直接模仿"的区别在于两者模仿的形式有所不同，前者指以他人成果为模板创作自己"作品"的行为，后者则是指模仿者几乎不进行创作，大部分内容直接使用他人成果的行为。两者之间的区别并不总是很分明，但是其规定的意义、目的均在于适应"奖励有利于进步的模仿行为、严禁单纯的借用行为"有利于社会整体的利益的宗旨。但是，德国有关"盗用他人作品"的案例(Fallgruppen)将来源混淆，将良好的风评、形象的"搭便车"行为，违反合同义务或公信良俗的模仿行为以及其他直接模仿行为作为不正当竞争行为进行规制。小泉直樹『模倣の自由と不正競争』(有斐閣，1994年)160~167頁参照。

[2] 박성호, "지적재산법의 비침해행위와 일반불법행위-불법행위법리에 의한 지적재산법의 보완 문제를 중심으로-", 정보법학, 제 15 권제 1 호, 2011, 225-226 면.

[3] 東京高等裁判所1991年12月17日判决，知的財産権関係民事・行政裁判例集23卷3号808頁。

模仿行为的第2条第1款第3项这一事实来看,其判断是正确的。但是,以保障创作投资所必要的激励作用为由认定侵权行为成立的“超级前锋”案[1],和以为新闻取材体制所必要的投资提供法律保障为由认定侵权行为成立的“新闻标题”案[2]来看,如果在今后的《日本反不正当竞争法》的修订中没有以法律规范的形式得以明确,那么便不能说知识产权法存在相应的“立法缺陷”,上述案件对侵权行为成立的认可将缺乏正当理由。

然而,上述理论是否忽视了立法与司法之间职责分担的问题?换言之,类型化“特殊事由”的权限究竟应当交托给立法还是司法。如此评价的理由在于,即便法院能够在个案中将激励机制的保护作为违法性判断的考虑要素,但由于法官并不直接参与立法过程,将类型化“特殊事由”的具体工作交由立法或学者来完成应更为妥当。与此同时,在法院认为若不规制某种“搭便车”行为,将会明显影响成果开发所需激励的情况下,并不需要等待立法的决定,而应当期待法院的快速对应。而此类判例的积累,将会为以后的立法过程提供重要的参考资料。

二、基本权限制原则

在韩国的限定解释论中,也有观点主张,知识产权法尚未明文规定的利用行为的违法性认定问题,与宪法中要求的基本权限制原则相关联。例如,林相珉指出:

> 《韩国宪法》第37条第2款规定“国民的所有自由和权利,在为保障国家安全、维持秩序或为公共福祉所需时,允许通过法律进行限制,但限制时也不得侵犯自由和权利的本质内容”,是有关基本权限制的法律保留规定。另外,限制基本权的法律必须具备明确性。[3] 明确性原则,作为法治国家原理的证明,基本上适用于所有限制基本权的立法。当根据法律规范的内容,连执法者也不清楚什么行为应当被禁止、

[1] 東京地方裁判所2001年5月25日判決,判例時報1774号132頁。

[2] 知的財産高等裁判所2005年10月6日判決,平成(ネ)10049。

[3] 김철수, 헌법학신론, 박영사, 2010, 358-359면; 권영성, 헌법학원론, 법문사, 2009, 351면등.

什么行为应当被许可时,法的稳定性与预测可能性便无法得到保障,且法律执行者可能滥用法律。[1]

如果在《韩国反不正当竞争法》的明文规定中设置一般条款很可能导致违宪的话,在《韩国反不正当竞争法》没有明文规定情况下,以《韩国民法典》第750条为媒介,得出与前者相同的结论时,违宪的可能性会更大。关于这一点,在《韩国民法典》第750条的违法性解释中也应当有所考虑。《韩国民法典》第750条中"违法"的概念,应当解释为违反宪法及其他实体法的秩序,或侵害实体法所保护的权利或利益。尽管在医疗诉讼和环境诉讼中《韩国民法典》第750条的违法性外延被扩大,但可以基于以下两个理由,限定不受知识产权法保护的权利或利益的侵害行为的违法性外延。其一,除特定的场合外,个别知识产权法将智力成果视为公共财产(public domain),即能够自由模仿、复制以及利用的物。有关是否应当认定侵害不受知识产权法保护的权利或利益的行为具备违法性的问题,与医疗诉讼、环境诉讼等存在不同。其二,不受知识产权法保护的智力成果与基本权(营业自由)之间的冲突构造,和医疗诉讼、环境诉讼中被害人所享有的身体的自由、环境权、所有权等宪法上的基本权利与加害人所享有的营业自由等基本权之间的冲突构造,存在显著区别。[2] 对不受知识产权法明文保护的智力成果的利用行为,原则上是不具备违法性的。即便确实有认可的必要,也应当限定在通过知识产权法规定的类推解释或扩张解释能够进行保护的利益被侵害的情形。如果存在某种侵权行为经类推解释或扩张解释也无法被承认,但有必要确认其违法性的情况,那么其范围必须限定在激励明显不足,阻碍智力成果创造者继续创作,并可以预见最终将对文化及产业的发展造成阻碍的情形。[3]

---

〔1〕 임상민, "지적재산법상 보호되지 아니하는 지적성과물에 대한 무단 이용과 일반불법행위의 성부", 저스티스, 제 132 호, 2012, 140-142 면.

〔2〕 임상민, "지적재산법상 보호되지 아니하는 지적성과물에 대한 무단 이용과 일반불법행위의 성부", 저스티스, 제132호, 2012, 140-142 면.

〔3〕 임상민, "지적재산법상 보호되지 아니하는 지적성과물에 대한 무단 이용과 일반불법행위의 성부", 저스티스, 제132호, 2012, 138-139 면.

上述理论的特点是,以知识产权的外在制约因素和内在制约因素为理由,采用二元论解释。即考虑到《韩国宪法》第 37 条第 2 款规定的基本权限制原则这一知识产权的外在制约因素,原则上法院应尽量避免对《韩国民法典》第 750 条过度适用。但是,基于知识产权的内在制约因素,“激励明显不足,阻碍智力成果创造者继续创作,并可以确实地预见最终将对文化及产业的发展造成阻碍的情形”,应该作为例外允许法院适用《韩国民法典》第 750 条。

的确,在研究中,基本上旨在知识产权法和侵权行为法的范围内解决问题。即便从结果主义的观点来看,可以通过侵权行为法对知识产权法提供补充保护,也没有认真地思考是否会对表达自由、行为自由等造成过度制约的问题。然而,从侵权行为法的解释来看,认定不受个别知识产权法规制的利用行为构成一般侵权行为是有可能的,相当于由法院创设了不受现行知识产权法承认的知识产“权”,有必要确立相应的调整原则,使该种知识产“权”不会对表达自由、个人行动的自由等造成限制。

第四节　小结

从功能主义的观点来看,有必要将知识产权法的补充保护问题理解为立法(知识产权专门法)与司法(《日本民法典》第 709 条或者《韩国民法典》第 750 条)之间职责分立的问题。其理由在于:如果法院适用《日本民法典》第 709 条或者《韩国民法典》第 750 条,认定不受知识产权专门法规制的行为构成侵权行为,意味着由法院创设了至今尚未被知识产权法承认的新的知识产“权”,即法官造法。虽然,将其归类于《日本民法典》第 709 条或者《韩国民法典》第 750 条的法律解释问题也并非不可能,但是创设新的知识产“权”的任务到底应该交由立法程序来实现,还是交给司法来自由裁量,仍需要谨慎地思考与探讨。

围绕知识产权专门法未作明文规制的利用行为是否可以构成一般侵权行为的问题。

一方面,在日本的学说中,主要从严格解释论、灵活解释论以及限定解释论 3 个方向展开讨论。多数学说认为,既非将该问题单纯理解为《日本民法典》第 709 条解释问题的灵活解释论,也不是完全否定通过侵权行为法补充、完善知识产权法的严格解释论,而是可以称为折中说的限定解释论。根据限定解释论,考虑知识产权的外在制约因素,原则上法院应尽量避免对《日本民法典》第 709 条过度适用。但是,基于知识产权的内在制约因素,如果对某些“搭便车”行为置之不理,将会导致激励极度不足、成果开发投资过少的后果,此时应作为例外允许法院适用《日本民法典》第 709 条。

另一方面,韩国学界受到田村善之所主张的限定解释论的影响,出现以功利主义理论为基础,并在此基础上进一步发展为限定解释论的文献。其中,着眼于“特殊事由”类型化的观点,由于忽视了立法与司法之间职责分立的问题,换言之,类型化“特殊事由”的权限究竟应当交托给立法还是司法,存在一定的局限性。而着眼于基本权限制原则的观点,则在知识产权法不提供保护时,参考宪法中的基本权限制原则作为控制认定侵权行为成立的理由,这一点极具启发性。法院应尽量避免对《韩国民法典》第 750 条过度适用,理由并非“法院难以形成大局观的政策性决定且不负政治性责任”,而是考虑宪法中的基本权限制原则。

第四章　审判实务

本章将基于知识产权法的制度，对日韩两国的审判实务的动向进行考察。通过第三章的讨论可以明确：一方面，基于知识产权的外在制约因素，原则上法院应尽量避免对《日本民法典》第709条或者《韩国民法典》第750条过度适用；另一方面，基于知识产权的内在制约因素，如果对某些"搭便车"行为置之不理，将会导致激励极度不足、成果开发投资过少的后果，此时应作为例外允许法院适用《日本民法典》第709条或者《韩国民法典》第750条。根据上述理论框架，在以知识产权专门法未作明文规定的利用行为是否可以构成一般侵权行为为争议焦点的案件中，日本最高法院判例无一例外地对此予以否认，[1]而韩国的大法院判例则积极地承认侵权行为的成立。[2] 对此现象能否进行合理的解释？本章将对日本与韩国的判例进行具体分析，并探明两国最高法院判例出现不同倾向的根本原因。

第一节　日本的审判实务

在考察日韩两国审判实务的动向时，如果仅着眼于各个判例中的抽象论部分，那么研究的所得不会太多。理由在于，无论是肯定侵权行为成立的判例还是否定侵权行为成立的判例，基本上采用相同的抽象标准，仅根据抽象论，仍旧无

---

〔1〕 最高裁判所2004年2月23日判决，最高裁判所民事判例集58卷2号311頁；最高裁判所2011年12月8日判决，最高裁判所民事判例集65卷9号3275頁；最高裁判所2012年2月2日判决，判例時報2143号72頁等。

〔2〕 대법원 2010.8.25.2008 마 1541 결정； 대법원 2012.3.29. 선고 2010 다 20044 판결 등.

法搞清究竟在何种情形下能够成立侵权行为。[1] 因此,有必要根据各个判例的具体情况,着眼于成立侵权行为的判例与否定侵权行为的判例之间案件事实的差异,尝试探寻判例中侵权行为成立与否的分歧点。[2]

为考察日本审判实务的动向,在确认相关最高法院立场的基础上,明确其对审判实务的影响,即最高法院判例为下级法院判决提供了怎样的审判指南是十分重要的。[3] 以下将做具体论述。

一、日本的最高法院判例

在日本的审判实务中,涉及知识产权专门法未作明文规定的利用行为是否可以构成一般侵权行为问题的案例虽多,但最高审级阶段的判例却屈指可数。[4] 如果以法院所采用的判断标准为线索整理相关判例,大致可分为以下3种类型:采用严格解释的大审院判例、采用灵活解释的大审院判例,以及采用限定解释的最高法院判例。

(一)采用严格解释的大审院判例——"桃中轩云右卫门"案

如第一章中所述,2004年修订以前的《日本民法典》第709条明确将"权利

---

〔1〕 在肯定侵权行为成立的案件中,如"木纹化妆纸"案(東京高等裁判所1991年12月17日判决,知的財産裁判例集23卷3号808頁)中法院认为:"被告的行为,显然脱离了交易中公正及自由竞争所能允许的范围,侵害了理应受到法律保护的原告的营业利益,构成侵权行为。"而"超级先锋"案(東京地方裁判所2001年5月25日,判例時報1774号132頁)中法院认为:"根据公正自由的竞争原则,此类行为显然属于采用不公正的手段侵害他人经营活动上利益的行为,构成侵权行为。"另外,在否定侵权行为成立的案件中,"才望子"案(東京地方裁判所2002年9月5日,判例時報1811号127頁)中法院认为:"对于不属于著作权侵权或者不构成不正当竞争的行为,除非该行为存在如脱离了利益追求而仅以侵害竞争对手利益为目的等特殊事由,否则不构成一般侵权行为。"

〔2〕 田村善之「知的財産権と不法行為-プロセス志向の知的財産法政策学の一様相-」同編『新世代知的財産法政策学の創成』(有斐閣,2008年)10~11頁参照。

〔3〕 日本的司法裁判采取的是三审制。通常,案件的一审由地方法院管辖,二审(控诉审)和三审(上告审)分别由高等法院和最高法院管辖。但是,考虑日本最高法院裁判资源的稀缺性(只有15位法官),《日本民事诉讼法》为上告设置了很高的门槛,即只有三种情形当事人才可以上告:(1)原判决对宪法的解释有误或者存在违宪的其他问题;(2)形成判决的诉讼过程存在对程序规定的重大违反;(3)原判决存在对其他法令的重大违反。参见解亘:《日本的判例制度》,载《华东政法大学学报》2009年第1期,第91页。

〔4〕 大審院1914年7月4日判决,大審院刑事判决録20輯1360頁;大審院1925年11月28日判决,最高裁判所民事判例集4卷670頁;最高裁判所2004年2月23日判决,最高裁判所民事判例集58卷2号311頁;最高裁判所2011年12月8日判决,最高裁判所民事判例集65卷9号3275頁;最高裁判所2012年2月2日判决,判例時報2143号72頁等。

侵害”规定为一般侵权行为的构成要件之一。该要件基于“即便因故意或过失导致他人受到直接或者间接的损害,如果没有达到侵害权利的程度,不应当产生损害赔偿请求权”这一旨趣所设立的要件。[1] 由此看出,起草者试图通过采用严格的解释——只有侵害被现行法律体系认可为“权利”的行为才能够成立侵权行为——确保法的安定性的意图。

根据上述旨趣,作为采用严格解释的最高审级阶段判例,最典型的是有关曲艺唱片复制的“桃中轩云右卫门”案[2]。

此案中,知名曲艺师桃中轩云右卫门将浪花调录制在唱片中,并将其转让给原告。被告通过购入的唱片制作出了母带,未经许可复制唱片并销售。原告对被告提起刑事诉讼的同时,作为附带诉讼,[3]要求被告停止销售复制的唱片并请求损害赔偿。[4]

大审院[5]认为,本案中云右卫门所创作的浪花节乐曲,并不具备能够被认定为固定旋律的内容,因此属于即兴创作的范围,并不构成著作权法所保护的音乐作品。大审院指出:

> 将他人演出的、录制在留声机唱片中的乐曲复制到其他唱片,生产制造产品以谋取利益的行为毫无疑问不符合正义。但即便如此,由于复制的仅是云右卫门演奏的乐曲,在尚无有关管理法规时,除不予处置

〔1〕 法務大臣官房司法法制調査部監修『法典調査会民法議事速記録 5』(商事法務研究会,1984年)249 頁参照。

〔2〕 大審院 1914 年 7 月 4 日判决,大審院刑事判決録 20 輯 1360 頁。

〔3〕 1890 年《日本刑事诉讼法》第 5 条规定:“即便被告人获得免诉或无罪的判决,受害人仍可依据民法请求赔偿或返还。”也就是说,即便公诉最终做出了无罪判决,同一法院也可以对附带民事诉讼进行判决。

〔4〕 桃中轩云右卫门(1873~1916 年)是唱片产业发展初期最具人气的曲艺师。当时人气一骑绝尘的云右卫门在唱片录制费用上与其他人相比高出一截,因此,云右卫门的浪花节少有被唱片化的。而使之得以实现的是当时住在横滨市的德国商人里卡德·维尔德曼(Richard Werdermann)。1912 年,维尔德曼向云右卫门支付了高达 15,000 日元的录制费,将《赤垣源蔵徳利の別れ》《南部坂後室雪の別れ》《大石生立》《村上喜剣》《正宗孝子伝》等五种唱片制造了 72,000 枚,并由三光堂进行销售。然而,此时出现借云右卫门的人气,未经许可复制正版唱片进而低价销售的商贩。对此,从云右卫门处获得乐曲著作权并在内务省登记著作权的卡德·维尔德曼以著作权侵权为由,向复制唱片的制造商提起诉讼,请求停止复制行为以及 13,960 日元的损害赔偿。原告在一审、二审均胜诉,但上告审阶段,大审院作出被告逆转胜诉的判决。

〔5〕 大审院设立于 1875 年,是日本最高法院的前身。1947 年随着《日本国宪法》的施行,大审院被撤废。

外别无他法。

因此,大审院不仅判定刑事案件无罪,同时驳回原告以侵权行为为由请求损害赔偿的附带民事诉讼。

在大审院的判断之下,即兴音乐若要受到著作权法的保护,其旋律必须被固定,达到具备重复可能性的程度,而随着演奏结束同时不复存在的音乐,无法作为音乐作品受著作权法保护。[1] 此外,从大审院表述的观点来看,即便被告的行为违背了正义的理念,只要法律没有明文对"权利"进行规定,就无法受到《日本民法典》第709条的保护。[2]

然而,本案判决受到当时民法学者的严厉批判。例如,民法学者我妻荣指出:"大审院拘泥于音乐理论而否认了浪花节享有著作权的说理令人难以信服。不仅如此,认为如果不存在权利侵害,即便是不正当行为也不能成立侵权行为的根本理念必须有所反省。"[3]但近年来,也出现了一些肯定的声音,认为由于本案是刑事附带民事诉讼,刑事案件应当遵循罪刑法定原则,考虑到对刑事案件的影响,驳回请求也在情理之中。例如,民法学者能见善久认为:"假设本案不是作为附带民事诉讼,而是以民事审判的形式,单纯作为侵权行为案件或著作权侵权案件提起诉讼,则问题仅仅局限在民事的侵权行为上,法院也不是没有可能作出更为灵活的判断(扩大解释)。但是,采用附带民事诉讼这种形式所导致的结果是,实际上对法官来说,将无法避免地考虑到与刑事判决的判断之间的联动。如果为了灵活地判断侵权行为的成立而对著作权侵权也作出了灵活的判断(扩大解释),那么在事实上联动的刑事案件中判断是否违反著作权法时,也将随之采用扩大解释予以

---

〔1〕 以"桃中轩云右卫门"案(大審院1914年7月4日判决,大審院刑事判决録20輯1360頁)为契机,1920年修订的《日本著作权法》第1条第1款中新增了"演奏歌唱",从此演奏歌唱者作为作者也受到保护。斉藤博「『雲右衛門』判决へのもう一つの評価」北川善太郎編『知的財産法制』(東京布井出版,1996年)114頁参照。顺带一言,在导入了著作邻接权的现行法下,曲艺师即便没有在乐曲中增加具有独创性的旋律也可以作为表演者受到保护。

〔2〕 此后,唱片制作者对复制其唱片者请求停止侵害以及损害赔偿的案件中,大审院认为:"法无禁止即自由,复制者使借此营利的创作者遭受损害的行为并不构成侵权行为。"大審院1918年9月18日判决,大審院民事判决録24輯1710頁。以该案为契机,1934年对《日本著作权法》进行修订,唱片制作者也受到著作权法的保护。斉藤博「『雲右衛門』判决へのもう一つの評価」北川善太郎編『知的財産法制』(東京布井出版,1996年)116頁参照。

〔3〕 我妻栄=有泉亨=川井健『民法2(債権法)』(勁草書房,2005年)425頁。

认定。而这,从刑法上严格的罪刑法定主义的观点来看是绝不可取的。"[1]

但无论如何,从知识产权法的观点来看,该大审院判决以著作权法不认可即兴创作并演唱的浪花节享有著作权为由,否定基于《日本民法典》第709条的侵权行为的成立。

(二)采用灵活解释的大审院判例——"大学汤"案

在"桃中轩云右卫门"案[2]后不久,大审院在该案中所采用的严格解释便由"大学汤"案[3]得以改变。[4]

此案中,原告X从上一代开始承租被告Y1所有的房屋并以"大学汤"的名字经营澡堂,被告Y1在通过合意解除上述承租合同后,将该房屋租借给其余共同被告Y2和Y3做澡堂经营。然而原告X主张,上一代在承租该房屋时,与被告Y1之间存在特殊约定,或由被告Y1购买经营澡堂的老铺,或由原告上一代自由出售,由此以债务不履行及侵权行为为由请求损害赔偿。[5]

---

[1] 能見善久「桃中軒雲右衛門事件と明治・大正の不法行為理論」学習院大学法学会雑誌44巻2号(2009年)219頁。

[2] 大審院1914年7月4日判決,大審院刑事判決録20輯1360頁。

[3] 大審院1925年11月28日判決,最高裁判所民事判例集4巻670頁。

[4] 在民法学者看来,从"桃中轩云右卫门"案(大審院1914年7月4日判決,大審院刑事判決録20輯1360頁)到"大学汤"案(大審院1925年11月28日判決,最高裁判所民事判例集4巻670頁)的转换表明,《日本民法典》制定之时立法者试图通过为侵权行为设定"权利侵害"要件来限制侵权责任扩张的意图,随着此后社会情势的变迁,需要受到侵权行为法保护的社会利益逐渐增加,使得这些利益不得不往权利构成的方向变化、发展。林良平「不法行為法における相関関係理論の位置づけ」同『近代法における物権と債権の交錯』(有信堂,1989年)267頁;四宮和夫『不法行為』(青林書院,1987年)396頁;前田達明「権利侵害と違法性」山田卓生編『新・現代損害賠償法講座2(権利侵害と被侵害利益)』(日本評論社,1998年)4頁;潮見佳男『不法行為法Ⅰ』(信山社,2009年)63頁等。

[5] 案情如下:本案的被告Y2与Y3并非单纯的竞争对手,而是从与原告X的上一代之间有合同关系的Y1处租借房屋的人。即便如原告X所主张那样,原告X的上一代与被告Y1之间不存在特别约定,原告X与被告Y1之间由于存在与连续的租赁合同相关的诚信上的义务,可以得出被告Y1不能够将带有"大学汤"的老铺租赁给被告Y2和被告Y3这一结论的同时,关于被告Y2和被告Y3,或许可以作为第三者的债权侵害问题进行处理。我妻栄『事務管理・不當利得・不法行為』(日本評論社,1989年)122頁。如果仅考虑被告Y2和被告Y3放置写有"大学汤"看板的行为,现在可能可以通过规制商品等主体混同行为的《日本反不正当竞争法》第2条第1款第1项来进行处理(《日本反不正当竞争法》于1934年制定)。如果原告X想要被告停止营业,关键点在于能否认定构成停止侵害及损害赔偿的要件"经营上的利益",以及如果被告Y2和被告Y3更换看板继续营业,原告X是否仍旧能够要求其停止经营。田村善之「知的財産権と不法行為 -プロセス志向の知的財産法政策学の一様相-」同編『新世代知的財産法政策学の創成』(有斐閣,2008年)6頁。另外,1991年《日本商标法》修订使得澡堂业等服务业的标识能够进行商标注册。田村善之『商標法概説』(弘文堂,2000年)256頁。

大审院认为,《日本民法典》第709条应当做广义的理解,即因故意或过失,通过违反法律法规的行为侵害他人者,应当承担相应的损害赔偿责任。《日本民法典》第709条中规定了"他人的权利"。如果一定要将其中权利的意思解释为某种具体的权利,那么在判断侵权行为时,首先需要费心琢磨究竟什么权利受到侵害,这将导致只顾追求法律观念上的用意而限制了侵权行为的救济。在此基础上,大审院指出:

> 既然本案中老铺构成交易对象,通过违反法律规范的行为阻碍其交易,从而导致他人可得利益的丧失,这种情况与所有权的情形相同,有必要通过侵权行为保护相应的利益。[1]

鉴于此,大审院认定侵权行为成立。大审院认为,《日本民法典》第709条以严格意义上的"权利"受到侵害作为规制前提的同时,应当不构成"权利",但属于"法律所保护的利益"受到侵害时,则应当通过侵权行为法提供保护。可以说,大审院是从将侵权行为理解为"违反法律法规的行为"这一见解出发,进而将侵害"权利"的行为与侵害"法律所保护利益"的行为统一为"违反法律法规的行为"。[2]

然而,遗留问题是,由于竞争者相互间采用的合法竞争行为也可能导致他人销量降低等情况的出现。从判决书来看无法清楚得知究竟在什么情形下有必要对"法律所保护的利益"提供保护,以及何种行为属于"违反法律法规的行为"。[3] 但法院采用灵活解释的态度是很明确的。即如果是法律所保护的利益,即便没有以某种权利的形式被明文规定在法律中,也可能成为侵权行为法的

---

〔1〕 判决书中相关部分:"毫无疑问的是,老铺构成买卖、赠与以及其他交易行为的对象,被上告人等通过违反法律法规的行为导致上告人上一代不能出售该老铺,进而丧失可得利益的事实,与人们想要出售自己的所有物时因第三人的骗术而最终无法出售,所有人因而丧失可得利益的情形没有任何不同。在这种情况下,构成侵害对象的并非所有物老铺本身,而是可得利益。对于这样的利益来说,有必要根据我们一般法律观念上的侵权行为认可损害赔偿请求权对其实施保护。原判决在认为老铺并非权利,其在性质上不能构成侵权行为的侵害对象这点上存在错误,且错误地将老铺理解为上告人所主张的、本案侵权行为侵害的对象。由此来看,本次上告具备合理的理由。"

〔2〕 对此种理论架构的评价,参见広中俊雄『民法解釈方法に関する12講』(有斐閣,1997年)12頁;潮見佳男『不法行為法Ⅰ』(信山社,2009年)64頁等。

〔3〕 田村善之「知的財産権と不法行為－プロセス志向の知的財産法政策学の一様相－」同編『新世代知的財産法政策学の創成』(有斐閣,2008年)5頁。

保护对象。[1] 从这个角度来看，本案与“桃中轩云右卫门”案不同，可以说为知识产权专门法尚未明文规定的利用行为成立侵权行为增加了可行性。

(三)采用限定解释的最高法院判例——“疾速赛马”案

自大审院的“大学汤”案[2]以后，长期没有出现与该论点相关的最高法院判例。直到最近，出现了几件虽然没有完全否定上述“大学汤”案中大审院所采用的观点，但倾向于采用限定解释的最高法院判例。其中一例是涉及物的形象权(the right of publicity)[3]的“疾速赛马”案[4]。

被告是一家以制作和销售游戏软件为业的株式会社，在其制作并销售的游戏软件中擅自使用实际存在的赛马名称。所有或曾经所有本案各赛马的原告以其对具有顾客吸引力的赛马名称拥有独占支配的财产权利(所谓的物的形象权)为理由，要求被告停止制作、销售、出租本案各游戏软件，并要求其赔偿因侵权行为造成的损害。[5]

---

〔1〕 林良平「不法行為法における相関関係理論の位置づけ」同『近代法における物権と債権の交錯』(有信堂，1989年)267頁；四宫和夫『不法行為』(青林書院，1987年)396頁；前田達明「権利侵害と違法性」山田卓生編『新・現代損害賠償法講座2(権利侵害と被侵害利益)』(日本評論社，1998年)4頁；潮見佳男『不法行為法Ⅰ』(信山社，2009年)63頁等。

〔2〕 大審院1925年11月28日判決，最高裁判所民事判例集4巻670頁。

〔3〕 田村善之『不正競争法概説』(有斐閣，2005年)505～541頁；上野達弘「パブリシティ権をめぐる課題と展望」高林龍編『知的財産法制の再構築』(日本評論社，2008年)185～207頁；北村二郎「芸能人の肖像写真が雑誌の記事に利用された場合のパブリシティ権侵害の成否」知的財産法政策学研究25号(2009年)301～343頁；橋谷俊「女性週刊誌『女性自身』に『ピンク・レディー deダイエット』と題する特集記事を組み、ピンク・レディーの白黒写真を無断掲載した行為についてパブリシティ権侵害を否定した事例(1)－ピンク・レディー事件－」知的財産法政策学研究41号(2013年)231～276頁；橋谷俊「女性週刊誌『女性自身』に『ピンク・レディー deダイエット』と題する特集記事を組み、ピンク・レディーの白黒写真を無断掲載した行為についてパブリシティ権侵害を否定した事例(2・完)－ピンク・レディー事件－」知的財産法政策学研究42号(2013年)297～340頁等。

〔4〕 最高裁判所2004年2月23日判決，最高裁判所民事判例集58巻2号311頁。相关判例评释，参见田村善之「競走馬の馬名をゲーム・ソフトに無断利用する行為と物のパブリシティ権侵害の成否」法学教室294号(2004年)21頁；井上由里子「競走馬の名称と『パブリシティ権利』」ジュリスト1291号(2005年)272～273頁；手嶋豊「競走馬の所有者による無断ゲームソフト制作業者への差止め・損害賠償請求」私法判例リマークス(2005年)54～57頁；木村和成「物のパブリシティ権侵害に基づく差止請求・損害賠償請求の可否」法律時報76巻11号(2004年)87～90頁等。

〔5〕 在“疾速赛马”案中，一审法院(名古屋地方裁判所2000年1月9日判决，判例タイムズ1070号233頁)和二审法院(名古屋高等裁判所2001年3月8日判决，判例タイムズ1071号294頁)均肯定了有过GI竞赛出场经验的马的名称(一审)以及有过GI竞赛优胜经验的马的名称(二审)具有顾客吸引力而承认物的形象权的同时，认定了侵权行为的成立。然而，在“德比赛马”案中，基于几乎相同的案情，一审法院(東京地方裁判所2001年8月27日判决，判例時報1758号3頁)和二审法院(東京高等裁判所2002年9月12日判决，判例時報1809号140頁)却以缺乏实体法上的依据为由驳回了请求。

日本最高法院认为，一方面，在现行法律中，关于物在无形层面的使用，如物的名称的使用等，由《日本商标法》、《日本著作权法》以及《日本反不正当竞争法》等知识产权相关的法律，通过对特定范围的人基于一定的要件赋予排他性使用权的形式，对其提供相应的保护。另一方面，为保证使用权的赋予不会对国民的经济活动及文化活动自由造成过度制约，各法律均规定知识产权的产生原因、内容、范围、消灭等，明确排他性使用权所及范围和界限。在此基础上，日本最高法院进一步指出：

> 即便赛马名称等具有顾客吸引力，但在缺乏法律法规等依据的情况下，不应认可赛马所有者使用赛马名称等作为无形层面的排他性使用权。此外，关于未经授权擅自使用赛马名称的行为是否构成侵权行为，在法律法规等尚未明确违法行为的范围、形式等情况下，也无法肯定侵权行为的成立。

鉴于此，日本最高法院否定了基于物的形象权的停止侵害请求以及侵权行为的成立。日本最高法院认为，对物的名称等无形层面的利用行为，著作权法等与知识产权相关的法律在保护相关权利的同时，也对排他性使用权所涉及的范围和界限作出了明确规定，以使其赋予的使用权不至过度制约国民的经济及文化活动自由。因此，即便赛马名称等具备一定的顾客吸引力，但是在缺乏法律法规等依据的情况下，承认赛马所有人对赛马名称享有排他性使用权并不妥当。

如果对本案判决进行严格解读，也可以理解为日本最高法院对通过侵权行为法补充、完善知识产权法保护的做法持否定态度。〔1〕然而，本案调查官濑户口壮夫指出，日本最高法院判决中所表达的观点是在本案中，即便就所有权或物的公开权作出主张，侵权行为也无法成立。实际上并没有完全否认基于与本案不同的事实关系利用赛马名称，经由其他法律构造认定侵权行为成立的可能性。另外，该调查官又指出，基于怎样的事实关系，持怎样立场的人在什么范围内能

〔1〕 木村和成在其论文中批判道："最高法院在'疾速赛马'案中完全否定了未经许可使用赛马名称等构成侵权行为的可能性。"木村和成「物のパブリシティ権侵害に基づく差止請求・損害賠償請求の可否」法律時報76巻11号(2004年)90頁参照。

够认可基于侵权行为的损害赔偿请求权,这些问题留待今后判决以及学说的积累来一一厘清。〔1〕 由此看来,当基于其他的法律构成,而非物的公开权这类新型权利进行主张时,对于赛马名称的利用行为,尚留有认定侵权行为成立的可能。

综上所述,本案中日本最高法院考虑到著作权法等知识产权相关的法律在对权利提供保护的同时,为保障使用权的赋予不会过度限制国民的经济及文化活动自由,明确规定了排他性使用权所及范围和界限,因此采用了严格的态度,认为原则上当知识产权法不提供相应保护时,应当限制通过侵权行为法提供补充保护,但同时指出,存在例外成立侵权行为的可能。

(四)采用限定解释的最高法院判例——“朝鲜电影”案

另一个采用限定解释的典型案例是,围绕朝鲜的作品是否受《日本著作权法》的保护,〔2〕如果不受保护,对该作品的利用行为是否构成侵权行为而展开讨论的“朝鲜电影”案〔3〕。

---

〔1〕 瀬戸口壯夫「判解」『最高裁判所判例解説民事篇平成 16 年度(上)』(法曹会,2007 年)118 ~ 119 頁。

〔2〕 2003 年 4 月 28 日,朝鲜为加入《保护文学和艺术作品伯尔尼公约》(以下简称《伯尔尼公约》)而向世界知识产权组织的事务局长提交申请书,该公约于同年 4 月 28 日对朝鲜产生效力。但是,在朝鲜加入《伯尔尼公约》的时候,日本也没有宣告该条约对朝鲜生效。此外,日本外务省和文部科学省明确表示,日本对朝鲜的作品不承担《伯尔尼公约》上的保护义务。

〔3〕 一审判决(東京地方裁判所 2007 年 12 月 14 日判決,平成 18(ワ)5640)相关的判例评释,参见茶園成樹「北朝鮮の著作物について我が国が保護する義務を負わないと判断された事例」知財管理 58 巻 8 号(2008 年)1099 ~ 1103 頁;横溝大「未承認国家の著作物とベルヌ条約上の保護義務 - 北朝鮮著作物事件 - 」知的財産法政策学研究 21 号(2008 年)263 ~ 277 頁;猪瀬貴道「ベルヌ条約上の日本と北朝鮮との間の権利義務関係が否定された事例」ジュリスト1366 号(2008 年)172 ~ 175 頁;江藤淳一「北朝鮮の著作物にベルヌ条約が及ばないとされた事例」法セ増刊速報判例解説 2 号(2008 年)251 ~ 254 頁等。

此外,二审判决(知的財産高等裁判所 2008 年 12 月 24 日判決,平成 20(ネ)10012)相关的判例评释,参见上野達弘「未承認国の著作物と不法行為 - 北朝鮮事件 - 」速報判例解説 5 号(2009 年)251 ~ 254 頁;上野達弘「未承認国の著作物と不法行為 - 北朝鮮事件 - 」Law & Technology 45 号(2009 年)60 ~ 71 頁;横溝大「未承認国の著作物 - 北朝鮮事件:控訴審 - 」中山信弘 = 大渕哲也 = 小泉直樹 = 田村善之編『著作権判例百選』(有斐閣,2009 年)228 ~ 229 頁;張睿暎「未承認国の著作物と不法行為 - 北朝鮮映画放映事件 - 」著作権研究 36 号(2009 年)182 ~ 198 頁;臼杵英一「多国間条約と未承認国 - ベルヌ条約と北朝鮮 - 」ジュリスト臨時増刊 1376 号(2009 年)321 ~ 323 頁;西口博之「未承認国家の著作権の保護 - 北朝鮮映画判決を読んで - 」コピライト576 号(2009 年)65 ~ 69 頁;濱本正太郎「未承認国家の地位 - ベルヌ条約事件 - 」小寺彰 = 森川幸一 = 西村弓編『国際法判例百選』(有斐閣,2011 年)34 ~ 35 頁等。

另外,与最高法院判决(最高裁判所 2011 年 12 月 8 日判決,最高裁判所民事判例集 65 巻 9 号 3275 頁)相关的判例评释,参见山田真紀「北朝鮮著作権事件」Law & Technology 56 号(2012 年)82 ~ 86 頁;上野達弘「未承認国の著作物と不法行為 - 北朝鮮事件 - 」AIPPI 57 巻 9 号(2012 年)562 ~ 583 頁;小泉直樹此案中，原告为朝鲜文化部下属的行政机关 X2 和从事电影及影像相关业务的日本法人 X1。原告 X1 经原告 X2 的授权，在日本国内对本案朝鲜电影享有独占放映、传播、授权第三方利用的权利。被告在电视新闻节目中播放一个约 6 分钟的专题，该专题为报道朝鲜利用电影对国民进行洗脑教育的情况，内容为担任电影主演的女演员讲述关于本案电影制作状况等的场面并与电影的一部分相结合。在上述专题中，被告未经许可播放共计 2 分 8 秒的电影片段。对此，原告基于著作权请求停止侵害，并通过侵权行为主张损害赔偿。

日本最高法院认为，朝鲜即便与日本同为《伯尔尼公约》的成员，但日本不负有保护朝鲜作品的义务。因此，日本最高法院否定了著作权法的保护。[1] 随后，关于未经许可利用朝鲜电影的行为是否构成一般侵权行为，日本最高法院先

「北朝鮮著作権事件上告審」ジュリスト1437 号(2012 年)6～7 頁；張睿暎「北朝鮮映画放映事件」法セ増刊速報判例解説 11 号(2012 年)237～240 頁；丁文杰「未承認国の著作物の保護範囲(1)－北朝鮮映画放送事件－」知的財産法政策学研究 41 号(2013 年)325～357 頁；丁文杰「未承認国の著作物の保護範囲(2・完)－北朝鮮映画放送事件－」知的財産法政策学研究 42 号(2013 年)395～444 頁等。

〔1〕 日本最高法院认为："一般而言，当未承认国家事后加入已经对日本生效的多边国际条约的情况下，除非根据该条约缔约国承担的义务是具有普遍价值的一般国际法义务，否则不能认为由于未承认国家的加入而直接使日本与未承认国家之间产生该条约上的权利义务关系。日本可以就是否与未承认国家产生该条约上的权利义务关系这一问题拥有选择权。"在此基础上，最高法院指出："就《伯尔尼公约》而言，该公约一方面保护以盟国国民为作者的作品（第 3 条第 1 款第 a 项），而对于以非同盟国国民为作者的作品，只有其作品首次在同盟国发行，或在非同盟国和同盟国同时发行（第 3 条第 1 款第 b 项）等情况下才提供保护。因此，该公约是以国家主体为前提来提供著作权的保护，而并不使同盟国承担具有普遍价值的一般国际法义务。此外，根据上述事实关系，当未承认国家朝鲜加入已经对日本生效的该条约时，并没有发出公告表明该条约已对朝鲜生效，日本外务省和文部科学省也表示，日本没有义务根据该条约保护朝鲜国民的作品。因此，即便未承认国家朝鲜加入该条约，都依然采取不与其建立基于该条约的权利义务关系的立场。考虑到上述情况，日本没有义务根据《伯尔尼公约》第 3 条第 1 款第 a 项保护朝鲜国民的作品。因此，本案各电影都不属于《日本著作权法》第 6 条第 3 项的规定的作品。"

从上述判决判旨来看，最高法院并没有拘泥于过去法院所采取的一元解释，而是提出"伯尔尼公约解释＋α(政府立场)"的"二元解释论"。具体来说，以前的判例就相关问题的处理存在两种不同思路：一是着眼于《伯尔尼公约》相关条文的宗旨来进行判断[東京地方裁判所 2007 年 12 月 14 日判决，平成 18（ワ）5640]；二是着眼于宪法上所规定的内阁权限来进行判断[知的財産高等裁判所 2008 年 12 月 24 日判决，平成 20（ネ）10012；東京地方裁判所 2011 年 9 月 15 日判决，平成 21（行ウ）417]。而最高法院采取将两种思路融合的立场。并且，最高法院判决的特征还在于其并没有着眼于《伯尔尼公约》第 3 条第 1 款的解释和政府立场这两者的相互关系，而是在将《伯尔尼公约》对未承认国家作品的保护义务的问题归结于《伯尔尼公约》第 3 条第 1 款的解释问题的基础上，为根据《伯尔尼公约》的解释得出具体结论，认为有必要考察政府就本国与未承认国家之间有关《伯尔尼公约》上的权利义务关系采取何种立场。具体讨论，参见丁文杰「未承認国の著作物の保護範囲(1)－北朝鮮映画放送事件－」知的財産法政策学研究 41 号(2013 年)325～357 頁。

沿袭了“疾速赛马”案中所提出的一般论，即《日本著作权法》在作品利用方面，在一定的条件下对一定范围内的人，承认其独占性权利的同时，以谋求独占性权利与国民的文化生活自由的协调为宗旨，规定了著作权的发生原因、内容、范围以及消灭等，使独占性权利所涉及的范围、界限变得清晰。日本最高法院指出：

> 《日本著作权法》第6条规定的受保护的作品范围，也符合上述旨趣。当某类作品不属于该条各款规定的作品时，独占利用该作品的权利并不是法律所保护的对象。因此，《日本著作权法》第6条各款所规定范围之外作品的利用行为，除非存在与著作权法所规范的对象利益具有不同旨趣的合法利益受到侵害等特殊事由，否则该利用行为不构成侵权行为。……本案电影不属于《日本著作权法》第6条第3款规定的作品，原告X1所主张的利用本案电影所获得的利益，无非是指该法所规范的、在日本国内独占利用的利益，即便本案播放侵犯了上述利益，也不能被视为构成对原告X1的侵权行为。假设，原告X1的主张也可以解释为，播放妨害了原告X1通过订立本案合同而欲从事的营业活动，由此侵害其营业利益。根据上述事实关系，播放只是在电视新闻节目中以介绍朝鲜的国家现状为目的制作的约6分钟的专题。在实现该目的的合理范围内，从时长2小时的本案电影中截取了共计2分8秒的片段进行播放。如果考虑到上述情况，播放并非脱离了自由竞争的范围，妨碍了原告X1的营业活动，也无法认定对原告X1的上述利益造成违法的侵害。

鉴于此，日本最高法院撤销了判定利用未承认国家作品的行为构成侵权行为并认可损害赔偿请求的原审判决，[1]否定了侵权行为的成立。换言之，对于

[1] “朝鲜电影”案的二审法院[知的財産高等裁判所2008年12月24日判決，平成20(ネ)10012]指出：“作品是人的精神创作物，包含有多种多样的内容，其中在制作过程中需要耗费相当的费用、人力、时间，其本身具有客观的价值，也可以通过经济上的利用行为获得收益。由此看来，即便是不受著作权法保护的作品，也不能说完全不受法律保护。综合考虑被利用作品的客观价值与经济利用价值、利用目的及形态以及利用行为所带来的影响等各类因素，当该利用行为被认为缺乏社会上的应当性时，可以认为其构成侵权行为法上违法行为。”鉴于此，法院认可侵权行为的成立。

未承认国家作品的利用行为与一般侵权行为之间的关系，日本最高法院以著作权法明确规定权利所及范围及界限为由，采用限定解释。即利用不属于《日本著作权法》第6条各款所规定范围内作品的行为，除非存在与著作权法所规范的对象利益具有不同旨趣的合法利益受到侵害等特殊事由，否则该利用行为不构成侵权行为。

然而，本案与“疾速赛马”案的不同之处在于，本案不仅明确表示当存在“特殊事由”时可能肯定侵权行为的成立，并且对何种情况下可能成立侵权行为，也给予一定的启发。具体而言，当存在“与著作权法所规范的对象利益具有不同旨趣的合法利益受到侵害等特殊事由”时，有可能认定侵权行为成立。本案在阐释这一部分的说理上，具有重要意义。[1]

二、日本最高法院判例的范围

在“朝鲜电影”案中日本最高法院所采用的判断标准，与过往的审判案例中下级法院所采用的判断标准的关系，应当如何定位呢？另外，日本最高法院提出的“与著作权法所规范的对象利益具有不同旨趣的合法利益”这一要件论，将为今后的审判实务提供怎样的审判指南呢？接下来，将对此问题进行详细讨论。

（一）与著作权法所规范的对象利益具有不同旨趣的合法利益

担任“朝鲜电影”案调查官的山田真纪引用潮见佳男在《不法行为法Ⅰ》中的评论，对“与著作权法所规范的对象利益具有不同旨趣的合法利益”这一要件论的旨趣说明如下：特别法在决定何种行为构成侵权行为时，需要在特别法的规范对象的范围内，就具有利害关系的当事人的权利及利益、公共利益等进行综合考虑后，再判断哪些行为类型可以构成侵权行为。在这个过程中，侵权行为的类型被最终选择及决定，并不存在规范的欠缺。因此，通过选择一般侵权行为法进行补充保护，原则上是不应被认可的。但是，若存在其他方面法益，乃至产生了预想之外的事态且确实存在规范的欠缺时，可以例外地承认一般侵权行为法的

〔1〕 田村善之「民法の一般不法行為法による著作権法の補完の可能性について」『ライブ講義知的財産法』(弘文堂，2012年)528頁。

补充保护。[1]

诚然,知识产权专门法为保护特定的法益,以民主的方式决定何种行为应属于违法行为,而如果出于保护同样法益的目的,认定知识产权法未作规范的行为构成违法的话,显然超出了法院的职权范围。鉴于此,在知识产权专门法尚未明文规定的情况下,原则上法院应当尊重民主决定,并尽量避免对《日本民法典》第709条的过度适用。但是,如果某种行为可以基于现存知识产权法之外的目的进行规范,且该利用行为并未经过民主决定的判断,那么应当容许法院对此行使自由裁量权,作为例外认可侵权行为的成立。按照这个解释,可以说日本最高法院的要件论能够自圆其说。

接下来,本书将以"朝鲜电影"案中原告X2所主张受到侵害的"独占利用的利益"以及"营业利益"为线索,对日本最高法院判例的范围作进一步具体讨论。

1. 独占利用的利益

从"朝鲜电影"案中确认的事实关系来看,原告X1与原告X2签订电影著作权基本合同,并获得本案各电影在日本国内的独占放映、传播、授权第三方利用的权利。在现行《日本著作权法》以国家承认为前提保护《伯尔尼公约》成员国作品的情况下,如果认定朝鲜作品的独占利用在日本国内受到保护的话,那么等同于对著作权法所规范的对象利益具有相同旨趣的合法利益给予了侵权行为法的保护。从前述"疾速赛马"案[2]的判旨来看,著作权法等知识产权相关的法律在对权利提供保护的同时,为保障使用权的赋予不会过度限制国民的经济及文化活动的自由,明确规定排他性使用权的范围及界限。因此,对著作权法所规范的对象利益,法院在否定著作权法保护的同时,再由侵权行为法进行救济的话,如何调整与著作权法之间的关系将成为难题。

然而,在日本过往的审判实务中,存在对著作权法不提供保护的对象利益进

---

〔1〕 山田真紀「北朝鮮著作権事件」Law & Technology 56号(2012年)86頁。潮见佳男的评论部分,参见潮見佳男『不法行為法Ⅰ』(信山社,2009年)91~94頁。

〔2〕 最高裁判所2004年2月23日判决,最高裁判所民事判例集58巻2号311頁。相关判例评释,参见田村善之「競走馬の馬名をゲーム・ソフトに無断利用する行為と物のパブリシティ権侵害の成否」法学教室294号(2004年)21頁;井上由里子「競走馬の名称と『パブリシティ権利』」ジュリスト1291号(2005年)272~273頁;手嶋豊「競走馬の所有者による無断ゲームソフト制作業者への差止め・損害賠償請求」私法判例リマークス(2005年)54~57頁;木村和成「物のパブリシティ権侵害に基づく差止請求・損害賠償請求の可否」法律時報76巻11号(2004年)87~90頁等。

行救济的案例。例如，在“通勤大学法律课程”案[1]中，被告发行的《通勤大学法律コース》文库系列中3本图书，与面向普通人的法律解说书籍《図解でわかる　債権回収の実際》等3本书在个别论述及整体构成上极其相似。知识产权高等法院撤销了原审判决，[2]对原判决中认定侵害的3处也以“不过是将法条内容或从判决中总结出的、理所当然的内容用常用语言表达出来了而已，不足以称之为具备独创性的表达”为由，认定其不构成著作权侵权。另外，关于被告行为是否构成侵权行为，知识产权高等法院指出：

> 为执笔创作面向普通人的解说，除非在表达等方面独具创意，则越是追求文字平易简单，其成果中的表达就越显平凡，从而难以避免出现达不到著作权法所保护的、具备个性化的表达要求的结果。从原告各个文献中的表达来看，也并非是有独创性的内容。然而，即便构成原告各文献的表达无法受到著作权法的保护，完全不认可故意或过失创作或发行与原告各文献高度相似文献的行为成立侵权行为显然是不合理的。作者通过公开、发行自己创作的文献获得经济上利益，是应当受到法律保护的利益。而依据他人的文献创作、发行其他的文献的行为是具有营利目的的行为，如果从表述本身的相似性或从构成等整体的印象来看，可以被评价为是不正当地利用了他人创作作品牟利时，该行为应当被认定为是超出公平竞争下社会可容许范围的侵权行为。

鉴于此，知识产权高等法院认可了基于侵权行为的损害赔偿请求。本案中，法院没有提到因激励不足而需要侵权行为法提供保护的特殊事由（例如，后面将提到的构筑新闻取材体制、构筑广告体制等），而是仅根据为实现文字的平易化、简单化所花费的心血认定侵权行为的成立。然而，像这样的为平易化、简单化所花费的心血，与著作权法所保护的作品创作活动之间有着密不可分的联系，

---

〔1〕 知的財産高等裁判所2006年3月15日判決，平成17（ネ）10095。相关判例评释，参见山根崇邦「著作権侵害が認められない場合における一般不法行為の成否」知的財産法政策学研究18号（2007年）221～278頁等。

〔2〕 東京地方裁判所2005年5月17日判決，判例時報1950号147頁。

而著作权法正是规定只有当其构成具有独创性表达时才对其进行保护。[1]

因此,考虑"朝鲜电影"案的范围,像"通勤大学法律课程"案一样,与现行著作权法出于相同目的将著作权法未作规定的行为视作违法时,会过度损害行为人的预测可能性,最终可能导致竞争过度受限的结果。

2. 营业利益

"朝鲜电影"案的调查官山田真纪,在其解说中作了如下叙述:

> 本判决是基于本案播放行为的具体情况,认定该行为不构成对原告X2的营业妨碍。关于这一点,如果本案中的播放行为是播放了整部涉案电影,那么是否构成侵权行为尚留有讨论的空间。何种程度的利用行为可以被评价为营业妨碍是另外需要讨论的问题。本判决不过是认定在本案的具体案情下不具有成立侵权行为的可能,而并未对什么情形下才能构成妨碍营业的侵权行为作出指示。[2]

换言之,从该解说来看,日本最高法院将营业利益视为"与著作权法所规范的对象利益具有不同旨趣的合法利益"的典型案例,认为当通过妨碍他人营业而对营业活动上的利益造成侵害时,有可能例外成立侵权行为。

实际上,在日本的审判实务中,同样存在可以被解读为是从营业利益的观点出发,认定知识产权专门法尚未明文规定的利用行为构成一般侵权行为的案例。[3]例如,在"木纹化妆纸"案[4]中,被告将他人制作销售的木纹化妆纸影印复制

---

[1] 田村善之「知的財産権と不法行為－プロセス志向の知的財産法政策学の一様相－」同編『新世代知的財産法政策学の創成』(有斐閣,2008 年)32～47 頁。

[2] 山田真紀「北朝鮮著作権事件」Law & Technology 56 号(2012 年)86 頁。

[3] 東京高等裁判所 1991 年 12 月 17 日判決,知的財産権関係民事・行政裁判例集 23 巻 3 号 808 頁;東京地方裁判所 2001 年 5 月 25 日判決,判例時報 1774 号 132 頁。

[4] 東京高等裁判所 1991 年 12 月 17 日判決,知的財産権関係民事・行政裁判例集 23 巻 3 号 808 頁。基本案情如下:原告绘制了木纹化妆纸的原画,并将其作为原版上色、印刷后进行销售。被告拍摄了原告的产品后制版印刷,生产了木纹化妆纸并进行销售。由此,原告基于《日本著作权法》对被告提起诉讼。一审判决(東京地方裁判所 1990 年 7 月 20 日判決,無体財産権関係民事・行政裁判例集 22 巻 2 号 430 頁)驳回原告的请求。原告在二审阶段追加主张被告的行为构成侵权行为。本案的判例评释,参见田村善之「他人の商品のデッド・コピーと不法行為の成否－木目化粧紙事件－」特許研究 14 号(1992 年)32～43 頁等。

后，制成花纹完全相同的木纹化妆纸并在同一竞争区域里廉价销售。东京高等法院以木纹化妆纸的原画不能被视为纯粹美术为由否定了其构成作品，认为：

> 被告将原告产品的花纹丝毫未变地复制后制作出产品，并在与原告具有竞争性的区域内廉价销售其产品，导致原告难以维持其销售价格。被告的此类行为，显然脱离了交易中公正及自由竞争所能允许的范围，侵害了理应受到法律保护的原告的营业利益，构成侵权行为。

鉴于此，东京高等法院支持了原告基于《日本民法典》第 709 条的损害赔偿请求。

“木纹化妆纸”案，是在《日本反不正当竞争法》中新增第 2 条第 1 款第 3 项之前，认定知识产权专门法尚未明文规定的利用行为构成一般侵权行为的案件。潮见佳男认为，该判决将营业利益或经济活动的利益理解为《日本民法典》第 709 条中所说的“法律所保护的利益”，从不同于知识产权法的角度，将侵害营业利益或经济活动利益的行为视为侵权行为，并由此将利益主体所受到的损害作为赔偿对象予以认定。〔1〕然而，由于竞争行为必然会对他人营业活动造成不利影响，即便提出“自由竞争”或“营业利益”这类抽象的概念，也很难掌握何种类型的竞争行为应属于违法行为。〔2〕例如，即便由于竞争公司的设立导致其他公司的经营难以为继，单凭这一点也无法认定开设竞争公司的行为属于违法行为。此外，从理论上来说，所谓“营业利益”也并非必然属于与知识产权法所规范的对象利益具有不同旨趣的合法利益。例如，《日本反不正当竞争法》第 4 条规定，“因故意或过失实施不正当竞争行为导致他人营业利益受侵害者，对因此所生的损害承担赔偿责任”。此处条文中所提到的“营业利益”，正是知识产权法所规范的对象利益。因此，考察“朝鲜电影”案所提出的“与著作权法所规范的对象利益具有不同旨趣的合法利益”这一要件论的范围时，应当具备能够超越

---

〔1〕 潮見佳男『不法行為法Ⅰ』（信山社，2009 年）92～93 頁。潮见佳男认为，与所有权不同，被称为“营业权”或“营业利益”的权利，并不属于具备外延固定的绝对权或者说具有排他性的权利。因此，受害方所享有的，如营业权、营业利益等保护的必要性，需要通过与加害方的各类权利，如营业自由、工作自由、表达自由、各种劳动基本权等进行利益衡量后才能被确定。

〔2〕 田村善之『不正競争法概説』（有斐閣，2005 年）459 頁。

"自由竞争"或"营业利益"这些抽象概念的、更为具体的论据。[1]

从"木纹化妆纸"案的具体案情来看,该案考虑被告将木纹化妆纸的花纹原样复制(dead copy)后制作出产品,并将其在与原告相竞争的地区廉价销售,由此导致原告产品难以维持其销售价值。但是,即便不存在廉价销售的行为,被告通过对原告产品的原样复制,节约了商品化所需要的时间成本,使得原告由此损失了"市场先行利益"。仅此也足以将被告的行为认定为侵权行为。

当然,在并非原样复制他人商品的情况下,即使盗用思想构思,原则上模仿仍是自由的。而将单纯对思想构思的模仿与原样复制进行区别,并对原样复制的情况进行规制的原因在于,如果放任原样复制的竞争行为,模仿者制作商品并将其投入市场的过程,即商品化所需要的时间、劳动力、费用等都会大大节约,最终导致商品开发的先行者丧失其领先市场所本应享有的利益。由于当时对市场先行利益进行保护的专门立法尚未完成,为保护商品开发所需的激励机制,有必要从知识产权法之外的旨趣出发对原样复制行为进行规范。[2]

作为商品开发的激励因素,"市场先行利益"实际上已经超越知识产权法的保护范围。为保护"市场先行利益",即使基于《日本民法典》第709条的侵权行为对原样复制行为进行规制,由于该利益属于"与知识产权法所规范的对象利益具有不同旨趣的合法利益",并不会构成对知识产权法趣旨的直接规避。值得注意的是,以"木纹化妆纸"案为契机,1993年修订的《日本反不正当竞争法》中新增对商品形态原样复制进行规制的第2条第1款第3项,专门对"市场先行利益"进行保护。至此,"市场先行利益"也成为知识产权法所规范的对象利益。[3]

---

〔1〕 例如,根据是否存在非法占据公司的工厂造成营业妨碍(营业自由或所有权侵害的视角),实施毁损他人信誉的行为(唤起不当需求的视角),实施减价销售以谋求独占当地市场的行为(消除竞争的视角),非法利用他人商业秘密(冒用成果的视角),违反竞业禁止义务从事经营、或拉拢承担竞业禁止义务的员工、或大量拉拢他社员工使之经营困难(债权侵害的视角)等情况,来判断是否违法。

〔2〕 田村善之『知的財産法』(有斐閣,2010年)30~32頁;田村善之「商品形態のデッド・コピー規制の動向」『ライブ講義知的財産法』(弘文堂,2012年)71~78頁等。

〔3〕《日本反不正当竞争法》第2条第1款第3项所规制的是原样复制他人商品形态的行为,其保护期为三年。而经过保护期后,若存在有别于市场先行利益,比如先行者的信誉受损的特殊情形,仍有可能成立侵权行为。山根崇邦「著作権侵害が認められない場合における一般不法行為の成否」知的財産法政策学研究18号(2007年)251~252頁。

（二）与著作权法所规范的对象利益具有不同旨趣的“财产利益”

“与著作权法所规范的对象利益具有不同旨趣的合法利益”这一要件论，应当作何理解？如第二章中所述，一方面，著作财产权是保障国民能够享受文化发展所带来恩惠的必要手段，是为支援《日本国宪法》第13条后半段规定的幸福追求权而设立的权利。此类权利，并不是保障个人自律的人权，而是在能够实现“公共福祉”的范围内提供保护的政策性权利。另一方面，著作权法中也存在将个人享有的自律性决定权作为人权进行保障的权利，如著作人身权。而这类权利，由《日本国宪法》第13条前半段进行保护。换言之，著作权法中采用二元结构，明确区分保障作者财产利益的著作权与保障作者人格利益的著作人格权。例如，《日本著作权法》第60条第1款规定“著作权可被全部或部分转让”，第59条规定“著作人身权专属于作者，不得转让”，将著作权和著作人身权理解为可以分属于不同人的权利。此外，著作权的保护期间，对作者死后人身利益受到侵害的民事请求权的时效（《日本著作权法》第116条）以及刑事处罚刑期的规定（《日本著作权法》第60条、第120条）等均有所不同，在一定程度上补足了二元论。[1] 因此，在分析“朝鲜电影”案中最高法院所提出的“与著作权法所规范的对象利益具有不同旨趣的合法利益”的范围时，有必要将财产利益与人格利益分开讨论。

对与著作权法所规范的对象利益具有不同旨趣的“财产利益”，允许侵权行为法提供补充保护，意味着对他人的行为自由以及经济活动自由进行制约，有必要为此提供正当化根据。而仅凭借著作权法不提供保护的利益具备财产价值，是不足以使广泛限制他人自由的行为变得具有正当性。此时，不得不引入功利主义理论作为限制他人自由的理论基础，即为保障社会层面上成果开发所必要的激励，有必要对一定的“搭便车”行为进行规制。换言之，如果以“为保障产业及文化的发展所必要的激励机制，便可以容许对某种搭便车行为进行规制”这样的法律价值判断为前提，那么只有在放任某种行为将明显导致成果开发的激励严重不足时，才可以认定知识产权专门法尚未规定的利用行为构成一般侵权

---

〔1〕 田村善之『知的財産法』（有斐閣，2010年）502頁参照。

行为。[1]

在日本的审判实务中,为确保社会所需的成果开发的激励机制,而保护与著作权法所规范的对象利益具有不同旨趣的"财产利益"的案例,大致可分为以下两种类型:一是着眼于保护创作投资的案例,二是考虑到新闻取材体制问题的案例。[2]

1. 与创作投资相关的利益

在日本的审判实务中,存在为保障创作投资所必要的激励机制,而认定不符

〔1〕 田村善之『知的財産法』(有斐閣,2010年)7~9頁;田村善之「知的財産法政策学の試み」知的財産法政策学研究20号(2008年)1頁;田村善之「未保護の知的創作物という発想の陥穽について」著作権研究36号(2010年)6~7頁参照。

〔2〕 日本的审判实务中,认定知识产权专门法未作明文规定的利用行为构成一般侵权行为的下级法院判决数量较少。其中,从与具体案情的关系来看,商品等主体混同行为(京都地方裁判所1989年6月15日判決,判例時報1327号123頁;大阪地方裁判所2004年11月9日判決,判例時報1897号103頁),或不正当低价销售[大阪地方裁判所2002年7月25日判決,平成12年(ワ)2452],合同签订过程中的违背诚信行为(東京地方裁判所1988年7月1日判決,判例時報1281号129頁),或是利用职务之便实施竞业活动[大阪地方裁判所1998年3月26日判決,平成5年(ワ)4983]等通过其他法理就可以认定侵权行为成立的案例居多,单纯因利用他人成果的行为被认定侵权行为成立的案例少之又少[東京高等裁判所1991年12月17日判決,知的財産権関係民事・行政裁判例集23巻3号808頁;東京地方裁判所2001年5月25日判決,判例時報1774号132頁;知的財産高等裁判所2005年10月6日判決,平成17(ネ)10049;知的財産高等裁判2006年3月15日判決,平成17(ネ)10095;知的財産高等裁判所2008年12月24日判決,平成20(ネ)10012]。田村善之「知的財産権と不法行為-プロセス志向の知的財産法政策学の一様相-」同編『新世代知的財産法政策学の創成』(有斐閣,2008年)12~25頁;田村善之「知的財産法からみた民法709条-プロセス志向の解釈論の探求-」NBL 936号(2010年)50~52頁等。

此外,针对知识产权专门法未作明文规定的利用行为,从结论上来说否定了侵权行为成立的案例占绝大多数[大阪地方裁判所1983年10月14日判決,無体財産権関係民事・行政裁判例集15巻3号630頁;大阪地方裁判所1995年6月29日判決,平成5(ワ)3653;松江地方裁判所1996年3月13日判決,平成5(ワ)143;広島高等裁判所1997年7月25日判決,平成8(ネ)26;京都地方裁判所1999年12月24日判決,平成10(ワ)2980;名古屋地方裁判所2000年10月18日判決,判例タイムズ1107号293頁;東京地方裁判所2001年9月16日判決,判例時報1804号117頁;東京地方裁判所2002年9月5日判決,平13(ワ)16440;大阪地方裁判所2002年11月28日判決,平成13(ワ)11198;大阪高等裁判所2003年7月29日判決,平成15(ネ)68;東京地方裁判所2003年1月28日判決,判例時報1828号121頁;広島高等裁判所2003年9月16日判決,平成15(ネ)44;東京地方裁判所2003年10月31日判決,判例時報1849号80頁;東京地方裁判所2003年11月28日判決,判例時報1846号90頁;東京高等裁判所2004年3月31日判決,平成16(ネ)39;東京地方裁判所2004年3月24日判決,判例時報1857号108頁;東京地方裁判所2004年3月30日判決,平成15(ワ)285;東京高等裁判所2005年3月29日判決,平成16(ネ)2327;大阪地方裁判所2005年7月12日判決,平成16(ワ)5130;東京地方裁判所2010年6月17日判決,平成21(ワ)27691;東京地方裁判所2011年12月24日判決,平成20(ワ)5534等]。

合作品性要件的智力成果的利用行为构成侵权行为的案例。[1] 例如，在“超级前锋”案[2]中，原告投入5亿日元开发面向汽车维修业者的数据库，并每年花费4000万日元的维护管理费用，而被告大量复制该数据并在竞争地区内进行销售。东京地方法院认为，由于在汽车的选择、数据项目的选择以及数据库的体系构成方面缺乏独创性，该数据库不属于著作权法所保护的作品。另外，关于被告的行为是否构成侵权行为，东京地方法院指出：

> 企业投入费用和劳动力收集整理信息后建成数据库，通过销售数据库来进行其营业活动。在此情况下，被告将该数据库中的数据大量复制后制作成新的数据库，并在与前者数据库具有竞争性的地区内进行销售。根据公正自由的竞争原则，此类行为显然属于采用不公正的手段侵害他人受法律保护的经营活动上利益的行为，构成侵权行为。

鉴于此，根据《日本民法典》第709条肯定了侵权行为的成立。

原则上，数据库若想要受到著作权法的保护，必须在素材的选择或者体系的构成上具有独创性，由任何人创作都可以达到相同效果的表达是不受著作权法保护的（《日本著作权法》第2条第1款第10项之3、第12条之2第1款）。但是，实际上数据库的价值主要体现在其庞大的信息积累上，而信息的收集往往需要较大的投资。由此来看，对数据库提供实质性保护的要求与著作权法的保护

---

〔1〕 東京地方裁判所2001年5月25日判決，判例時報1774号132頁；大阪地方裁判所1989年3月8日判決，無体財産権関係民事・行政裁判例集21巻1号93頁；大阪地方裁判所1997年6月24日判決，判例タイムズ956号267頁；大阪高等裁判所1998年7月17日判決，最高裁判所民事判例集54巻7号2562頁等。其中，在“写植机用文字字体”案中，大阪地方法院指出，关于写植机用文字字体的机械性复制行为，由于创作字体需要耗费大量的劳动力、时间与金钱，在使用字体时需要向字体的制作者支付相应的对价属于惯常做法。在此基础上，法院认为，即便是不具有独创性的字体未经许可使用时，也可以通过适用侵权行为的法理提供保护。大阪地方裁判所1989年3月8日判決，無体財産権関係民事・行政裁判例集21巻1号93頁参照。另外，在“超粗哥特体字体”案中，大阪地方法院也指出，当字体与其他字体相比具有其特有特征时，他人以不正当竞争为目的，将一组字体中包含特征的部分整体性的完全模仿并制作、销售，由于明显破坏了字体市场公正的竞争秩序，根据《日本民法典》第709条的侵权行为，可以请求损害赔偿。大阪地方裁判所1997年6月24日判決，判例タイムズ956号267頁参照。

〔2〕 東京地方裁判所2001年5月25日判決，判例時報1774号132頁。相关日文文献，参见蘆立順美「創作性のないデータベースからのデータの流用に対する不法行為の成立」コピライト486号（2001年）25頁；平嶋竜太「『車両データベース事件』について」AIPPI 47巻9号（2002年）598頁。

之间存在分歧。[1] 此外,就经过大量投资开发出来的数据库而言,如果不对他人的"搭便车"行为加以限制,无疑会对开发投资数据库的激励机制造成负面影响。鉴于此,考虑到数据库开发对于社会的有益性,若因为他人的"搭便车"行为,导致数据库的开发不能或难以实现,在此情况下,有必要对数据库予以一定的法律保护。[2]

综上所述,从减少投资阻碍的观点来看,在投资回收所需要的一定期间内,即使通过侵权行为法对竞争行为进行必要的限制,但由于对创作投资的保护属于对"与著作权法所规范的对象利益具有不同旨趣的合法利益"的保护,该限制并不会导致脱离著作权法旨趣的后果。

2. 与构筑新闻取材体制相关的利益

在日本的审判实务中,还有为保障新闻取材的体制,而认定对不符合作品性要件的新闻标题的利用行为构成侵权行为的案例。例如,在"新闻标题"案[3]中,以发行日刊新闻为业的原告在其运营的网站上登载25字以内的新闻报道标题,被告使用上述新闻标题提供服务。知识产权高等法院认为,原告的新闻标题属于极为普通的表达而不具备独创性,因此不构成作品。但是,毫无疑问的是,有价值的信息不可能在不耗费任何劳动力的情况下便理所当然地出现在互联网中,而正是由于存在收集、处理信息并将信息公开在网上的群体,才使得互联网上汇集了大量的信息资源。并且,像新闻报道这类信息,需要原告等媒体机构花费大量的劳动力、金钱,通过每日进行撰稿、编辑、拟定标题等一系列活动,才能成为网络中有用的信息。知识产权高等法院认为:

本案中新闻标题是原告作为媒体机构花费了巨大的劳动力、物力,经一系列过程才取得的成果。尽管无法受到著作权法的保护,但其制作过程中耗费相应的辛劳,通过简洁的语言表达,使消费者能够对其报道的新闻事件的概要有一定程度的了解。从这个角度来看,原告的新

---

[1] 田村善之『著作権法概説』(有斐閣,2001年)27頁;山根崇邦「著作権侵害が認められない場合における一般不法行為の成否」知的財産法政策学研究18号(2007年)255頁参照。

[2] 蘆立順美「データベースの保護」著作権研究36号(2010年)79頁。

[3] 知的財産高等裁判所2005年10月6日判决,平成17(ネ)10049。

> 闻标题本身具有单独作为收费对象的独立价值，因此，应当认为新闻标题属于值得法律保护的利益。另外，被告未经原告许可，以营利为目的，在原告的新闻标题拟定后不久，或者说是在新闻时效性较强的时期，通过对新闻标题以及新闻报道内容完全复制或实质性复制的方式无须花费大量劳动力便制成标题链接，并且不仅将链接登载其自家主页的板块中，还登载在2万多用户登录的主页上。上述被告所提供的服务，与原告所从事的新闻标题相关的业务存在竞争关系。

鉴于此，知识产权高等法院认定被告的行为侵害了原告受法律保护的利益，构成侵权行为。[1]

对于本案判决，存在大量批判的声音。例如，茶园成树在其判例评释中提出了如下质疑：该案中被告未经许可利用的新闻标题数目为1日7个左右，比例较低。法院在没有考虑被告复制的内容占原告刊载内容比例的情况下，就贸然认定侵权行为的成立。同时，法院没有严格讨论市场竞合性，而单凭对方的服务与先行者的业务存在竞争关系便作出判断。[2] 另外，芦立顺美在其判例评释中也指出：关于网络上提供新闻标题的行为，由于原告是无偿提供该服务的，无法认定这是原告预期能够回收投资的市场，因此不应当对其给予保护。即便假设原告通过收取广告费用来达到回收投资的目的，在广告收入的市场中，想要判断是否存在直接竞争关系，有必要对被告的新闻标题是否与原告的主页具有相同功能及目的进行判断。而根据本案的案情，很难在这点上作出肯定的判断。[3]

上述批判均以对新闻标题的复制行为、竞争关系的有无等被告的利用行为为焦点展开讨论。然而，本案中的决定性因素是隐藏在新闻发布行为之中的、对报道机构的取材体制的保护。换言之，原告作为新闻机构，为构筑能够实时发布

---

〔1〕 一审（東京地方裁判所2004年3月24日判決，判例時報1857号108頁）认为，被告在网络上利用不受著作权法保护的新闻标题的行为是自由、不受限制的，因此驳回原告基于侵权行为的损害赔偿请求。

〔2〕 茶園成樹「記事見出しの著作物性とその利用による不法行為の成否」知財管理56巻7号（2006年）1067～1068頁参照。

〔3〕 蘆立順美「新聞記事見出しの著作物性と見出しの利用に対する不法行為の成否」コピライト521号（2004年）63頁。

新闻标题的体制投入巨大的资金。如果容许被告在新闻尚有价值的时候复制新闻标题并进行发布,将明显对构筑新闻取材体制的激励造成过度阻碍。此外,对构筑新闻取材体制的投资,与著作权法所保护的作品创作是分别独立存在的。[1] 因此,为使构筑取材体制吸引必要的投资,即便根据《日本民法典》第709条侵权行为对一定范围内的竞争行为进行规制,由于其保护对象不同于著作权法所规范的对象利益,与著作权法不对新闻标题提供保护之间并不冲突。

(三)与著作权法所规范的对象利益具有不同旨趣的“人格利益”

对与著作权法所规范的对象利益具有不同旨趣的“人格利益”,允许侵权行为法提供补充保护,同样意味着对他人的行为自由以及经济活动的自由进行制约。但是,与著作权法所规范的对象利益具有不同旨趣的“财产利益”不同,作为限制他人行为自由的正当化根据,基本人权之一的人格权理论显然更具说服力,[2]因此没有必要特意提出功利主义理论。而且,对与著作权法所规范的对象利益具有不同旨趣的“人格利益”提供侵权行为法的补充保护,有必要与作为对抗原理的表达自由进行利益衡量。

1. 著作权法规范的人格利益

为考察“朝鲜电影”案中日本最高法院提出的“与著作权法所规范的对象利益具有不同旨趣的合法利益”这一要件论的范围,需要明确著作权法所保护的著作人身权是何种人格利益。接下来,将对著作权法规范的人格利益作简单阐述。

著作人身权是指,保护作者对其创作的作品所享有的人格利益的权利,包含发表权(《日本著作权法》第18条),署名权(《日本著作权法》第19条),同一性

---

〔1〕 田村善之「知的財産権と不法行為－プロセス志向の知的財産法政策学の一様相－」同編『新世代知的財産法政策学の創成』(有斐閣,2008年)28～29頁;田村善之「知的財産法からみた民法709条－プロセス志向の解釈論の探求－」NBL 936号(2010年)52頁;田村善之「民法の一般不法行為法による著作権法の補完の可能性について」コピライト51号(2011年)31～34、41～42頁;山根崇邦「著作権侵害が認められない場合における一般不法行為の成否」知的財産法政策学研究18号(2007年)257頁。

〔2〕 五十岚清认为,所谓人格权是指,“主要以生命、身体、健康、自由、名誉、隐私等人格属性为对象,为保障其自由发展,必须保护其不受第三方侵害的各类利益的总体”。五十嵐清『人格権法概説』(有斐閣,2003年)10頁。与之相对,潮见佳男认为,“所谓人格权是指,由人的尊严衍生,以保障人格自由发展以及个人的自律性决定为目的的同时,保障私人领域的平稳安定的权利”。潮見佳男『不法行為法Ⅰ』(信山社,2009年)194頁。

保持权(《日本著作权法》第20条),禁止以损害作者名誉、声望的方式利用作品的行为的权利(《日本著作权法》第113条第6款)等。著作人身权是民法上一般人格权具体化的产物,其保护的法益是“作品中所体现的作者的人格利益”。[1] 这与规定著作人身权作为一身专属于作者的权利、由作者决定是否行使权利的现行法体系相适应。[2]

此外,民法上的一般人格权保障的是私人领域的人格利益,其以《日本国宪法》第13条为基础。《日本国宪法》第13条规定:“全体国民均作为个体受到尊重。有关生命、自由以及追求幸福的国民权利,只要不违反公共福祉,在立法以及其他国政中应当受到最大程度的尊重。”在日本的审判实务中,往往根据《日本国宪法》第13条承认新的人格权。[3] 例如,与名誉权相关的“北方日报”案[4]中,日本最高法院指出:“当表达行为侵害他人名誉时,作为人格权的个人名誉的保护(《日本国宪法》第13条)与表达自由的保障(《日本国宪法》第21条)之间相互冲突。”另外,与姓名权相关的“在日韩国人姓名”案[5]中,日本最高法院同样提及,“姓名是人作为个体受到尊重的基础,是个人人格的象征,是构成人格权的一部分”。

然而,在考察日本最高法院判例中提出的“与著作权法所规范的对象利益具有不同旨趣的合法利益”这一要件论的范围时,对著作人身权与民法中的人格权性质是否相同,或著作人身权是否源自《日本国宪法》第13条这些问题的

---

〔1〕 斉藤博『人格権法の研究』(一粒社,1979年)232頁参照。关于著作人身权,日本的学说中,有认为其与自然人所享有的一般人格权本质上具有相同性质的观点,即同质说[斉藤博『著作権法』(有斐閣,2007年)143頁;斉藤博「著作者人格権の理論的課題」民商法雑誌116巻6号(1997年)818頁参照],以及认为其本质上是不同性质的权利,是著作权法特别制定的权利,即异质说[半田正夫『著作権法概説』(法学書院,2015年)123~124頁;三浦正広「著作者人格権の法的性質に関する一考察－一般的人格権と個別的人格権の二重構造論－」岡山商大法学論叢7号(1999年)75頁参照]两种对立的观点。还出现认为“著作人身权中同时包含了与一般人格权相同的内容以及有著作权法进行特殊规定的部分。前者无法被舍弃的同时,其他的部分可以被相应放弃这种相对灵活、柔软的解释也有可能成立”的介于同质说与异质说之间的观点[中山信弘『著作権法』(有斐閣,2007年)362頁参照]。

〔2〕 田村善之『著作権法概説』(有斐閣,2001年)404頁。

〔3〕 五十嵐清『人格権法概説』(有斐閣,2003年)14~18頁参照。

〔4〕 最高裁判所1986年6月11日判決,最高裁判所民事判例集40巻4号872頁。

〔5〕 最高裁判所1988年2月16日判決,最高裁判所民事判例集42巻2号27頁。

讨论是没有必要的。从“朝鲜电影”案[1]之后出现的“粉红女郎”案[2]来看,日本最高法院对“禁止他人擅自将自身肖像等与商品相结合的人格利益”这一不属于知识产权法领域的人格利益,认可了其法律上的保护。由此可见,所谓与著作权法所规范的对象利益具有不同旨趣的“人格利益”,可以理解为是与著作人身权的规范对象——作品中所体现的作者的人格利益,所不同的利益。

2. 禁止他人擅自将本人肖像等与商品相结合的人格利益

接下来,就承认形象权(the right of publicity)是人格权衍生权利的“粉红女郎”案[3]进行分析。

此案中,原告是双人组合粉红女郎的成员,针对被告擅自将粉红女郎作为拍摄对象的照片登载于周刊杂志上的行为,主张排他利用其肖像所拥有的顾客吸引力的权利(形象权)受到侵害,并根据《日本民法典》第709条请求侵权行为损害赔偿。[4]

日本最高法院认为,人的姓名、肖像等(以下合称肖像等)是个人人格的象征,而作为人格权的衍生产物,个人享有其肖像等不被随意利用的权利。而且,肖像等具有促进商品销售的顾客吸引力,此种排他性利用顾客吸引力的权利(以下简称形象权),是基于肖像等自身的商业价值产生的权利。因此,能够构成上述人格权所衍生权利的一部分。日本最高法院指出:

> 肖像等具有顾客吸引力的公众人物聚集着社会的关注,有时也会将其肖像等用于时事报道、评论以及创作物等,因此存在将其作为正当表达行为而应予以容忍的情形。在此基础上,提出了一般性原则,即未经许可擅自利用肖像等的行为,属于专门以利用肖像等所拥有的顾客吸引力为目的的情形,例如(1)将肖像等本身作为可供欣赏

〔1〕 最高裁判所2011年12月8日判決,最高裁判所民事判例集65巻9号3275頁。

〔2〕 最高裁判所2012年2月2日判決,判例時報2143号72頁。

〔3〕 相关日文文献,参见田村善之「パブリシティ権侵害の要件論考察－ピンク・レディー事件最高裁判決の意義－」法律時報84巻4号(2012年)1頁;内藤篤「『残念な判決』としてのピンク・レディー最高裁判決」NBL 976号(2012年)17頁等。

〔4〕 一审(東京地方裁判所2008年2月2日判決,判例時報2023号152頁)和二审(知的財産高等裁判所2009年8月27日判決,判例時報2060号137頁)中,法院认为,被告未经原告许可将涉案照片刊载在周刊杂志上的行为,没有侵害形象权,不构成侵权行为法上的违法。因此,驳回原告的全部请求。

> 的商品独立使用；(2)出于使商品差异化的目的，将肖像等贴在商品上；(3)将肖像等用于商品广告等，应当以侵害形象权为由，认定其构成侵权行为法上的违法行为。……根据上述事实关系，本案报道的内容并不是介绍粉红女郎本身，而是介绍前一年秋季流行的粉红女郎歌曲、编舞的减肥方法，以其效果为标题，通过插图和文字对其进行解说，同时介绍艺人小时候模仿粉红女郎歌曲编舞的回忆等。此外，本案报道中使用的各照片仅在大约200页的整本杂志的3页中使用，而且都是黑白照片，大小约为长2.8厘米、宽3.6厘米以及长8厘米、宽10厘米。根据以上情况，本案各照片主要是为解说使用上述编舞的减肥方法，并附带介绍小时候模仿上述编舞的艺人的回忆等，以唤起读者的记忆，即以补充本案报道的内容为目的而使用的。

鉴于此，日本最高法院认为，被告擅自将本案照片刊登在杂志上的行为，并不完全是为利用粉红女郎肖像所拥有的顾客吸引力，因此并不能认定为侵权责任法上的违法行为。

换言之，日本最高法院认为，排他性利用姓名、肖像等所具有的顾客吸引力的形象权，是人格权中衍生的权利。在此基础上，当未经许可擅自利用肖像等行为满足“专门以利用肖像等所拥有的顾客吸引力为目的”的条件时，应当以侵害形象权为由，认定其构成侵权行为法上的违法行为。

可见，“粉红女郎”案〔1〕在法律未对违法行为的范围及类型作出明确规定的情况下便以判例的形式创设了形象权，与采用持严格态度的“疾速赛马”案〔2〕之间存在相容性问题。〔3〕 理由在于，“疾速赛马”案中日本最高法院判定，即便赛马的名称等具有顾客吸引力，也无法在缺乏法律依据的前提下承认排他性的使用权。因为，在日本最高法院看来，关于自然人的姓名、肖像等所具有的财产

---

〔1〕 最高裁判所2012年2月2日判决，判例時報2143号72頁。

〔2〕 最高裁判所2004年2月23日判决，最高裁判所民事判例集58卷2号311頁。

〔3〕 島並良「一般不法行為法と知的財産法」法学教室380号(2012年)151頁参照。

价值,难以作为实体法上未作规定的形象权受到认可。[1] 此外,承认对形象权的保护,意味着限制了他人利用姓名、肖像等的行为自由以及经济活动自由,为使得这样的限制有所依凭,有必要探寻区别于财产权的其他法律依据。[2]

归根结底,如果考虑前述有关物的形象权的"疾速赛马"案的范围,可以得出的结论是,人的形象权若有据可凭,只能采用人格权构成的理论,即人对自己的肖像等不被他人擅自利用,享有受法律保护的人格利益。[3] 因为,人对于自己的肖像等在未经许可的情况下,通过被用于广告使用或被商品化的形式与特定商品相联系,会产生精神上的愤怒、困惑以及痛苦,基于这些情感才产生应当受到保护的人格利益。[4] 这些利益是"禁止他人擅自将肖像等与商品相结合的人格利益",由于该利益与知识产权法分属于不同领域,对该利益的保护并不直接脱离知识产权法的旨趣。此外,考虑人格利益的保护而对他人的利用行为进行一定的限制,并不构成对行为自由或经济活动自由的不当限制。[5]

---

〔1〕 設楽隆一「パブリシティの権利」牧野利秋 = 飯村敏明編『新・裁判実務体系22 著作権関係訴訟法』(青林書院,2004 年)552 頁;宮脇正晴「パブリシティ権・不正競争防止法への招待」法学セミナー692 号(2012 年)12 ~ 13 頁参照。

〔2〕 日本的审判实务中,将形象权的法律性质理解为财产权的案例包括:東京地方裁判所 1989 年 9 月 27 日判決,判例時報 1326 号 137 頁;東京高等裁判所 1991 年 9 月 26 日判決,判例時報 1400 号 3 頁;横山地方裁判所 1992 年 6 月 4 日判決,判例時報 1434 号 116 頁;東京地方裁判所 1998 年 1 月 21 日判決,判例時報 1644 号 141 頁;東京高等裁判所 1999 年 2 月 24 日判決,平成 10 年(ネ)673;名古屋地方裁判所 2001 年 1 月 19 日判決,判例タイムズ1070 号 233 頁;名古屋高等裁判所 2001 年 3 月 8 日判決,判例タイムズ1071 号 294 頁;東京地方裁判所 2004 年 7 月 14 日判決,判例時報 1879 号 71 頁;東京地方裁判所 2005 年 3 月 31 日判決,判例タイムズ1189 号 267 頁;東京高等裁判所 2006 年 4 月 26 日判決,判例時報 1954 号 47 頁等。

〔3〕 橋谷俊「女性週刊誌『女性自身』に『ピンク・レディー deダイエット』と題する特集記事を組み、ピンク・レディーの白黒写真を無断掲載した行為についてパブリシティ権侵害を否定した事例(2・完) - ピンク・レディー事件 - 」知的財産法政策学研究 42 号(2013 年)316 頁参照。

〔4〕 田村善之『不正競争法概説』(有斐閣,2005 年)506 ~ 507 頁;田村善之「パブリシティ権侵害の要件論考察 - ピンク・レディー事件最高裁判決の意義 - 」法律時報 84 巻 4 号(2012 年)4 頁参照。

〔5〕 日本的审判实务中,将形象权的法律性质理解为人格权的案例包括:東京地方裁判所 1990 年 12 月 21 日判決,判例タイムズ772 号 253 頁;東京地方裁判所 2001 年 8 月 27 日判決,判例時報 1758 号 3 頁;東京高等裁判所 2002 年 9 月 12 日判決,判例時報 1809 号 140 頁;東京地方裁判所 2005 年 6 月 14 日判決,判例時報 1917 年 135 頁;東京地方裁判所 2005 年 8 月 31 日判決,判例タイムズ1208 号 247 頁;東京地方裁判所 2006 年 8 月 1 日判決,判例時報 1957 号 116 頁;知的財産高等裁判所 2008 年 2 月 25 日判決,平成 18(ネ)10072;東京地方裁判所 2008 年 7 月 4 日判決,判例時報 2023 号 152 頁;東京地方裁判所 2008 年 12 月 24 日判決,判例タイムズ1298 号 204 頁;知的財産高等裁判所 2009 年 8 月 27 日判決,判例時報 2060 号 137 頁;東京地方裁判所 2010 年 4 月 28 日判決,平成 21(ワ)12902;東京地方裁判所 2010 年 10 月 21 日判決,平成 21(ワ)4331;京都地方裁判所 2011 年 10 月 28 日判決,平成 23 年(ネ)3493 等。

从这个角度来说,在“粉红女郎”案中,针对“专门以利用肖像等所拥有的顾客吸引力为目的”的情况,日本最高法院列举了三种类型:一是演员画报、偶像写真等,将肖像等本身作为可供欣赏的商品独立使用的情况;二是人物形象商品等,出于使商品差异化的目的,将肖像等贴在商品上的情况;三是将肖像等用于商品广告的情况。其旨趣在于,将形象权作为衍生自人格权的权利,在直接认可其法律上权利性的同时,为防止对他人的行为自由及经济活动自由产生负面的影响,尽可能地限定了构成侵权的行为类型。〔1〕

此外,该案法官金筑诚志在补充意见中也列举了以下三点理由,指出应当尽可能就构成形象权侵害的范围进行限定:其一,“具有顾客吸引力的名人,包括出于对容易产生公开权问题的艺人和体育选手的一种娱乐层面的关心,在各种意义上都可以成为社会正当关心的对象,不应当过度限制对其人物形象、活动状况等的介绍、报道、评论等行为”;其二,“日本没有规定公开权的法律法规,可将其理解为自人格权衍生而来的权利”;其三,“侵害公开权造成的损害属于经济上的损失损害,至于使用姓名、肖像等的行为一旦达到毁损名誉或侵犯隐私的程度,也可以给予个别的救济”。

综上所述,日本最高法院在“粉红女郎”案中并未推翻“疾速赛马”案的立场。

3. 作者通过作品向公众传达其思想、意见等的人格利益

在日本的审判实务中,存在认可“作者通过作品向公众传达其思想、意见等的人格利益”这一本不属于著作人身权的人格利益受到法律保护的案例。例如,在“船桥市立图书馆”案〔2〕中,在船桥市西图书馆担任图书管理员的工作人

---

〔1〕 中島基至「判解」Law & Technology 56 号(2012 年)72 頁参照。

〔2〕 最高裁判所 2005 年 7 月 14 日判决,最高裁判所民事判例集 59 卷 6 号 159 頁。“船桥市立图书馆”案的判例评释,参见竹田稔「『公立図書館職員による蔵書除籍・廃棄事件』最高裁判決」コピライト 536 号(2005 年)32 ~ 35 頁;松田浩「公立図書館の不公正な蔵書廃棄と著作者の表現の自由」法学セミナー 612 号(2005 年)124 頁;山崎友也「公立図書館職員による蔵書廃棄と表現の自由」法学教室 306 号別冊付録判例セレクト2005(2006 年)9 頁;中川律「公立図書館での司書による蔵書廃棄と著者の表現の自由 – 船橋市西図書館蔵書廃棄事件最高裁判決 – 」季刊教育法 149 号(2006 年)77 頁;中林暁生「公立図書館による図書廃棄と著作者の表現の自由」ジュリスト1313 号(2006 年)17 頁;山本順一「船橋市立図書館蔵書廃棄事件最高裁差戻し判決の意義」早稲田法学 81 巻 3 号(2006 年)55 ~ 79 頁;斉藤博「公立図書館の職員が図書の廃棄について不公正な取扱いをすることと当該図書の著作者の人格的利益の侵害による国家賠償法上の違法」民商法雑誌 135 巻 1 号(2006 年)169 ~ 179 頁等。

员，出于对原告和其追随者以及对其著作的消极评价和反感，收集该图书馆的藏书中原告所写或者编辑的相关书籍共计 107 册后，尽管不符合除籍标准中的“除籍对象资料”规定，仍然从电脑上的藏书列表中作出除籍处理，并予以废弃。原告主张由于本案废弃行为，作者的人格利益受到侵害，并进一步遭受精神上的痛苦，根据《日本国家赔偿法》第 1 条第 1 款的规定，要求被告支付精神抚慰金。[1]

日本最高法院指出：

> 公立图书馆的工作人员以作者的思想及信仰为由，通过不公正的处理方式废弃供公众查阅的图书，无疑不正当地损害了该作者通过其作品向公众传达其思想、意见等的利益。并且，鉴于作者的思想自由与表达自由是受宪法保障的基本人权，该作品在公立图书馆公开供阅览的作者所享有的上述利益，应解释为值得法律保护的人格利益。公立图书馆的工作人员作为公务员，其废弃图书的行为违反基本职务中的义务，凭借对作者或作品的独断评价以及个人喜好，对公开供阅读的作品采取不公正的处理方式，侵害了该图书作者的上述人格利益，应认定为《日本国家赔偿法》上的违法行为。

日本最高法院认为，公立图书馆是为居民提供图书馆资料，同时供阅览的图书作者向公众传达其思想、意见等的公共场所。在公立图书馆公开供阅览的作者所享有的“通过作品向公众传达思想、意见等的人格利益”属于值得受法律保护的人格利益。公立图书馆的工作人员作为公务员，其废弃图书的行为违反基本职务中的义务，凭借对作者或作品的独断评价以及个人喜好，对公开供阅读的作品采取不公正的处理方式，侵害了图书作者的人格利益。[2]

---

[1] 《日本国家赔偿法》第 1 条第 1 款规定：“国家或公共团体的公务员在履行职务过程中，因故意或过失的违法行为导致他人遭受损害的，国家或公共团体对此承担赔偿责任。”

[2] 此处并不是说要无限制地保护作者的“向公众传递思想、意见等的利益”。如果同样的书籍，是基于废弃标准等被废弃的，由于存在正当理由，不构成“利益”侵害。而在本案中，供人阅览的书籍以“不公正的处理方式”被废弃，因此构成对作者利益的侵害。斉藤博「公立図書館の職員が図書の廃棄について不公正な取扱いをすることと当該図書の著作者の人格的利益の侵害による国家賠償法上の違法」民商法雑誌 135 巻 1 号(2006 年)175 頁参照。

本案中日本最高法院所提到的“作者通过作品向公众传达其思想、意见等的人格利益”是指，作者通过放置在公立图书馆中公开供阅览的作品所获得的利益，不属于对作品享有的名誉、声望等人格利益，也不是与创作行为同时产生的利益。换言之，在本案中受到侵害的利益并非是作为著作权法规范的著作人身权中对作品享有的名誉等利益，而是通过作品在公立图书馆中供人阅览的事实所取得的、保障作者思想和表达自由的人格利益，是区别于著作权法领域的人格利益。[1]

严格来讲，“船桥市立图书馆”案[2]并非是针对知识产权专门法尚未规定的利用行为，基于《日本民法典》第709条成立侵权行为的案件。但本案表明，当与著作权法所规范的对象利益具有不同旨趣的“人格利益”受到侵害时，可以允许通过其他法律进行补充保护。

4. 民法上的名誉及名誉感情

从山田调查官对“朝鲜电影”案的解释来看，关于与著作权法所规范的对象利益具有不同旨趣的“人格利益”，除前述“船桥市立图书馆”案中日本最高法院所指出的“作者通过作品向公众传达其思想、意见等的利益”以外，还包括“名誉”。[3] 此处，山田调查官所说的“名誉”究竟应当作何理解？

实际上，《日本著作权法》第113条第6款规定：“以侵害作者名誉或声望的方式利用作品的行为视为侵犯著作人身权的行为”。此处，所谓对名誉或声望的侵害是指作者在社会上的名誉受损，即导致公众对作者评价下降的行为。[4] 另外，如果将没有损害作品同一性的行为同样视为侵害著作人身权的行为，那么

---

〔1〕 从“船桥市立图书馆”案的调查官松並重雄的解说来看，本判决肯定了图书被放置在公立图书馆中供人阅览的作者传递思想、意见等的利益，当图书馆工作人员违反其基本义务，根据独断的评价或个人的喜好，以不公正的处理方式废弃藏书时，法院认可了对图书作者上述利益提供救济。但是，一般来说，作者不能够以上述利益受到侵害为由，影响、介入公立图书馆对图书的选择、排列、废弃等，本案范围不应当被放大。同时，私立图书馆等也不在本判决范围内。松並重雄「判解」『最高裁判所判例解説民事篇平成17年度(下)』(法曹会,2008年)415~416頁。

〔2〕 最高裁判所2005年7月14日判决，最高裁判所民事判例集59巻6号159頁。

〔3〕 山田真紀「北朝鮮著作権事件」Law & Technology 56号(2012年)86頁；上野達弘「未承認国の著作物と不法行為－北朝鮮事件－」AIPPI 57巻9号(2012年)578頁。

〔4〕 田村善之『著作権法概説』(有斐閣,2001年)452頁；中山信弘『著作権法』(有斐閣,2007年)407頁；加戸守行『著作権法逐条講義』(著作権情報センター,2013年)756頁；上野達弘「著作物の論評における名誉毀損と著作者人格権」知財管理54巻1号(2004年)85頁；小泉直樹「著作者人格権」民商法雑誌116巻4＝5号(1997年)602頁；村越啓悦「著作者人格権等の侵害に対する救済」牧野利秋＝飯村敏明編『新・裁判実務体系22 著作権関係訴訟法』(青林書院,2004年)602頁参照。

由于缺乏明确的行为准则,对作品利用者来说,容易因无法预测而受到损害。因此,单纯的损毁名誉感情的行为,不属于《日本著作权法》第 113 条第 6 款的保护范畴。[1] 该条款不同于民法上对作者名誉权的保护,其旨趣是从作品利用行为的侧面出发,实质性地保护作者保有其名誉或声望的权利。由此来看,判断该条款所规定的侵害著作人身权行为的成立与否,应当着眼于他人利用作品行为的具体形态,从社会整体的角度来考虑该利用行为是否存在侵害作者名誉或声望的危险。[2]

如此说来,山田调查官在"朝鲜电影"案的解释中所提到的"名誉"是指,《日本著作权法》第 113 条第 6 款所保护的"与作品利用行为相关的作者的社会名誉"之外的"名誉",即民法中的名誉以及名誉情感。

《日本民法典》第 710 条以及第 723 条明确规定,"名誉"受到侵权行为法的保护。[3] 因此,以往的判例以上述规定为依据为名誉提供保护。以"选举对策委员委托函"案[4]为例,该案的争议焦点在于,作为市场选举活动的环节,被告向推荐竞争候选人的对立政党的党员发送了以该竞争候选人担任被告所属政党选举对策委员为内容的文件,这一行为是否对竞争候选人的名誉造成损害,是否构成侵权行为。日本最高法院认为,"所谓名誉是指,人的品性、德行、名声、信用等人格价值在社会中受到的客观评价,即社会上的名誉,而人们对自己人格价值的主观评价,即名誉感情并不包含在内"。此处将名誉与名誉情感作区分的意义在于,作为金钱赔偿原则(《日本民法典》第 722 条第 1 款)的例外,针对名誉损害行为,法律规定了名誉恢复处分(《日本民法典》第 723 条)的救济方式,规定名誉恢复处分并非为给予受害人主观上的满足,而是试图恢复那些单凭金

---

[1] 田村善之『著作権法概説』(有斐閣,2001 年)452 頁参照。

[2] 東京高等裁判所 2002 年 11 月 27 日判决,判例時報 1814 号 140 頁。"古河市兵卫的生涯"案的判例评释,参见上野達弘「著作物の論評における名誉毀損と著作者人格権 –『運鈍根の男』事件 –」知財管理 54 巻 1 号(2004 年)79 頁;松川実「著作者人格権侵害と名誉毀損」野村豊弘 = 牧野利秋編『現代社会と著作権法(斉藤博先生御退職記念論集)』(弘文堂,2008 年)144 頁;松川実「名誉声望を害する利用」中山信弘 = 大渕哲也 = 小泉直樹 = 田村善之編『著作権判例百選』(有斐閣,2009 年)176 頁等。

[3] 《日本民法典》第 710 条规定:"侵害他人身体、自由或名誉之情形,或侵害他人财产权之情形,不问何种情形,依前条规定负损害赔偿责任者,对财产以外之损害,亦应赔偿。"而第 723 条规定:"对损害他人名誉者,法院得依被害人之请求,代替损害赔偿,或与损害赔偿一同,就恢复名誉而命令适当之处分。"

[4] 最高裁判所 1970 年 12 月 18 日判决,最高裁判所民事判例集 24 巻 13 号 2151 頁。

钱上的损害赔偿所无法弥补的、社会上的客观评价，而名誉损害行为也正是因为以社会评价的降低作为构成要件才能获得救济。[1]

另外，在“北方日报”案[2]中，围绕对预定刊载诽谤选举人员是“天生的骗子”“欺诈师”的新闻报道的地方杂志社，采取事前禁止出版的保全措施是否构成违法行为的问题展开争论。日本最高法院认为，“人就其品性、德行、名声、信用等人格价值在社会上受到的客观评价，即名誉遭到非法侵害时，除了可以请求损害赔偿（《日本民法典》第710条）或名誉恢复处分（《日本民法典》第723条）外，基于人格权之一的名誉权，可以要求加害人停止正在进行的侵权行为，或为预防将来可能发生的侵害，请求停止侵权行为”。本案中，日本最高法院第一次明确人格权中名誉权的概念。[3]

换言之，民法中的名誉损害所规制的利益是“与社会对人的评价有关的人格利益”。该利益与《日本著作权法》第113条第6款中涉及的“与作品利用行为相关的作者的社会名誉”在规范对象上有所不同。因此，如果考虑“朝鲜电影”案[4]的范围，当作品的利用行为不属于损害著作权法所规范的名誉声望的行为时，根据其具体情形可能另外构成民法中的名誉毁损行为。

那么，既非著作权法规制的侵害名誉声望的行为，也没有导致他人社会评价的下降，换言之，单纯侵害名誉感情的行为是否可能构成侵权行为呢？如前述“选举对策委员委托函”案[5]中所定义的那样，名誉感情损毁所规范的对象利益是“与自身主观评价相关的人格利益”。由于该利益并不属于著作权法所规范的人格利益，即便没有导致他人社会评价的下降，在超出一定限度导致他人名誉感情受损时，允许作为侵权行为请求精神赔偿。[6] 例如，在“漫才师暴

---

〔1〕 最高裁判所1970年12月18日判决，最高裁判所民事判例集24卷13号2151頁参照。同时，参见能見善久＝加藤新太郎『論点体系判例民法7（不法行為Ⅰ）』（第一法規，2009年）297頁（前田陽一执笔部分）。

〔2〕 日本最高法院指出：(1)作为人格权的名誉权与物权具有相同的排他性。(2)对公务员或公职候选人的评价、批判等属于与公共利益相关的事项，原则不允许对这样的表达行为进行事前的禁止。但当(3)尽管具备公共性，但表达内容与事实不符，或明显不是出于公益目的，且被害方可能受到重大、明显难以恢复的损害时，作为例外可以允许事前的禁止。从而驳回请求。

〔3〕 五十嵐清『人格権論』（一粒社，1989年）177頁参照。

〔4〕 最高裁判所2011年12月8日判决，最高裁判所民事判例集65卷9号3275頁。

〔5〕 最高裁判所1970年12月18日判决，最高裁判所民事判例集24卷13号2151頁。

〔6〕 五十嵐清『人格権法概説』（有斐閣，2003年）26頁参照。

言”案[1]中，争议焦点在于出租车乘客漫才师对车内司机言语侮辱、诽谤的行为是否构成侵权行为。[2] 大阪高等法院认为，被告的上述发言毫无疑问构成对原告的诽谤侮辱，与一般的名誉毁损不同，即便对原告出租车司机的社会评价、信用不造成损害，由于其内容极度不当，且持续了相当一段时间，无论公开或非公开，都显然对原告的名誉感情造成损害，带来精神上的痛苦，已经超出单纯的醉酒客人的道德问题或社会生活中的容忍限度，构成违法行为，可以作为法律上损害赔偿的对象。鉴于此，大阪高等法院认定漫才师有义务对司机所遭受的、精神上的痛苦支付相应精神损害赔偿。[3] 然而，绝大部分的情况下，对名誉感情的侵害往往包含在名誉损害或隐私权侵害中，因此名誉感情的侵害更多作为补充诉讼请求。[4]

第二节　韩国的审判实务

接下来，就韩国审判实务的动向进行考察。此处，在考察韩国审判实务的动向时，同样在确认大法院立场的基础上，[5]明确其对审判实务的影响，即大法院判例为下级法院判决提供了怎样的审判指南。以下将做具体论述。

---

[1] 大阪高等裁判所1979年11月27日判决，判例タイムズ406号129頁。

[2] 具体案情如下：在高速公路行驶的过程中，出租车司机为乘客垫付高速路费时，一直处在喝醉状态倚靠在妻子身上的漫才师发出了“虽然现在被称为司机，搁以前不就是个轿夫吗”“有什么资格替客人代付”“从人类的角度来说，根本不能当成人看”“靠我们才能生活下去不是吗”等言论。此后，不顾妻子的制止，在到达目的地前的20多分钟内就相同主题持续谩骂。

[3] 以侵害名誉感情为由认可精神损害赔偿的下级法院判决包括：東京地方裁判所1971年8月7日判决，判例時報640号5頁；大阪地方裁判所1985年2月13日判决，判例タイムズ554号266頁；名古屋地方裁判所1994年9月26日判决，判例時報1525号99頁；東京高等裁判所1995年10月30日判决，判例時報1557号79頁；大阪地方裁判所1999年3月11日判决，判例タイムズ1055号213頁；名古屋高等裁判所2000年10月25日判决，判例時報1735号70頁；東京地方裁判所2001年12月25日判决，判例時報1792号79頁等。

[4] 例如，在“石泳鱼”案（最高裁判所2002年9月24日判决，判例時報1802号60頁）中，关于由A执笔、刊登在Y发行的杂志上的小说中的登场人物B，由于小说中记叙了B脸上无法治愈的肿瘤，父亲在韩国被当作间谍逮捕的经验，以及加入存在募集大额捐款问题的新兴宗教团体等伪造事实，日本最高法院在认定名誉损毁以及侵害隐私的同时，认定侵害名誉感情。

[5] 韩国采用三审终审制。地方法院为一审法院，高等法院为二审法院（抗诉、抗告审法院），大法院为终审法院。

一、韩国的大法院判例

如前所述,在围绕知识产权专门法未作明文规定的利用行为是否可以构成一般侵权行为展开争论的案件中,日韩两国法院存在一些不同的倾向。与日本最高法院的判例不同,韩国的大法院判例均积极认可侵权行为的成立。[1] 那么,韩国大法院究竟是基于怎样的考虑认可侵权行为的成立呢?

(一)采用灵活解释的大法院判例——“网络广告”行为保全案

在韩国大法院判例中,涉及在网络用户的电脑屏幕上替代或者插入广告的行为是否构成一般侵权行为这一问题的“网络广告”行为保全案[2],就是极具代表性意义的判例。[3]

此案为申请行为保全的案件,申请人经过长期地努力和投资,构筑了提供信息检索、社区、娱乐等多样服务的韩国最大的门户网站,通过使访问用户看到标题广告或提供导出优先顺位的搜索结果的服务等方法进行广告经营。被申请人开发了本案程序,安装该程序的网络用户访问申请人门户网站时,被申请人所提供的广告会以替代或插入的形式显示在网络用户的屏幕上。对此,申请人向法院申请禁止被申请人利用本案程序的广告行为。[4]

---

〔1〕 대법원 2010.8.25.2008 마 1541 결정; 대법원 2012.3.29. 선고 2010 다 20044 판결등.

〔2〕 대법원 2010.8.25.2008 마 1541 결정.

〔3〕 오병철, “3D 변환 TV 의 저작권 침해 여부” , 정보법학, 제 14 권제 3 호, 2010, 27 면; 유영선, “팝업광고 행위의 규제” , 사법, 제 15 호, 2011, 345 면 참조.

〔4〕 具体案情如下:申请人是运营韩国最大的网络搜索门户网站的公司,该公司通过吸引广告主在门户网站上投放标题广告、提供搜索结果优先顺位服务等方式获取广告收入。被申请人则是开发、传播网络广告系统相关程序的公司,通过自己运营的网站向用户提供涉案程序。涉案程序与是否在被申请人网站上注册了会员无关,可以任意下载安装。涉案程序的功能在于,当电脑上安装该程序的用户访问特定网站(主要是门户网站)时,被申请人提供的广告能够直接显示在该用户的电脑上。但是,当用户想要暂时停止使用涉案程序的服务时,可以按下按钮恢复到原来的广告界面,当用户想要完全删除涉案程序时,可以从关联的菜单页面进行删除。安装在网络用户电脑中的涉案程序通过在申请人网站页面的空白处插入被申请人选择的横幅广告,在申请人提供的广告栏处覆盖被申请人选择的横幅广告,以及在申请人的网站检索框与被申请人所提供的关键词广告之间插入被申请人所提供的关键词广告等方式运作。被申请人利用涉案程序提供的横幅广告下方提示了“以上内容由网络频道二十一提供”,关键词广告则在搜索框下方与申请人提供的关键词广告之间腾出了一个框状的空间,其中除显示广告的内容外,在广告的右侧以及下方还提示了“广告由网络频道二十一提供”,以表示各个广告来自于被申请人。申请人主张,被申请人所提供的涉案程序违反了《韩国著作权法》等法律,作为妨碍业务的不正当竞争行为构成侵权行为。因此,对被申请人请求停止涉案程序的制造、销售以传播等行为。

韩国大法院认为，被申请人的广告行为并未侵害申请人的同一性保持权。[1] 另外，关于被申请人的行为是否构成一般不法行为，大法院进行了一般性的论述，即竞争者违背商业道德或者公平的竞争秩序，为自身经营擅自利用通过投入大量劳动力和投资获得的成果，从而搭乘竞争对手劳动力及投资的便车，以不正当的手段牟取利益并侵害竞争对手受法律保护的利益，此行为作为不正当的竞争行为，构成民法上的侵权行为。如果上述擅自利用的状态持续，仅责令金钱赔偿难以期待受害人救济的实效性，经比较、衡量后，因禁止擅自利用而保护的受害人的利益大于由此产生的加害人的损失时，可以请求禁止或预防该行为。

换言之，与采用限定解释论的日本最高法院判决不同，[2] 韩国大法院所提出的一般论显然是灵活解释论。韩国大法院指出：

> 申请人经过长期的努力和投资，构筑了提供信息检索、社区、娱乐等多样服务的国内最大的门户网站世联，使网络用户为能够享受上述服务访问世联，同时通过使访问用户看到标题广告或提供导出优先顺

---

〔1〕 关于是否侵害同一性保持权的问题，大法院认为："申请人主张其计算机程序的同一性保持权受到了侵害，受侵害的 HTML（Hypertext Markup Language，用于创建网页中超文本文档的基本语言）代码不仅包含显示搜索结果的文本部分和将结果展现在屏幕上的通用 HTML 标记，还包含值得以著作权保护的独创性表达，但没有资料能够佐证这些主张。而且，申请人向用户电脑发送的 HTML 文件将暂时复制到随机存取储存器（Random Access Memory）上，以便在屏幕上显示其内容。此时，依赖涉案程序的被申请人的 HTML 代码也被上传到随机存取储存器中，而与申请人的 HTML 代码互不影响的状态独立存在，且没有足够材料能够证明被申请人的 HTML 代码改编申请人的 HTML 代码。因此，不能说被申请人利用涉案程序的广告行为侵犯了申请人的同一性保持权"。换言之，尽管大法院认定显示插入关键词广告的画面需要通过部分变更 HTML 代码的事实，HTML 不包含如 JSP 等其他的网络编程要素，其本身不过是记述用于整理、显示网络文本的文法的标记，不构成具有独创性的表达，因此其表现的内容难以被认可为是作品。涉案程序并没有变更 HTML 文件夹的源代码，而只是为在画面中显示在随机复制的文件夹中插入了 HTML 代码，即便进行部分改变，这样的行为也不构成对著作人身权中同一性保持权的侵害。然而，HTML 文本的标签（tag）是 HTML 文本的构成要素之一，其属于构成制作 HTML 文本的文法一部分的要素。因此，即便其本身不具有独创性，标签的配置以及 HTML 文本中除去标签以外的文本内容通过 IE 等浏览器被解读，属于将文本显示在画面中的指令、命令，HTML 文本属于程序的一种。因此，只要 HTML 文本不是复制了他人的 HTML 文本，就应当被认为其具有独创性，法院将 HTML 文本单纯理解为是标签的集合，进而否定 HTML 文本的独创性这一判断恐怕有失妥当。

〔2〕 最高裁判所2004 年2 月23 日判決，最高裁判所民事判例集58 巻2 号311 頁；最高裁判所2011 年12 月8 日判決，最高裁判所民事判例集65 巻9 号3275 頁；最高裁判所2012 年2 月2 日判決，判例時報2143 号72 頁等。

位的搜索结果的服务等方法进行广告经营,申请人通过世联获得的广告经营上的利益是法律上值得保护的利益。如果安装本案程序的网络用户访问世联,其屏幕上出现的不是申请人的广告,而是同样大小的被申请人的标题广告("代替广告方式"),或者在屏幕的空白处出现被申请人的标题广告("空白广告方式"),或者在搜索窗输入关键字时,搜索结果界面最顶端的搜索窗口和申请人的关键词广告之间出现被申请人的关键词广告("关键词插入广告方式")等。由此可知,被申请人的广告以替代或插入的形式出现。但是,被申请人的上述广告是在网络用户为利用世联提供的服务而访问时显示,相当于擅自利用了世联拥有的信誉和顾客吸引力。不仅如此,其广告方式或者使申请人提供的广告全部消失(代替广告方式),或者使申请人提供的搜索结果的顺位推后(关键词插入广告方式),在妨碍了申请人经营活动的同时,非法占有了申请人应得的广告经营的利益。被申请人的上述广告行为,是在利用网络的广告经营领域违背商业道德或者公平竞争秩序,为自身的经营擅自利用存在竞争关系的申请人通过投入大量劳动力和投资建立的世联,从而搭乘申请人劳动力及投资的便车,以不正当的手段牟取利益,并侵害前述申请人通过世联获得的受法律保护的广告经营利益,此行为作为不正当的竞争行为,构成民法上的侵权行为。

鉴于此,韩国大法院认定,被申请人的行为属于侵害申请人广告营业利益的不正当竞争行为,构成民法上的侵权行为。此外,值得关注的是,作为一般侵权行为的效果,韩国大法院认可了停止侵害请求权。

由于被申请人的上述广告行为不是一次性的,只要安装此程序的网络用户使用世联,上述行为就会反复出现。基于本案程序的广告行为的性质,申请人很难一一掌握并应对网络用户安装本案程序的情况和被申请人在世联上的广告现状,被申请人的广告内容还可能会损害申请人的信誉、名声等无形价值。考虑上述情况,仅对被申请人责以金钱赔偿,很难期待救济申请人的实效性。如果放任被申请人基于本案程序在世联上的广告行为，最终会威胁到以世联上的广告营业为其收益模型的申请人公司的存续本身。通过禁止被申请人的上述广告行为得到的保护利益，大于被申请人的营业自由受到的损失。因此，在使用世联的网络用户的屏幕上，申请人可以请求禁止或预防被申请人利用本案程序的广告行为。[1]

围绕一般侵权行为是否具有停止侵害请求权的问题，在韩国大法院的判例中，存在在侵害名誉权的情况下认定停止侵害请求权的案例。[2] 例如，与名誉权相关的“名誉毁损”案[3]中提道：《韩国宪法》第9条后半段规定，所有国民享有身而为人的尊严与价值，享有追求幸福的权利，保障生命权、人格权等权利。当个别国民的人格权因国家权力、公权力或他人的不正当行为受到侵害时，可以人格权受侵害为由请求停止侵权及损害赔偿。在此基础上，韩国大法院认定：对维持民主政治来说必要且不可欠缺的言论自由、出版自由等表达自由，有时候会对个人的名誉或隐私的自由与秘密等人格权领域造成侵害，在不损害表达自由的同时，这样的私人法益也必须受到保护。因此，当人格权中个人名誉的保护（《韩国宪法》第9条规定的后半段）与表达自由的保障（《韩国宪法》第20条第1款）这两种法益之间产生冲突时，关于如何进行调整的问题，需要结合具体案情，比较社会上各种利益，并且对通过表达自由所获得的利益价值与通过保护人格权所达成的价值进行衡量，进而决定规范的尺度与方法。

根据上述韩国大法院判例的立场，基于人格权侵害的停止侵害请求权并非任何时候都能够被认可，而只限定在衡量了加害方所遭受的不利益与被害方获得的利益，或作为侵害结果的加害方所获得的利益与被害方所遭受的不利益，认

---

〔1〕 一审中，首尔中央地方法院以构成业务妨碍的侵权行为为由，以5亿韩元的提存金为条件作出行为保全的决定。서울중앙지방법원 2007.12.31. 자 2007 가합 2250 결정.对此，申请人与被申请人分别抗告。首尔高级法院变更了一审决定，撤销剩余部分的同时，驳回了针对撤销部分的抗告。서울고등법원 2008.9.23. 자 2008 라 618 결정.

〔2〕 韩国的学说中，对此基本达成共识，即在人格权侵害的诉讼中，可以认定基于人格权的排除妨害或预防性的停止侵害请求权。김증한, 주해 채권각론Ⅳ, 한국사법행정학회, 1987, 122-123 면; 곽윤직, 민법주해: 채권 12, 박영사, 2005, 453-454 면; 곽윤직, 채권각론, 박영사, 2003, 446-447 면; 김상용, 불법행위법, 법문사, 1997, 142 면; 지홍원, “인격권의 침해”, 사법논집, 제 10 집, 1979, 219-220면 참조.

〔3〕 대법원 1988.10.11. 선고 85 가다 29 판결.

可侵害行为的违法性时,停止侵害请求权才有可能受到认可。换言之,韩国大法院将“利益衡量论”作为其认定的判断标准。[1]

与人格权侵害的停止侵害请求权的成立要件相同,韩国大法院在“网络广告”行为保全案中,也将“利益衡量论”作为认定停止侵害请求权的判断标准。对此,韩国的文献中存在批判的声音。例如,林相珉指出:《韩国民法典》承认对所有权等物权的请求权,针对名誉损害(类推适用于人格权侵害),尽管例外地认可了恢复原状请求权,但是一般侵权行为并未规定恢复原状或停止侵害请求权。其理由在于,从《韩国民法典》体系化的解释来看,在不属于物权请求或基于人格权等准物权请求的情形下,无法律规定的特殊事由时,停止侵害请求权不受承认。因此,对于侵权行为法是仅认可损害赔偿还是可以认可停止侵害请求权是属于立法政策层面的问题,由法院通过法律解释认可停止侵害请求权,则令人不由得产生了此处司法权是否越界的疑问。[2] 另外,金炳日也认为:韩国大法院针对未列举在《韩国反不正当竞争法》中的营业妨碍行为认可停止侵害请求权,但这不应当通过司法来解决,而是应当通过修改《韩国反不正当竞争法》,增加“业务妨碍”这类不正当竞争行为,或导入类似《德国反不正当竞争法》的一般条款等,在立法层面上解决这个问题。[3]

确实,《韩国民法典》为保护物权,明确规定基于物权的请求权(《韩国民法典》第 214 条)。另外,关于侵权行为责任,其救济手段则包括金钱赔偿(《韩国民法典》第 750 条、第 751 条)以及恢复名誉处分(《韩国民法典》第 764 条)。然而,《韩国民法典》未将停止侵害请求权明确规定为侵权行为的一般救济手段,与其说是出于否定这种救济手段本身的旨趣,倒不如说是《韩国民法典》对这个问题选择沉默不做明示而已。[4] 归根结底,侵权行为的停止侵害请求权必须基于严格且明确的要件才能被承认,是因为停止侵害请求权对表达行为具有巨大

---

〔1〕 곽윤직, 채권각론, 박영사, 2003, 446–447 면; 김상용, 불법행위법, 법문사, 1997, 142 면 참조.

〔2〕 임상민, “지적재산법상 보호되지 아니하는 지적성과물에 대한 무단 이용과 일반불법행위의 성부”, 저스티스, 제 132 호, 2012, 163 면 참조.

〔3〕 김병일, “인터넷 웹페이지에서의 광고의 삽입 · 차단 등을 둘러싼 법적 문제”, 사법, 제 1 권 제 16 호, 2011, 66 면.

〔4〕 권영준, “불법행위와 금지청구권”, Law & Technology, 제 4 권 제 2 호, 2008, 62 면.

的萎缩效果。[1] 上述名誉权相关的“名誉毁损”案,也应当是基于这样的考虑将“利益衡量论”作为停止侵害请求权的判断标准。

因此,在“网络广告”行为保全案[2]中,韩国大法院完全没有考虑对表达自由的萎缩效果而简单地认可停止侵害请求权,在这点上确实留有质疑的空间。但是,值得注意的是,本案是申请行为保全的案件,而行为保全是为本案诉讼能够最终解决纠纷而采取的临时性措施。鉴于此,关于一般侵权行为应当仅容许损害赔偿还是也容许停止侵害请求权的问题,如果在本案诉讼中成为争议焦点,想来韩国大法院应当会采取相对慎重的态度。

(二)采用灵活解释的韩国大法院判例——“凯蒂猫”案

另一值得讨论的韩国大法院判例则是,积极认定对他人商品化事业的“搭便车”行为构成一般侵权行为的“凯蒂猫”案[3]。

此案中,鉴于《冬季恋歌》《黄真伊》《朱蒙》《大长今》等韩剧所拥有的高人气,被告给凯蒂猫换上各韩剧主角的服装,制作出能让人联想到韩剧情景的角色商品,并面向以外国游客为主的消费者进行销售。原告以被告侵害了其商标权及著作权、被告行为构成不正当竞争行为及民法上的侵权行为为理由,将被告诉至法院并请求损害赔偿。[4]

---

[1] 有关名誉权的“北方日报”案中,日本最高法院指出:根据《日本国宪法》第21条的旨趣,只有在具备严格且明确的要件下才能够容许事前抑制表达行为。在此基础上,最高法院认为,当表达内容以公务员或公选的候选人为对象时,由于该表达内容一般来说是与公共利益有关的事项,原则上不允许事前禁止这样的表达行为。但当表达内容并非只是与公共利益有关的事项,或其明显不是专为公益目的的表达,且有可能对被害人造成重大且显然难以恢复的损害时,可以作为例外容许事前的禁止。最高裁判所1986年6月11日判决,最高裁判所民事判例集40卷4号872頁。

[2] 대법원 2010.8.25.2008 마 1541 결정.

[3] 대법원 2012.3.29. 선고 2010 다 20044 판결.

[4] 具体案情如下:原告KBS电视台和MBC电视台是《朱蒙》《大长今》等韩国电视剧的制作者。大约在2007年8月至2007年10月,被告德卡里奥在其运营的网站上,在附着或表现身着朝鲜时代医女服装、手提神仙炉的凯蒂猫角色的手机挂绳、手帕等商品,以及在附着穿着铠甲、额头上系着带子、一只手拿着刀,或者穿着白色底夹杂着粉红色的点纹、手腕部位有粉红色带子衣服的凯蒂猫角色的圆珠笔、球结等商品的图片下方,在商品名称前面标示了“大长今”“长今”“朱蒙”的标志。但是,上述原告的注册商标还不是众所周知的商标,而凯蒂猫是日本法人三丽鸥公司于1974年10月左右将猫脸拟人化后创作出的角色,不仅在日本,在韩国国内从1979年2月14日开始就出现了与之相关的注册商标和商品化事业,2000年左右就已经是国内外著名的商品标志。被告德卡里奥在2006年左右就从三丽鸥公司在韩国的法人即被告三丽鸥韩国公司处获得对凯蒂猫角色进行商品化的独占权,并开始制造、销售穿着各种各样衣服的凯蒂猫或者利用道具进行变形制作玩偶、手帕、钥匙链、圆珠笔等商品。另外,原告MBC以“大长今”“朱蒙”为主人公,制作、播放相同标题的电视剧,获得了很大的反响,上述电视剧也出口到了海外。

韩国大法院驳回了原告基于商标权、[1]著作权[2]以及不正当竞争行为[3]的全部诉讼请求。但是,关于被告行为是否构成侵权行为,韩国大法院指出:竞争者违背商业道德或者公平的竞争秩序,为自身的经营擅自利用通过投入大量劳动力和投资获得的成果,从而搭乘竞争对手劳动力及投资的便车,以不正当的手段牟取利益并侵害竞争对手受法律保护的利益,此行为作为不正当的竞争行

---

〔1〕 关于原告基于商标权侵害的上告理由,韩国大法院指出:虽然将他人的注册商标用于与其指定商品相同或类似的商品是侵害他人商标权的行为,但即便是使用了他人的注册商标,该行为不是为实现商标本质功能的来源识别,而不能被认为是使用性商标时,不构成侵害注册商标权的行为。此外,是否能作为商标性使用,要综合考虑与商品的关系、该商标的使用状态(商品上显示的位置、大小等)、注册商标的周知性以及使用者的意图和使用经过等,根据在实际交易活动中显示的标志是否是作为商品的识别标志使用进行判断。在此基础上,韩国大法院认定:综合考虑与上述相同的事实关系中出现的本案各标志的使用形态,大长今商标或朱蒙商标、三足乌商标和凯蒂猫标志的周知程度,被告德卡里奥的意图和本案各标志的使用经过等情况,整体上看被告德卡里奥在网页上广告、销售的上述手机绳等商品会被明确认为来源于三丽鸥或经营同一商品化事业集团。另外,在上述凯蒂猫角色商品上附着或标示本案各标志仅是为介绍、说明作为原告 MBC 制作、播放的电视剧的角色而闻名的"大长今""朱蒙"的形象化物品,不能说是作为商品的识别标志进行使用。因此,"大长今"等标志并没有作为商标被使用。

〔2〕 关于原告对人物形象作品的上告理由,韩国大法院认为:本案各电视剧中登场的人物姓名、服装、道具不能与各电视剧分离而成为著作权法保护的人物形象作品。另外,关于摄影作品、影视作品的著作权侵权主张,韩国大法院认为:被告商品与本案各电视剧有关的摄影作品、影视作品不具备实质性相似。

〔3〕 关于原告基于《韩国反不正当竞争法》中商品等主体混同行为的上告理由,韩国大法院认为:角色商品化后要符合《韩国反不正当竞争法》第 2 条第 1 款第 1 项规定的"在国内周知的他人的商品标志"要件,仅凭角色本身在国内周知是不够的,还需要开展角色的商品化经营,并通过持续宣传、广告和质量管理等使角色成为享有商品化权利的人的商品标志或者成为商标注册人、根据商品化合同获得角色使用许可的使用权人以及再使用权人等经营角色商品化事业的集团(group)的商品标志而被需求者广泛认识。如果某一商品的形态具有来源识别功能,甚至已经获得周知性,即符合《韩国反不正当竞争法》第 2 条第 1 款第 1 项规定的"在国内周知的他人的商品标志"而受到该法律的保护。为此,与类似商品相比,商品形态需要具备能强烈呼吁需求者感觉的独特、有设计性的特征等,足以使一般需求者一眼识别出是特定企业的商品。此外,该商品形态需要长期被作为特定企业的商品持续、独占、排他的使用,或者短期内通过强有力的宣传、广告,使商品形态的差别性特征更显著,足以使交易者或者一般需求者联想到特定销售主体的商品。参考上述法理和记录,原审认为作为通过对商品化事业的持续宣传、广告和品质管理等拥有使之能够商品化权利的人或者经营与该角色相关的商品化事业的集团的商品标志,即认定电视剧《冬季恋歌》《黄真伊》《大长今》《朱蒙》的角色被大众熟知是比较困难的。而且,不能认为使本案各电视剧的服装、道具、背景等商品化的原告已经实现明显的个性化,不能认为商品形态及具备商品形态的差别化特征足以使交易方或一般需求者联想到本商品的特定来源。因此,原审判断被告德卡里奥的商品销售行为不符合《韩国反不正当竞争法》第 2 条第 1 款第 1 项的规定是正确的。

此外,关于原告基于《韩国反不正当竞争法》中商品形态模仿行为的上告理由,韩国大法院认为:《韩国反不正当竞争法》第 2 条第 1 款第 9 项规定了不正当竞争行为的一种类型,即转让、出租模仿他人商品形态而制作的商品,以及展示、进口或出口该商品的行为。此处的"模仿",指的是依据他人的商品形态制造与其形态实质性相似的商品。如果对形态进行变更,判断是否属于实质性相似的商品要综合考虑该变更的内容、程度,构思的难易度,变更的效果等。参考上述法理和记录,原审认定被告商品没有与原告商品实质性相似的形态,因此不符合《韩国反不正当竞争法》第 2 条第 1 款第 9 项规定,该判断是正确的。

为,构成民法上的侵权行为。换言之,尽管是本案诉讼,韩国大法院依旧直接沿袭了前述“网络广告”行为保全案中的说理,重复了其中的抽象论。由此来看,在一般论的层面上,可以说该判决采用灵活解释论。韩国大法院认为:

> 原告KBS播放的电视剧《冬季恋歌》和《黄真伊》以及原告MBC播放的电视剧《大长今》和《朱蒙》是各电视台投入大量劳动力和投资获得的成果,同时各电视台利用相关电视剧的名声和顾客吸引力,以授权他人进行相关商品化事业并收取报酬的方式进行营业。因此,原告KBS、MBC由此获得的利益属于法律上值得保护的利益。本案各电视剧不仅在国内,在海外也获得了很高的人气,国内需求者和海外游客对与此相关的商品的需求增加了,被告德卡里奥在未获得制作本案各电视剧的原告KBS、MBC许可的状态下,使接触被告商品的需求者直接联想到本案各电视剧,并借助此种联想产生的需求者的购买需求制造、销售商品。但是,为推进电视剧相关的商品化事业,先需要得到相关权利人的许可,考虑到交易中的这些一般惯例,被告德卡里奥未经原告KBS和原告MBC允许的上述行为违反了商业道德和公平竞争秩序。而且,此种行为在电视剧商品化事业领域,搭乘了存在竞争关系的上述原告劳动力及投资的便车,为自身的经营擅自利用了本案各电视剧的名声和顾客吸引力,构成侵害上述原告等受法律保护的、通过本案各电视剧的商品化经营活动获得的营业利益的行为。

鉴于此,韩国大法院判断被告的行为作为不正当竞争行为,构成民法上的侵权行为,并根据《韩国民法典》第709条认可了损害赔偿请求。[1]

---

〔1〕 一审判决(서울중앙지방법원 2008.11.28. 선고 2008 가합 16993 판결)中,原告基于商标侵权、著作权侵权以及不正当竞争行为的请求均被驳回。原告在二审(서울고등법원 2010.1.14. 선고 2009 나 4116 판결)中主张,被告将原告通过电视剧以及商品化经营活动构建起来的形象与自己的形象相结合,搭乘本案各电视剧人气的便车,被告的行为构成侵权行为,基于《韩国民法典》第750条追加提出预备的损害赔偿请求。首尔高等法院认为,《韩国民法典》第750条规定,“因故意或过失的违法行为而导致他人遭受损害的,承担相应的损害赔偿责任”。侵权行为并不一定限定在著作权等实体法上规定的权利受侵害的情形之下,当他人以违反公序良俗或其他社会秩序的方式侵害受法律保护的利益时,同样成立侵权行为。因此,以不正当手段谋取利益,未经许可擅自使用他人耗费时间、劳动力以及金钱完成的成果,不正当地搭乘他人名声便车的行为,属于侵害他人受法律保护利益的违法行为,构成侵权行为。鉴于此,法院认可基于《韩国民法典》第750条的损害赔偿请求。

二、韩国大法院判例的范围

考虑与知识产权法的制度旨趣间的关系，应当如何评价在知识产权专门法未作明文规定的情况下积极认定一般侵权行为成立的韩国大法院判例呢？另外，韩国大法院所提出的判断标准，即"竞争者违背商业道德或者公平的竞争秩序，为自身的经营擅自利用通过投入大量劳动力和投资获得的成果，从而搭乘竞争对手劳动力及投资的便车，以不正当的手段牟取利益并侵害竞争对手受法律保护的利益，此行为作为不正当的竞争行为，构成民法上的侵权行为"，对今后的审判实务将会产生怎样的影响？

（一）韩国大法院判例的评价

知识产权专门法为保护特定的法益，以民主的方式决定何种行为应属于违法行为，而如果出于保护同一法益的目的，认定知识产权法未作规范的行为构成违法的话，显然超出法院的职权范围。鉴于此，在知识产权专门法尚未明文规定的情况下，原则上法院应当尊重民主决定，并尽量避免对《韩国民法典》第750条的过度适用。但是，如果可以基于现存的知识产权法之外的目的规范某种行为，且该利用行为并未经过民主决定的判断，应当容许法院对此行使自由裁量权，可以作为例外认可侵权行为的成立。上述韩国大法院判决中所陈述的一般论，可以说也是基于同样的旨趣。

韩国的学说中同样存在强调实体法的立法目的，认为当知识产权法不提供相应保护时，对侵权行为的成立应当持慎重态度的观点。例如，丁相朝叙述如下：当实体法上既不构成著作权等侵权，也没有违背反不正当竞争法等实体法，以构成民法上的侵权行为为由赋予法律救济是存在明确的界限的。大部分的实体法为达成其立法目的，在必要的情形以及必要的范围内，提供著作权等保护或禁止不正当竞争行为。因此，只要不违反上述实体法的规定，便被认可为作品的自由利用行为或自由的市场竞争行为，这符合实体法的立法目的。[1] 另外，林相珉指出：如果说决定应当在什么范围内保护智力成果是知识产权法的目的以及功能，那么考虑知识产权法的规定、旨趣、目的等，来判断智力成果是否应当受

---

〔1〕 정상조, "불공정경쟁행위의 규제: 기술과 시장의 변화에 대한 법적 대응", 법학, 제 45 권 제 3 호, 2004, 183면.

到保护的做法是正确的，而不考虑知识产权法的规定、旨趣、目的等，单凭民法来判断智力成果是否应当受到保护的做法与法律体系并不相适应。[1]

鉴于此，笔者将在考虑知识产权法制度旨趣的同时，以大法院在“网络广告”行为保全案[2]和“凯蒂猫”案[3]中所提到的“广告经营的利益”以及“商品化经营的营业利益”为线索，对韩国大法院判例的范围作进一步考察。[4]

1. 广告经营的利益

在“网络广告”行为保全案中，被申请人向用户提供广告程序，使得安装该程序的网络用户在访问申请人的门户网站时，电脑屏幕上直接显示被申请人所提供的广告。韩国大法院以被申请人妨碍申请人经营活动，同时非法占有申请人应得的广告经营的利益为由，认定被申请人的行为构成侵权行为。换言之，妨碍他人经营活动而侵害其“广告经营的利益”时，可能构成民法上的侵权行为。那么，此处“广告经营的利益”究竟应当作何理解呢？

在韩国的文献中，有学者从网络用户的选择自由的角度出发，主张被申请人经营活动的正当性。例如，林相珉对此叙述如下：世联等门户网站之所以能够从事广告活动，是因为网络用户选择世联作为搜索引擎，使之显示在自己的电脑屏幕上。换言之，网络用户选择何种门户网站作为搜索引擎，或怎样构成自己的电脑画面，世联等门户网站没有任何权利对此进行限制。而被申请人的程序，基本上是以网络用户自己选择将该程序与世联等门户网站的页面同时显示在电脑屏幕上作为前提运作的。也就是说，只要是基于正当权利人的自由选择，被申请人

[1] 임상민, “지적재산법상 보호되지 아니하는 지적성과물에 대한 무단 이용과 일반불법행위의 성부” , 저스티스, 제 132 호, 2012, 139 면.

[2] 대법원2010.8.25.2008마1541결정.

[3] 대법원2012.3.29.선고2010다20044판결.

[4] 有学者在其论文中写道：“保护不受著作权法保护的数字信息时，民法中侵权行为法理可以作为解决伴随着技术发展与数字信息市场变化数字信息利用行为的对策。数字信息在生产过程中，其生产者需要投资大量的人力、物力，才能利用这些信息获取经济利益。竞争者擅自复制、使用数字信息的行为将侵害信息生产者的经营利益，经营利益同样属于受侵权行为法保护的法益，通过侵权行为法的介入对其实施救济是理所应当的。然而，在自由竞争经济下，过度保护特定主体的经营利益将产生反竞争的效果。因此，进行侵害经营利益的违法性判断时应当考虑到与自由竞争这一价值观念之间的关系。”유대종, “불공정경쟁행위와 디지털정보의 보호” , 인터넷 서비스와 저작권법, 경인문화사, 2010, 144-145면.然而，竞争行为必然对他人的经营活动造成不利的影响，仅提出“自由竞争”或“经营利益”这样抽象的概念并无助于划分应当被认定为违法的竞争行为类型。

的经营活动也应属正当行为。[1]

然而,与日本的“新闻标题”案[2]相似,在“网络广告”行为保全案[3]中成为决定性因素的是,对门户网站等服务提供机构的广告体制的保护。

需要注意的是,世界上并不存在“搭便车”行为等同于违法行为的命题。例如,人们每天都在享受爱迪生发明所带来的便利,鉴赏贝多芬音乐的美妙,而从未向他们的子孙支付相应的对价。世界正是因为这种“搭便车”行为而发展并变得丰富多彩。由此,“搭便车”行为原则上应当是自由的。但是,当某些“搭便车”行为损害了智力成果开发者的合法权益,进一步破坏了智力成果开发的激励机制,并且有必要通过规制“搭便车”行为来确保智力成果开发的激励机制,则可以例外地对“搭便车”行为加以规制。[4]

以此为前提考虑的话,“网络广告”行为保全案[5]的申请人经过长期的努力和投资,构筑了提供信息检索、社区、娱乐等多样服务的国内最大的门户网站,同时通过使访问用户看到标题广告或提供导出优先顺位的搜索结果的形式进行广告经营,从而回收巨额的投入资金。如果容许被申请人对申请人门户网站的信誉及顾客吸引力“搭便车”的话,这无疑将会对门户网站的运营激励造成过度损害。并且,对门户网站的构建起到激励作用的“广告经营的利益”并不属于著作权法所规范的对象利益。考虑门户网站免费向用户提供搜索引擎、新闻、在线词典、竞拍、邮箱服务等各种服务符合消费者需求及社会利益,以此价值判断为前提,应当认定被申请人的上述行为侵害了申请人应得的广告经营的利益。尽管当时《韩国反不正当竞争法》中尚未导入禁止不正当竞争行为的一般条款,但当明确有必要对服务提供商构筑广告体制的激励提供保障时,可以认定其构成《韩国民法典》第750条的侵权行为。

---

〔1〕 임상민, “지적재산법상 보호되지 아니하는 지적성과물에 대한 무단 이용과 일반불법행위의 성부”, 저스티스, 제 132 호, 2012, 163 면.

〔2〕 知的財産高等裁判所2005年10月6日判決,平成17(ネ)10049。

〔3〕 대법원 2010.8.25.2008 마 1541 결정.

〔4〕 田村善之『機能的知的財産法の理論』(信山社,1996年)14頁。同时,参见田村善之『知的財産法』(有斐閣,2010年)7頁;中山信弘『工業所有権法(上)』(弘文堂,1993年)6頁等。此种理论与古典式自然权理论有着不相容的部分。而有意识地回避与近代私法的断绝,重新评价古典式理解意义的文献,参见満田重昭「不正競争防止法による知的財産権諸法補完の根拠」『現代企業立法の軌跡と展望(鴻常夫先生古稀記念)』(商事法務研究会,1995年)847頁。

〔5〕 대법원 2010.8.25.2008 마 1541 결정.

综上所述，从保障广告体制的观点来看，韩国大法院判决将被申请人向网络用户提供广告程序的行为认定为侵权行为是正确的。

2. 商品化经营的营业利益

在"凯蒂猫"案[1]中，被告鉴于《冬季恋歌》《黄真伊》《大长今》《朱蒙》等电视剧所拥有的高人气，给凯蒂猫换上各电视剧主角的服装，制作出能让人联想到电视剧情景的角色商品。韩国大法院以被告侵害原告通过电视剧的商品化经营活动获得的营业利益为由，支持原告基于《韩国民法典》第750条的损害赔偿请求。换言之，通过"搭便车"行为侵害他人"商品化经营的营业利益"时，可能构成民法上的侵权行为。那么，此处"商品化经营的营业利益"究竟应当作何理解呢？

当人物形象获得一定的人气时，[2]会以各种各样的形式被用于文具、食品器具或服装上，随之产生与其本身相独立的商品价值。一般而言，将人物形象用于商品上的权利称之为商品化权。[3] 吴承钟对商品化权的性质，叙述如下：所

---

〔1〕 대법원 2012.3.29. 선고 2010 다 20044 판결.

〔2〕 人物形象是指在小说、漫画等中登场的、架空的人物或动物等，综合姿态、外貌、名称、职务等的可称为人格的东西，是从漫画等具体表达中升华出来的抽象形象。大阪地方裁判所1984年2月28日判決，無体財産権関係民事・行政裁判例集16卷1号138頁；最高裁判所1997年7月17日判决，最高裁判所民事判例集51卷6号2714頁等。换言之，人物形象本身存在于思想层面，即便其多么具有独特性，脱离具体的表达将人物形象作为作品来保护是非常困难的。但是，日本有学者将人物形象自身理解为是具有独创性且具体的对思想或感情的表达。滝井朋子「著作物上のキャラクターの法的性質と保護範囲」牧野利秋＝飯村敏秋編『知的財産法の理論と実務（著作権法・意匠法）』（新日本法規，2007年）211頁；牛木理一「漫画キャラクターの著作権保護（3）－キャラクター権の確立への模索－」パテント55卷2号（2002年）76頁。另外，韩国大法院并未对是否需要区分表现人物形象作品的作品性与人物形象自身的作品性这一问题明确表态。但近来，争论棒球游戏的人物形象作品性的"实况棒球"案中，韩国大法院认为：在以棒球为素材的游戏中登场的人物形象通过独特地设计使棒球选手、裁判等如同卡通人物般具有可爱的形象，满足著作权法要求的独创性要件，可以作为具有独创性的作品，在原作品——游戏之外成为著作权法的保护对象。대법원 2010.2.11. 선고 2007 다 63409 판결.

人物形象作为原作品的构成要素受到保护的问题，与人物形象自身作为作品被承认的问题应当作严格区分，绘画或视觉、听觉上的人物形象毫无疑问可以作为原作品的构成要件之一受到保护，但人物形象本身不能被认定为作品。事实上，上述韩国大法院判例也不过是认定人物形象中的绘画表达部分构成作品，而很难说认定了人物形象本身构成作品。因此，人物形象只在作为登场作品的构成要素被认定具有独创性时受到保护，其法律保护的问题则归结于著作权侵害成立要件的接触要件与实质性相似。丁文杰「キャラクターの絵画的表現の保護範囲－マンション読本事件－」知的財産法政策学研究30号（2010年）201～278頁参照。

〔3〕 有学者在其论文中写道："将人物形象作为花纹或图案用于文具、服装、鞋子、伞具、装饰品等，或用于点心、食品以及其他包装品的花纹或图案时，这个过程叫作形象的商品化（merchandising），保有将人物形象用于商品销售或服务提供的权利，以及许可他人将人物形象用于商品或服务的权利被称作商品化权（merchandising right）。"최연희, "캐릭터 보호에 관한 연구", 이화여자대학교석사학위논문, 1990, 7 면.

谓商品化权,由于并非经实体法承认,其权利的内容、范围并未得以确定。但既然人物形象自身具有经济利益,便有必要对其创造者提供保护。只有为实施商品化与创作者签订使用合同,取得商品化权利的人才能够利用该人物形象。从结果上来说,商品化权并非如商标权、著作权等那样独立的权利,而是当以营利为目的利用具有顾客吸引力的人物形象时,为保护对该人物形象享有权利者而提出的概念。现行法律中,根据各类人物形象所具有的特性,通过适用著作权法、商标法、外观设计法等各种法律进行保护。[1]

与此相同,以物的公开权为争议焦点的前述"疾速赛马"案[2]中,日本最高法院也认为,即便赛马名称等具有顾客吸引力,但在缺乏法律法规等依据的情况下,不应认可赛马所有人使用赛马名称等作为无形层面的排他性使用权,由此否定了侵权行为的成立。那么,韩国大法院认可"商品化经营的营业利益"受到法律保护,究竟是基于怎样的特别理由呢?

《冬季恋歌》《黄真伊》《大长今》《朱蒙》等电视剧是各电视台投入大量劳动力和投资获得的成果,同时各电视台利用相关电视剧的名声和顾客吸引力,以授权他人进行相关商品化事业并收取报酬的方式进行营业。由此来看,如果允许他人对电视剧人物形象商品化经营的"搭便车"行为,其结果将对电视剧制作的激励因素造成过度损害。而且,与前述"网络广告"行为保全案[3]类似,由于对电视剧制作起到激励作用的"商品化经营的营业利益"并不属于知识产权法规范的对象利益,基于《韩国民法典》第750条认定侵权行为成立并无不妥。

的确,近年来人物形象的重要性逐渐提高,使用高人气人物形象的商品销量显著提升,更有很多动漫在制作初始,便以人物形象的商品化为前提进行企划。然而,与本身围绕人物形象的商品化而展开的动漫制作不同,就韩国电视剧而言,肯定对其"商品化经营的营业利益"的法律保护,究竟能给电视剧制作带来怎样的激励效果,仅从该大法院判例的判旨来看,仍没有明确解释。理由在于,尽管韩国电视剧在制作上确实需要花费巨大的费用、时间与劳动力成本,但制作各

---

〔1〕 오승종, 저작권법, 박영사, 2010, 204 면; 오세빈, "캐릭터의 부정사용과 부정경쟁방지법 위반죄의 성부", 형사재판의 제문제, 박영사, 1997, 246 면 참조.

〔2〕 最高裁判所2004年2月23日判決,最高裁判所民事判例集58卷2号311頁。

〔3〕 대법원 2010.8.25.2008 마 1541 결정.

电视剧的电视台主要通过有线电视播放时赞助商的广告收入以及电视剧自身的版权收益等形式回收投入的资金，通过人物形象的商品化经营获取的收益可能仅占其中的一小部分。[1] 基于上述事实，即便对人物形象的“商品化经营的营业利益”不提供法律保护，电视剧制作者仍可获得赞助商的广告收入以及电视剧的版权收益，可以说其制作电视剧所必要的激励也足够充足。换言之，关于该案是否符合“有必要通过规制搭便车行为来确保智力成果开发的激励机制”的情形，韩国大法院应当就包括制作韩国电视剧与商品化经营之间的因果关系等问题作出更为具体的判断。若对此问题不予明确，在知识产权专门法尚无明文规定的情况下，原则上对电视剧人物形象商品化经营活动的“搭便车”行为是自由的、不受限制的。由此看来，韩国大法院断定被告行为构成侵权行为的理由，也变得不具有说服力。[2]

综上所述，从确保电视剧制作所需激励机制的观点来看，在“凯蒂猫”案[3]中，韩国大法院以被告侵害原告通过电视剧的商品化经营活动获得的营业利益为由，认定被告的行为构成侵权行为，其说理有牵强之处，略显不妥。

（二）下级法院判决

以前述“网络广告”行为保全案[4]和“凯蒂猫”案[5]为代表的韩国大法院判例，对今后的审判实务将会产生怎样的影响呢？接下来，就韩国的下级法院判决进行介绍。

1. 经营活动中的信用等无形利益

在韩国的下级法院判决中，存在为确保成果开发所必要的激励机制，而认定利

---

[1] 尽管该案原告 KBS 和原告 MBC 分别请求了 159, 332, 906 韩元以及 1, 122, 576, 935 韩元的损害赔偿，但法院仅认定被告德卡里奥对原告 KBS 的损害赔偿额定为 10, 000, 000 韩元，对原告 MBC 的损害赔偿额定为 20, 000, 000 韩元，对于通过各电视剧获得的收益规模以及人物形象商品化经营活动的收益规模均没有作任何说明。

[2] 韩国大法院认为，如果考虑到为推进电视剧相关的商品化经营活动，一般的行业惯例是需要从相关权利人处获得相应的许可，被告的行为属于“违反商业道德以及公正的竞争秩序的行为”。确实，从电视剧制作者处取得使用许可后展开商品化经营活动，对业界来说可能是惯例。但是，此种惯例并没有到达作为习惯法被固定的程度。出现此种惯例的原因在于，在与各电视剧制作者的关系上处于劣势地位的人，为避免法律纠纷，而不得不缔结使用许可。如此看来，此种惯例很大程度上是基于知识产权的优越性地位而形成的、不具有合理性的惯例。임상민, “지적재산법상 보호되지 아니하는 지적성과물에 대한 무단 이용과 일반불법행위의 성부”, 저스티스, 제 132 호, 2012, 166–167 면.

[3] 대법원 2012.3.29. 선고 2010 다 20044 판결.

[4] 대법원 2010.8.25.2008 마 1541 결정.

[5] 대법원 2012.3.29. 선고 2010 다 20044 판결.

用他人智力成果的行为构成侵权行为的案例。[1] 例如,在“整形外科主页”案[2]中,原告是专门提供植发服务的整形外科医生,其在医院主页上传植发前后的患者照片和患者的咨询内容。被告在出演电视节目时,使用原告医院主页上的患者照片,并宣传“此患者从两年前开始渐渐秃顶,在尝试了诸多民间疗法无果的情况下,来到本院就诊”。对此,原告以著作权侵权及侵权行为为由,将被告诉至法院。

首尔中央地方法院认为,植发前后的患者照片不符合独创性表达要件,[3]因此不属于著作权法所保护的作品。[4] 另外,关于利用患者照片以及咨询内容

---

〔1〕 서울중앙지방법원 2007.6.21. 선고 2007 가합 16095 판결; 서울중앙지방법원 2008.11.14. 선고 2007 가단 70153 판결 등.

〔2〕 서울중앙지방법원 2007.6.21. 선고 2007 가합 16095 판결.“整形外科主页”案的判例评释,参见신지혜, “공중의 영역에 해당하는 저작물 이용에 대하여 일반불법행위 책임을 인정한 판결례에 대한 고찰” , Law & Technology, 제 6 권 제 2 호, 2010, 3-20 면; 이종구, “인터넷 홈페이지에 공개된 정보의 부정이용과 일반불법행위책임” , 계간 저작권, 제 75 호, 2007, 59-72 면; 정진근, “창작성 없는 비저작물의 이용과 일반불법행위책임-2007 가합 16095 판결을 중심으로-” , 상사판례연구, 제 22 집 제 3 권, 2009, 247-272 면 등.

〔3〕 首尔中央地方法院认为,摄影作品只有在被摄体的选定、构图的设定、光线的方向与量的调节、相机角度的设定、快门的速度、拍摄机会的捕捉、其他的拍摄方式、显像与冲印等过程中,被认为具有拍摄者个性、独创性时,才构成受到著作权法保护的作品。在此基础上,原告在植发前后拍摄的照片,即便植发手术本身可以说发挥了原告的个性与独创性,但原告的照片很难被认为包含原告的个性与独创性,原告的照片是将接受治疗的患者选定为被摄体,出于通过对比患者手术前后毛发状态来展现治疗效果的目的而拍摄的,很难说原告在这些照片的具体拍摄方法,如相机的角度、光线的方向与量的调解、拍摄时间的捕捉等中,发挥了自己的个性与独创性。同样,拍摄后的显像、冲印过程中,在背景、构图、照明、光线的量上,也看不出原告的个性与独创性。因此,原告的这些照片,不构成摄影作品。

〔4〕 围绕照片的作品性问题,韩国大法院判例中还有“广告照片”案(대법원 2001.5.8. 선고 98 다 43366 판결)。韩国大法院认为,摄影作品只有在被摄体的选定、构图的设定、光线的方向与量的调节、相机角度的设定、快门的速度、拍摄机会的捕捉、其他的拍摄方式、显像与冲印等过程中体现了拍摄者的个性、独创性时,才构成著作权法所保护的作品。由于原告照片不过是为了制作广告而忠实地对火腿制品进行了拍摄,原告没有在这些照片中发挥其个性与独创性。因此,韩国大法院否定了原告照片构成作品。一般而言,固定式监控摄像机拍摄的照片、自助证件照、忠实拍摄绘画的照片等,单纯只是忠实地将被摄体拍摄下来的照片,由于在拍摄方向与构图上存在许多限制,在表达上发挥的余地较小,应当否认其构成作品。该判决中,如果考虑到被摄体是立体商品(火腿制品),则有可能认定照片在角度、构图等方面具有一定程度的选择余地。如此看来,该案可以说是位于作品判断问题的边界线上的案例。确实,从“整形外科主页”案来看,原告的照片可以从受过原告治疗的、人数众多的患者中挑选被摄体,在照片的摄影过程中,为有效地对比患者手术前后的变化,在拍摄的时间、拍摄的角度上也留有选择的余地。因此,并不是完全没有认可拍摄者个性及独创性的可能。但严格来说,在植发前后拍摄的照片,与证件照一样,不过是忠实地拍摄了作为被摄体的患者,并且将手术前后拍摄的照片进行对比这一想法也不能成为著作权法的保护对象。但无论如何,该案否定了原告照片构成作品的背后,一定程度上受到上述韩国大法院判例的影响。

的行为是否构成侵权行为的问题，首尔中央地方法院进行了一般性的论述，即从一般论来看，对于网络上公开的信息，只要不存在基于著作权法享有排他性权利的情况，原则上第三者可以自由利用。但是，侵权行为的成立并不仅限于受著作权法等法律规范的、严格意义上的权利受到侵害的情形，只要法律所保护的利益受到违法行为的侵犯，就有可能构成侵权行为。因此，当存在以谋取不正当利益为目的或以损害原告利益为目的等特殊事由时，未经许可擅自利用他人通过主页公开在网络上的信息，可能侵害他人受法律保护的利益，构成侵权行为。首尔中央地方法院认为：

> 原告通过医院主页介绍的经营活动，与被告利用原告的照片以及咨询内容宣传的经营活动，均属于治疗毛发的医疗业，两者之间存在竞争关系。原告将长年研究中所获得的临床经验与知识运用于植发手术中，并在取得患者同意的情况下将患者手术前后的照片上传到医院主页。另外，原告基于自身的医学知识与多年的临床经验，在医院主页的在线咨询板块围绕植发手术接受咨询，并将咨询内容登载在医院主页。这些都是原告为能够向消费者传递正确的信息而耗费大量的人力与费用，基于临床经验与专业知识所获得的成果。被告通过擅自利用原告的照片以及咨询事例，达到宣传其经营活动的效果。原告拍摄、制作的照片与患者间的咨询内容，是原告研究以及劳动的成果。并且，将这些拍摄、制作的照片及咨询内容上传到医院主页，是原告医院经营活动的一部分，具有经济价值。因此，即便原告公开在网络上的照片以及咨询内容不构成作品，也毫无疑问地属于受法律保护的利益。被告以营利为目的，未经许可盗用与其具有竞争关系的原告耗费大量人力、物力，并基于患者同意拍摄的照片以及用专业知识制作的咨询内容，该行为在基于公正以及自由竞争原理而成立的交易社会中，可以说是采用明显不公正的手段，超出社会所能容许的限度范围，非法侵害原告经营活动中的信用等无形的、受法律保护的利益。

鉴于此,首尔中央地方法院认为,被告的行为构成《韩国民法典》第 750 条的侵权行为。对此,韩国的文献中存在许多批判的意见。[1] 例如,申智惠认为:法院以不具有独创性为由否定构成作品的同时,却以非法侵害法律所保护的利益为由认定侵权行为责任。如果说思想与表达是通过"保护必要性"来进行区分的,那么本案中最终被认定为值得受到法律保护的信息,很有可能落入受保护的表达的领域中。如果最后结论上是相同的,那么由于著作权法对于是否违法有着相对明确的标准,比起认定违法要件尚不明确的侵权行为成立,不如说认定著作权侵权更为合适。[2]

实际上,被告将原告患者的照片伪装成自己患者的照片,并积极进行宣传才是本判决的决定因素。[3] 换言之,在民事案件中,对消费者的误导行为也有充分的理由构成民法上的侵权行为。[4]

具体而言,《韩国反不正当竞争法》第 2 条第 1 款第 4 项规定,"在商品或者

---

〔1〕 李相理指出:假设患者照片和咨询内容本身属于原告的商标等营业标志或象征信息,如果原封不动地使用这些信息,就等于盗用原告通过该照片等构建的信誉。但是,本案中涉及的只是医学信息。而且,正如法院所表达的那样,以任何人都可能做的、单纯利用毫无个性的信息为由认定侵权并不妥当,与构建知识产权制度的基本理念相矛盾。即使按照相关关系说,即应当对被侵权利益的强弱和侵权行为方式的强弱进行相关、综合考察来判断违法性的观点,本案中侵权行为的认定也是不合理的。이상정, "사진의 저작물성에 관한 일고" , 계간 저작권, 제 105 호, 2014, 96 면.

〔2〕 신지혜, "공중의 영역에 해당하는 저작물 이용에 대하여 일반불법행위 책임을 인정한 판결례에 대한 고찰" , Law&Technology, 제 6 권 제 2 호, 2010, 15 면.另外,林相珉在其论文中也提到,该案中的照片将接受植发手术的患者作为被摄体,对患者额头以上到头顶部分进行拍摄,患者额头的上部被置于画面构图的中心,相机从正面对准额头打光,以能够清晰看见患者毛发状态的方式拍摄,从照片并无法看见患者眉毛往下的部分,因此不存在依据他人照片的问题,在摄影方式上也具有选择的余地,可以被认为是具有独创性的。임상민, "지적재산법상 보호되지 아니하는 지적성과물에 대한 무단 이용과 일반불법행위의 성부" , 저스티스, 제 132 호, 2012, 169 면.

〔3〕 对此,林相珉对本案判决的评价如下:尽管被告没有以刑事犯罪受到起诉,但实际上存在构成《韩国刑法》第 314 条第 1 款所规定的妨害业务罪的盖然性。被告将原告拍摄的照片以及咨询内容当作是自己的照片、咨询内容,并上传到医院主页,符合"散布虚假事实或其他欺诈手段"的要件。因此,原告作为竞争对手其营业有可能受到干扰。임상민, "지적재산법상 보호되지 아니하는 지적성과물에 대한 무단 이용과 일반불법행위의 성부" , 저스티스, 제 132 호, 2012, 169 면.

〔4〕 日本的相关案例包括:在"宣传册机械照片"案(京都地方裁判所 1957 年 9 月 30 日判决,下級裁判所民事裁判例集 8 卷 9 号 1830 頁)中,被告将原告公司宣传册中的机械照片转载至自己公司的宣传册中,假装自己制造销售该机器的行为成为争议焦点。法院认为,被告的行为属于妨碍原告公司的销售活动、超出自由竞争范围的行为,因此构成侵权行为。另外,在"管道"案[东京高等裁判所 2003 年 1 月 31 日判决,2002 年(ネ)1292]中,法院认为,被告使用原告产品的照片,假装原告产品是自己产品而进行促销活动,则该行为构成侵权行为。

其广告或者以公众可知晓的方式在交易文件或通信中标明虚假原产地,或者销售、发布以及进口或出口标明虚假原产地的商品,使公众对原产地产生误解”的行为,属于不正当竞争行为。[1] 即规定误导商品原产地的行为构成不正当竞争行为。另外,《日本反不正当竞争法》第2条第1款第13项规定,“在商品或者服务或者其广告或者用于交易的文件或者通信中,对该商品的原产地、质量、内容、制造方法、用途或者数量作出意在使公众误解的标志,或者转让、交付、为转让或者交付目的展示、出口、进口或者通过电信线路提供使用其标志的商品,或者使用其标志提供服务”的行为,属于不正当竞争行为。由此可见,其规制的行为不仅是误导商品原产地的行为,还包括使公众对服务的原产地及质量产生误解的行为。其实,1993年修订前的《日本反不正当竞争法》只禁止对商品质量的误导行为,因此何为商品是一个重要的待解释的问题。然而,当时并没有合理的理由对商品和服务采用不同的规制。因此,1993年法律修订时,除对商品的误导行为以外,对服务的误导行为也成为法律规范的对象。

综上所述,《韩国反不正当竞争法》第2条第1款第4项与《日本反不正当竞争法》第2条第1款第13项不同,由于其未将误导服务的质量及内容的行为列入规制范围,《韩国反不正当竞争法》就难以对被告将原告患者的照片伪装成自己患者的照片,并积极进行宣传的误导行为进行规制。但是,与“超级前锋”案一样,[2] 当现行知识产权法中存在立法欠缺的情况下,通过《韩国民法典》第750条对立法的缺陷进行补充在法理上并无不妥。

对此,申智惠提出如下疑问:对于患者照片和咨询内容,若抛开著作权法上的权利不谈,除原告的本职医疗业以外,不存在特别的经济利益。被告通过有线电视将原告拍摄的植发照片解释为自己亲自进行手术的照片,该行为虽然存在违反医疗法和标志、广告公正化相关法律的可能性,但其作为医疗消费者和被告之间的问题,很难认为该行为导致原告享有损害赔偿请求权。[3]

的确,被告将原告患者的照片伪装成自己患者的照片,若要将该行为认定为

---

〔1〕 关于商品原产地误导标志的相关规定,是根据《巴黎公约》第10条第1款、第10条之2第3款第3项、《防止虚假或误导性原产地标志的马德里协定》第3条之2规定的。

〔2〕 東京地方裁判所2001年5月25日判决,判例時報1774号132頁。

〔3〕 신지혜, “공중의 영역에 해당하는 저작물 이용에 대하여 일반불법행위 책임을 인정한 판결례에 대한 고찰”, Law & Technology, 제 6 권 제 2 호, 2010, 16 면.

侵权行为,重要的是要有足够证据证明被告的误导行为对原告造成某种损害,但这一事实的确认却是很困难的。然而,如果被告使用原告的照片进行有线电视宣传,由于原告照片的宣传效果,有可能导致来被告医院就诊的客户增多。相应地,就存在对具有竞争关系的原告产生损害的可能性。此外,即使难以认定这种因果关联,由于服务的误导行为导致消费者对整个行业的信任受损,从而对同一行业的其他经营者的客户信任也会产生不利影响的危害。[1] 因此,在“整形外科主页”案中,法院所指的“经营活动中的信用等无形利益”,应从被告的误导行为可能会导致消费者对同行业的信用产生不利影响的事实中加以理解。

2. 艺术创作者的人格利益

在“凯蒂猫”案[2]之后的韩国下级法院判决中,存在认可“艺术创作者的人格利益”这一本不属于著作人身权的利益受到法律保护的案例。例如,在“多拉山站壁画”案中,[3]政府在没有对艺术家作出任何通知,且没有遵守相关法律规定的情况下,烧毁并废弃了多拉山站内壁画的行为是否侵害艺术家的同一性保持权,是否违反《韩国国家赔偿法》第2条第1款以及《韩国民法典》第750条成为争议焦点。[4]

首尔高等法院认为,被告焚毁壁画的行为并未侵害原告的同一性保持权。[5] 随后,关于该行为是否构成侵权行为,首尔高等法院指出:

---

〔1〕 田村善之『不正競争法概説』(有斐閣,1994年)429頁参照。

〔2〕 대법원 2012.3.29. 선고 2010 다 20044 판결.

〔3〕 서울고등법원 2012.11.29. 선고 2012 나 31842 판결.

〔4〕 相关判例评释,参见桂承均「著作権と所有権との関係についての一考察 - ドイツの事例を中心として - 」知的財産法政策学研究43号(2013年)181~218頁。

〔5〕 首尔高等法院认为,被告取下本案壁画后烧毁并废弃的行为,是作为本案壁画所有者行使其权能,对此原告无法主张同一性保持权。换言之,原告将原作品的所有权转让给被告并获得相应的对价,被告是该作品有体物的所有权人,没有法律依据能够限制被告对其所有的有体物进行处分。在没有特殊事由的情况下,著作权法的同一性保持权所保护的“作品的同一性”并非针对作品外形的有体物的存在与归属,而应当将“作品的同一性”理解为以作品的内容为保护对象。如果著作权人在转让作品所有权后,仍基于其享有的同一性保持权来限制所有权的行使,那么作品的所有权人将承担无法预测、过于沉重的负担,这将阻碍作品的流通。另外,被告在废弃本案壁画的过程中所做的损伤、切断行为,如果分别进行判断的话,都有可能侵害原告的同一性保持权。但如前述所述,最终的废弃行为不构成对著作人身权的侵害,以上损伤、切断等行为是为废弃而采取的行为,应当被包含在废弃行为中,也不构成对著作人身权的侵害。因此,认定被告行为并未侵害原告的同一性保持权。

> 原告自1968年开始担任大学教授并从事作品创作，尤其对“非武装地带”特别的关心。本案中的壁画，从最开始便预定设置在属于公共场所并且具有特殊的历史、时代意义的多拉山站中，壁画的内容也是配合设置的场所制作而成。被告制作并分发详细介绍本案壁画的内容、意义以及原告个人信息的宣传资料。从被告的推进计划来看，制作并设置本案壁画的目的在于，通过建成统一文化广场，能够使访问多拉山站的人们感受到展现民族同质性的作品。如此设置在特定的公共场所且具有特殊意义的视觉艺术，其作品的意义与设置场所等相结合创造出新的艺术价值以及空间上的、历史上的意义。当这种创作在观光客中获得一定程度的认知度时，暂且不提作者个人通过维持作品现状所能获得的巨大利益，即便从公共利益的角度来说，也将对后世产生维持、保全文化艺术资产的利益。所谓艺术的自由是指，人们可以通过艺术化的语言，自由且富有创造力地表达自己的个性，包含保护艺术家的艺术活动免受公权力侵害这层意义。艺术作品本质的价值在于基于艺术自由发现多样性，而对艺术作品的评价，随着时代变化也会有所改变。另外，《韩国宪法》规定国家有继承和发扬民族传统、繁盛民族文化的义务（《韩国宪法》第9条），以及通过法律保障艺术家权利的义务（《韩国宪法》第22条第2款）。由此来看，国家对国民负有保障艺术自由以及积极地保障、奖励艺术的义务。因此，当国家将自己设置的，且已经获得了一定认知度的公共艺术作品完全废弃时，应当采取谨慎的态度，经过充分的公开讨论过程才能作出决定。国家单方面以一定的标准对特定艺术作品进行评价的行为，与国家监督相联系，存在正面侵害艺术自由的可能，同时伴随背离上述责任、义务的危险。

在此基础上，首尔高等法院认定，被告旗下的南北出入事务所所属的公务员将本案壁画拆除后焚毁的行为，属于侵害原告作为艺术创作者受到法律保护的人格利益的违法行为。由于原告所受到的精神伤害显而易见，因此基于《韩国国家赔偿法》第2条第1款的规定，被告承担向原告支付精神抚恤金的责任。

换言之，首尔高等法院考虑到，设置本案壁画的目的在于通过将其设置在特殊的且具有历史、时代意义的公共场所，作为统一教育的场所向访问者传达民族同质性，认为文化艺术作品在长时间以完整的状态展示在公众面前，并作为文化艺术遗产而受到保护时，艺术家所获得的利益属于值得受到法律保护的人格利益。政府在完全废弃具有一定认知度的公共艺术作品时，既没有通知艺术家，也没有充分经过公共讨论，便将本案壁画烧毁，构成对艺术家人格利益的侵害。

此处，艺术创作者的人格利益，是指艺术创作者通过将作品展示在特殊的具有历史、时代意义的公共场所而获得的利益。该利益与前述"船桥市公立图书馆"案[1]中日本最高法院所提出的"作者通过作品向公众传递其思想、意见等的利益"类似，并非著作权法所规范的著作人身权，而是通过出于传承传统文化、繁盛民族文化的目的被设置在公共场所的公共艺术作品所获得的人格利益。

由此来看，即便对艺术创作者的人格利益提供法律保护，也不会出现脱离著作权法旨趣的问题。但是，如果考虑到这样的保护可能会对所有权的行使造成过度限制，本案的范围不宜作过于广泛地理解。

（三）韩国大法院判例的影响

实际上，以上述韩国大法院判例为契机，[2]在2013年修订的《韩国反不正当竞争法》中增设了一般条款，即第2条第1款第10项规定，"为了自身的经营目的，以违反商业交易习惯或公正的竞争秩序的方式，未经许可擅自将竞争对手投入了大量劳动力及投资创造的成果予以利用，侵害了他人经济利益"的行为属于"不正当竞争行为"。该条款的修订改变了对不正当竞争行为采取限定列举主义的立场，此后适用一般条款对不公正的竞争行为进行概括性规制成为可能。

1. 采用限定解释的下级法院判决

在韩国的审判实务中，围绕修订后的《韩国反不正当竞争法》第2条第1款第10项的适用范围，有些下级法院判决采用限定解释，认为对于没有满足个别

[1] 最高裁判所2005年7月14日判決，最高裁判所民事判例集59卷6号159頁。

[2] 대법원 2010.8.25.2008 마 1541 결정; 대법원 2012.3.29. 선고 2010 다 20044 판결 등.

知识产权法要件的利用行为，若无特殊情况，不应适用反不正当竞争法的一般条款。[1] 例如，在“耐克”案[2]中，主要的争议点在于原告销售的运动鞋保护期届满后，被告对该商品形态进行模仿，是否构成《韩国反不正当竞争法》第 2 条第 1 款第 9 项规定的商品形态原样模仿以及第 2 条第 1 款第 10 项规定的不正当竞争行为。

首尔中央地方法院斟酌了《韩国反不正当竞争法》第 2 条第 1 款第 10 项(一般条款)的立法目的、第 2 条第 1 款的规范体系，以及该条款增设以前法院适用侵权行为条款的情况，同时考虑到《韩国外观设计法》及《韩国反不正当竞争法》为达成其立法目的，仅在必要的范围内对外观设计予以保护、对不正当竞争行为予以禁止，在此范围之外的领域则是原则上认可对外观设计的自由利用及自由竞争，对该条款的规范对象，即符合其适用范围的行为类型作出限定解释。即该行为应为既存知识产权制度未能预想到、既存法律也无法预测到的行为类型。并且，该行为应类似于既存反不正当竞争法所规范的不正当竞争行为(《韩国反不正当竞争法》第 2 条第 1 款第 1 项至第 9 项)。据此，首尔中央地方法院认为，被告在原告商品运动鞋形态的 3 年保护期届满后，模仿制作并销售该运动鞋并不构成不正当竞争行为。

《韩国反不正当竞争法》第 2 条第 1 款第 9 项将商品形态的保护期设定为 3 年，一方面，从与《韩国外观设计法》的关系上考虑，并不能通过缓和要件获得较长期间的保护；另一方面，即使仅在较短期间内提供保护，也已足够就外观设计开发的投资费用进行回收并充分获取市场先行利益。鉴于《韩国反不正当竞争法》中已专门就商品形态的原样模仿行为作出规定，市场先行利益也属于个别知识产权法所规范的对象利益，如果适用一般条款对保护期届满后的模仿行为进行限制，那么第 2 条第 1 款第 9 项存在的意义就会遭到质疑。从这个意义上来说，法院判断被告的模仿行为不属于一般条款所规范的不正当竞争行为，其判断是妥当的。

---

〔1〕 서울중앙지방법원 2014.8.28. 선고 2013 가합 552431 판결; 서울중앙지방법원 2015.6.10. 선고 2013 가합 558587 판결 등.

〔2〕 서울중앙지방법원 2015.6.10. 선고 2013 가합 558587 판결.

2. 采用灵活解释的下级法院判决

在韩国的审判实务中，也有下级法院判决认为，修订后的《韩国反不正当竞争法》第 2 条第 1 款第 10 项的适用范围应予以灵活解释，对于没有满足个别知识产权法要件的利用行为，可以适用一般条款肯定不正当竞争行为的成立。[1] 例如，在"蜂巢冰淇淋"案[2]中，原告经营甜品店，并销售装饰有自然状态蜂巢的冰淇淋，被告则以直营或者加盟的形式经营与原告有着类似室内装潢的甜品店。原告以被告店铺的室内装潢违反了《韩国反不正当竞争法》第 2 条第 1 款第 10 项（一般条款）的规定为由，将被告诉至法院。

首尔中央地方法院认为，韩国法律中虽然没有特别规定对商业外观（Trade Dress）的保护，但是综合考虑在《韩国反不正当竞争法》中导入一般条款的目的及商业外观的意义，即使组成店铺外观的个别要素不受知识产权相关法律的保护，但当各个要素结合为整体时则可以将其视为商业外观予以保护。被告对原告店铺的构成要素进行模仿，将商号名称、标志等进行部分改变，给消费者带来与原告店铺同一或类似店铺的印象。被告为自身的经营，未经授权擅自利用原告的顾客吸引力，其行为是对原告大量劳力及投资的"搭便车"行为，属于一般条款所规范的不正当竞争行为。

如果对知识产权专门法未作明文规定的利用行为，根据一般条款肯定其不正当竞争行为的成立，同时也意味着对他人行为自由及经济活动自由的限制。然而，仅仅因为顾客吸引力的"搭便车"行为，就对他人的行为自由予以广泛限制，这样的限制是缺乏正当性的。在此情况下，应从功利主义的角度对他人自由限制的正当性进行考虑。即为确保社会所必需的成果开发的激励因素，有必要对某种"搭便车"行为予以一定的规制。"蜂巢冰淇淋"案的法院并没有从功利主义的观点出发考虑案情，而是简单地以被告利用原告商业外观的顾客吸引力理由，认定被告行为构成不正当竞争行为，其判断仍有存疑之处。

---

〔1〕 서울중앙지방법원 2014.11.27. 선고 2014 가합 52471 판결; 서울중앙지방법원 2015.1.29.선고 2014 가합 552520 판결; 서울지방법원 2015.7.10. 선고 2014 가합 529490 판결 등.

〔2〕 서울중앙지방법원 2014.11.27. 선고 2014 가합 52471 판결.

第三节　小结

围绕知识产权专门法未作明文规定的利用行为是否可以构成民法上的一般侵权行为这一问题,日韩两国的最高法院在个案中作出不同判断的根本原因,并不是因为侵权行为法的条文构造存在差异,而是在于如何规范性解释《日本民法典》第709条和《韩国民法典》第750条的问题,即解释论的差异。

在日本的审判实务中,涉及知识产权专门法未作明文规定的利用行为是否可以构成一般侵权行为问题的案例虽多,但最高审级阶段的判例却屈指可数。大正时期的大审院判例经历了从严格解释到灵活解释的转换过程,即从"桃中轩云右卫门"案〔1〕到"大学汤"案〔2〕的立场转换。然而,近来最高法院判例的倾向是,当知识产权专门法尚未明文规定的情况下,尽量限制《日本民法典》第709条的过度适用。换言之,明显采用限定解释的观点。采用限定解释的最高法院判例,〔3〕虽然从结论上否定侵权行为的成立,但都承认例外成立侵权行为的可能。不仅如此,"朝鲜电影"案〔4〕中,最高法院首次提出"与著作权法所规范的对象利益具有不同旨趣的合法利益受到侵害"这一要件。另外,最高法院将"营业利益"视为"与著作权法所规范的对象利益具有不同旨趣的合法利益"的典型例子,认为当通过妨碍他人营业而对营业活动上的利益造成侵害时,有可能例外成立侵权行为。但是,由于竞争行为必然会对他人营业活动造成不利影响,即便提出"营业利益"这类抽象的概念,也很难掌握何种类型的竞争行为应属于违法行为。而且,从理论上来说,所谓"营业利益"也并非必然属于与知识产权法所规范的对象利益具有不同旨趣的合法利益。因此,考察"与著作权法所规范的对象利益具有不同旨趣的合法利益"这一要件论的范围时,应当具备能够超越"营业利益"这些抽象概念的、更为具体的论据。

与此相对,韩国的大法院判例均基于"竞争者违背商业道德或者公平的竞

〔1〕 大審院1914年7月4日判决,大審院刑事判决録20輯1360頁。

〔2〕 大審院1925年11月28日判决,最高裁判所民事判例集4卷670頁。

〔3〕 最高裁判所2004年2月23日判决,最高裁判所民事判例集58卷2号311頁;最高裁判所2011年12月8日判决,最高裁判所民事判例集65卷9号3275頁。

〔4〕 最高裁判所2011年12月8日判决,最高裁判所民事判例集65卷9号3275頁。

争秩序，为了自身的经营擅自利用通过投入大量劳动力和投资获得的成果，从而搭乘竞争对手劳动力及投资的便车，以不正当的手段牟取利益并侵害竞争对手受法律保护的利益，此行为作为不正当的竞争行为，构成民法上的侵权行为"这一抽象论，积极地认可了侵权行为的成立。[1] 与日本的最高法院判例相比，显然采用了相对灵活的解释论。在此基础上，结合具体案情对大法院判例进行考察，在"网络广告"行为保全案[2]中，如果容许被申请人对申请人门户网站的信誉及顾客吸引力"搭便车"的话，这无疑将会对门户网站的运营激励造成过度损害。因此，从保障广告体制的观点来看，将被申请人向网络用户提供广告程序的行为认定为侵权行为的大法院判决是正确的。然而，在"凯蒂猫"案[3]中，尽管韩国电视剧在制作上确实需要耗费巨大的费用、时间与劳动力，但制作各电视剧的电视台主要通过有线电视播放时赞助商的广告收入以及电视剧自身的版权收益等形式回收投入的资金，而通过人物形象的商品化经营获取的收益可能仅占其中的一小部分。从确保电视剧制作所需激励机制的观点来看，在"凯蒂猫"案中，韩国大法院以被告侵害原告通过电视剧的商品化经营活动获得的营业利益为由，认定被告的行为构成侵权行为，其说理有牵强之处，略显不妥。鉴于此，如何像日本的最高法院判例一样，在考虑知识产权法制度旨趣的基础上提出具体的要件论，将成为韩国法院需要解决的课题。[4]

---

〔1〕 대법원 2010.8.25.2008 마 1541 결정; 대법원 2012.3.29. 선고 2010 다 20044 판결 등.

〔2〕 대법원 2010.8.25.2008 마 1541 결정.

〔3〕 대법원 2012.3.29. 선고 2010 다 20044 판결.

〔4〕 이숙연, "지적재산권법 체계하에서의 불법행위법의 역할", Law & Technology，제6권 제2호, 2010, 138 면 참조.

结　语

结语部分，本书将对第一章到第四章中探讨的内容进行总结，并就今后的课题进行论述。

一、内容总结

本书所探讨的内容，属于知识产权法与侵权行为法之交叉领域的论点，即通过侵权行为法补充、完善知识产权法的问题。换言之，知识产权专门法未作明文规定的利用行为是否可以构成民法上的一般侵权行为，如若可以构成一般侵权行为，其构成要件应该如何确定。

从日韩两国最高法院的判决来看，围绕知识产权专门法未作明文规定的利用行为是否可以构成一般侵权行为的问题，两国法院的判决对此采取不同的态度。具体而言，日本的最高法院判例无一例外地对此予以否认；[1] 而韩国的大法院判例则积极地承认侵权行为的成立。[2] 那么，日韩两国最高法院的判决采取不同态度的理由，到底是因为日韩两国的侵权行为法在构造上存在差异，还是从个案的具体案由进行判断导致不同结果的特殊事由？

第一章基于上述问题意识，对日韩两国侵权行为法的体系进行考察。从条文的体系来看，《日本民法典》第709条和《韩国民法典》第750条的共同特征是，两者均不属于事前特定“权利侵害”内容的规则型侵权行为法律条文，而是仅设定诸如“权利以及法律所保护的利益”或“违法行为”等抽象的要件，并将具

〔1〕 最高裁判所2004年2月23日判决，最高裁判所民事判例集58卷2号311頁；最高裁判所2011年12月8日判决，最高裁判所民事判例集65卷9号3275頁；最高裁判所2012年2月2日判决，判例時報2143号72頁等。

〔2〕 대법원 2010.8.25.2008 마 1541 결정; 대법원 2012.3.29. 선고 2010 다 20044 판결 등.

体的判断交由法院进行自由裁量。如果以此条文构造为前提,且不将知识产权法的制度旨趣纳入讨论范畴的话,在知识产权专门法中没有明文规定的情况下,法院适用《日本民法典》第709条或者《韩国民法典》第750条也可谓有据可依。

第二章以明确知识产权法的制度旨趣为主题展开了讨论。既然《日本民法典》第709条和《韩国民法典》第750条的条文构造基本一致,那么日韩两国最高法院在个案中作出不同判断的理由可能在于解释论的差异。换言之,如何对《日本民法典》第709条和《韩国民法典》第750条进行规范性解释,将会是解开疑问的关键所在。为此,探讨知识产权受法律保护的正当化根据必将有所裨益。如果从知识产权法的制度旨趣作为前提进行思考的话,对于知识产权专门法中未作明文规定的利用行为是否可以构成一般侵权行为的问题,仅将其作为《日本民法典》第709条或者《韩国民法典》第750条自身的解释问题来理解是不够充分的。

第三章在考虑知识产权法制度旨趣的同时,围绕知识产权专门法尚未明文规定的利用行为是否可以构成一般侵权行为的问题,对日韩两国学界的动向进行考察。传统的形式主义思维模式通常将知识产权专门法未作明文规定的利用行为是否可以构成一般侵权行为的问题,视作为特别法与一般法的调整问题。然而,传统的形式主义思维模式的解决方法并未触及问题的核心。《日本民法典》第709条或者《韩国民法典》第750条含有抽象的要件,根据法律规则和法律原则的分类法,属于法律原则,有必要通过司法进一步具体化规范内容。由此看来,将知识产权法的补充保护问题单纯地理解为知识产权法与民法在法律体系中的调整问题显得略有不妥。与形式主义思维模式不同,功能主义思维模式主要以目的理性的思想作为构建基础,对法律条文进行解释时,考虑相关条文在社会中承担的功能,以最适宜实现相应效果的角度去进行法律解释。从功能主义的观点来看,有必要将知识产权法的补充保护问题理解为立法(知识产权专门法)与司法(《日本民法典》第709条或者《韩国民法典》第750条)之间职责分立的问题。其理由在于,如果法院适用《日本民法典》第709条或者《韩国民法典》第750条,认定不受知识产权专门法规制的行为构成侵权行为,意味着法院创设了至今尚未被知识产权法承认的新的知识产"权",即法官造法。虽然,将其归类于《日本民法典》第709条或者《韩国民法典》第750条的法律解释问题也并非不可能,但是创设新的知识产"权"的任务到底应该交由立法程序来实现,还是交给司法来自由裁量,该问题的解答仍需要谨慎地思考与探讨。通过讨论可以明确的是:一方面,基于知识产权的外在制约因素,原则上法院应尽量避免对《日本民法典》第709条或者《韩国民法典》第750条过度适用;另一方面,基于知识产权的内在制约因素,如果对某些搭便车行为置之不理的话,将会导致激励极度不足、成果开发的投资过少,此时应该作为例外允许法院适用《日本民法典》第709条或者《韩国民法典》第750条。

第四章基于知识产权法的制度旨趣,对日本与韩国的判例进行具体分析,并探明两国最高法院判例出现不同倾向的根本原因。在考察日韩两国的审判实务时,如果仅着眼于各个判例中的抽象论部分,那么研究的所得所获想来不会太多。如此断言的理由在于,无论是肯定侵权行为成立的判例还是否定侵权行为成立的判例,基本上采用了相同的抽象标准,仅根据抽象论,仍旧无法搞清究竟在何种情形下能够成立侵权行为。因此,有必要根据各个判例的具体情况,或者说着眼于成立侵权行为的判例与否定侵权行为的判例之间案件事实的差异,尝试探寻判例中侵权行为成立与否的分歧点。通过讨论可以明确的是:针对知识产权专门法中未作明文规定的利用行为是否可以构成一般侵权行为的问题,日韩两国最高法院在个案中作出不同判断的根本原因,并不在于日韩两国侵权行为法构造上的差异,而是在于从侵权行为法的构造上如何规范性解释知识产权法的补充保护问题,即解释论的问题。一方面,韩国大法院在基于"竞争者违背商业道德或者公平的竞争秩序,为了自身的经营擅自利用通过投入大量劳动力和投资获得的成果,从而搭乘竞争对手劳动力及投资的便车,以不正当的手段牟取利益并侵害竞争对手受法律保护的利益,此行为作为不正当的竞争行为,构成民法上的侵权行为"这一抽象的判断标准,广泛地认可了侵权行为的成立。在此韩国大法院判例的影响下,今后有可能陆续出现认定与既存著作权法具有相同目的,但著作权法未作规定的行为构成违法的判决;另一方面,日本最高法院明确提出将侵害"与著作权法所规范的对象利益具有不同旨趣的合法利益"作为知识产权法不提供保护时例外认可侵权行为成立的特殊事由。鉴于此,如何像日本最高法院判例一样,在考虑知识产权法制度旨趣的基础上提出具体的要件论,将成为韩国法院需要解决的课题。

综上所述,本书针对知识产权法补充保护问题相关的法律适用提供了一定的方向性。

二、今后的研究课题

探讨知识产权法补充保护问题的方法论,主要包括解释论和立法论。[1] 接下来,以数据库的保护为素材,就日韩两国的对策现状进行简要说明。

数据库若要获得《日本著作权法》的保护,其在素材的选择或者体系的构成上应具有独创性。[2] 在网罗式收集数据的基础上,仅按照时间顺序机械地对数据进行排列的数据库,如将全部判例按照时间顺序排列而成的数据库等,由于其在信息的选择或者体系的构成上缺乏独创性,即便该数据库具有极大的经济价值,也不构成著作权法上的作品。[3] 同时,即便某个数据库由于数据在体系的编排方式上具有独创性而被认定为作品,当其中的数据被抽出,或者编排有所改变时,该数据库可能又会被排除出著作权的保护范围。此外,有些数据库每日在线更新数据,此类数据库什么时候开始构成作品,其保护期间又应当从何时起算等都成为需要解决的问题。[4]

实际上,数据库的价值主要体现在其大量的信息累积上,而信息的收集往往需要较大的投资。因此,开发者通常希望数据库能获得更为实质性的保护。相比之下,《日本著作权法》所能提供的保护就显得鞭长莫及。在此背景下,日本

---

〔1〕 [日]铃木贤:《中国的立法论和日本的解释论——为什么日本民法典可以沿用百多年之久》,载渠涛主编:《中日民商法研究》,法律出版社 2004 年版,第 538 页指出:立法论是指,从立法者的立场出发,面向未来研究和思考最理想的制度,即思考和研究最理想的法条是什么,并进行具体的条文设计;而解释论是指,站在法官的立场,在现行法的框架内通过对现行法律进行逻辑推论,针对现实生活中发生的法律问题、法律纠纷等推导出最为妥善、最有说服力的结论。

〔2〕 通过 1986 年的法律修订,《日本著作权法》中新增有关数据库的规定。例如,《日本著作权法》第 2 条第 1 款第 10 项之 3 规定:"数据库,是指论文、数据、图形以及其他信息的集合物,并要求该信息构成可以通过电子计算机进行检索的体系。"另外,《日本著作权法》第 12 条之 2 第 1 款规定:"数据库中,在信息的选择或体系的构成上具有独创性的,作为作品受到保护。"

〔3〕 有关数据库著作权保护的具体讨论,参见丁文杰「リレーショナル・データベースの著作権侵害が争われた事例(1)一旅 nesPro 事件 - 」知的財産法政策学研究 50 号(2018 年)371 ~ 422 頁;丁文杰「リレーショナル・データベースの著作権侵害が争われた事例(1)一旅 nesPro 事件 - 」知的財産法政策学研究 51 号(2018 年)273 ~ 312 頁。

〔4〕 田村善之『知的財産法』(有斐閣,2010 年)428 ~ 429 頁。另外,参见田村善之『著作権法概説』(有斐閣,2001 年)27 頁;山根崇邦「著作権侵害が認められない場合における一般不法行為の成否」知的財産法政策学研究 18 号(2007 年)255 頁。

早期的审判实务中出现认定竞争者未经许可利用他人数据库的行为构成侵权行为的案例。具体来说，在“超级前锋”案〔1〕中，被告大量复制他人耗费5亿日元开发成本以及每年4000万日元维护管理费用制作的、面向汽车维修业人员的车辆数据库的数据，并在竞争区域进行销售。法院认为，由于在汽车的选择、数据项目的选择以及数据库的体系构成方面缺乏独创性，该数据库不属于著作权法保护的作品。但基于《日本民法典》第709条肯定了侵权行为的成立。

“超级前锋”案作为以侵权行为法理来弥补立法缺陷的典型案例，其做法应值得肯定。然而，其缺陷是从传统的理解上来看，侵权行为法的救济原则不承认停止侵害请求权。〔2〕因此，为数据库赋予更为实质性的保护，而考虑停止侵害请求权时，立法论无疑是数据库的研究领域中不可或缺的视角。

纵观世界各国保护数据库的历史，1995年制定的《欧盟数据保护指令》是通过立法来解决数据库保护问题的先例，〔3〕其对世界各国的数据库保护带来深远影响。其中，韩国以2003年的法律修订为契机，在《韩国著作权法》中明确规定不具有独创性的数据库同样受到著作邻接权的保护。〔4〕修订后的《韩国著作权法》赋予数据库的制作者复制、发行、播放以及传播全部或部分数据的权利，并规定上述权利的存续期间为数据库制作完成后第二年起5年内；当数据库的素材更新需要花费大量投入时，存续期间为更新后第二年起5年内。但同时，该法明确上述权利并不延伸至构成数据库的素材本身。

然而，在著作权法的体系内保护不具有独创性的数据库的做法，受到韩国学者的强烈批判。例如，有学者指出：容许完全不具有独创性的数据库享有类似于

---

〔1〕 東京地方裁判所2001年5月25日判決，判例時報1774号132頁。

〔2〕 田村善之『不正競争法概説』（有斐閣，2003年）492頁；由上浩一「データベースの法的保護」工業所有権法研究113号（1993年）31頁；中山信弘「財産的情報における保護制度の現状と将来」『情報と法』（岩波書店，1997年）275~276頁；吉田邦彦「不正な競争に関する一管見－競争秩序規制の現代的展開－」ジュリスト1088号（1996年）44頁；松本恒雄「情報の保護」ジュリスト1126号（1998年）194頁等参照。

〔3〕 相关日文文献，参见蘆立順美『データベース保護制度論－著作権法による創作投資保護および新規立法論の展開－』（信山社，2004年）200頁；梅谷眞人『データベースの法的保護－現行法制度の機能・限界と立法論的検討－』（信山社，1999年）169頁；小橋馨「EUデータベース指針－ドイツ著作権法における具体化と日本法との比較考察－」石川明編『EU法の現状と発展』（信山社，2001年）155頁等。

〔4〕 相关立法的背景及过程，参见정상조 편, 저작권법 주해, 박영사, 2007, 902–905 면。

著作权的排他性权利的做法，违反了著作权法的基本目的与旨趣，并存在违反《韩国宪法》第22条的可能。一般来说，《韩国宪法》第22条授予著作权保护的旨趣在于，为了鼓励人们创作，仅在与必要性成正比的限度内赋予排他性权利。而对缺乏独创性的数据库赋予排他性权利的行为，违反了《韩国宪法》规定的旨趣，开辟了一条将本应属于公共财产的物私有化(enclosure)的道路。从实际情况来看，韩国国内数据库产业的构造与发达国家相比还停留在较为幼稚的阶段，很难说具有为数据库创造新的排他性权利的经济必要性或社会上的合意。比起通过以著作权或类似的排他性权利对数据库进行保护，禁止数据库制作者间的不正当利用行为的方法论更适应韩国国内的实情。[1]

的确，当为不具有独创性的数据库提供法律保护时，有必要在考虑与知识产权制度之间相容性问题的基础上进行相应的制度设计。著作权法是在智力成果以富有独创性的方式表达出来时，对该独创性表达提供保护的制度。与之相对，数据库的价值主要体现在其大量的信息累积上，而信息的收集往往需要较大的投资。考虑保护投资的必要性，对网罗式数据库的保护与著作权法着重于独创性表达的构想之间显然并不相适应。因此，尽管韩国认识到数据库的重要性并迅速采取立法措施的做法值得肯定，但正如学界批判的那样，其制度本身还存在诸多问题。

另外，《欧盟数据保护指令》颁布后，日本也开始关注数据库的保护问题。1995年通产省明确表示，应当对从数据库中抽取数据的行为采取一定法律措施。与此同时，日本的学界中，提议数据库相关立法应当采取行为规制模式而非赋予权利模式的观点成为有力学说。[2] 然而，有关数据库的立法一直被延后。值得注意的是，日本自2017年开始着手大数据立法筹备工作，2018年通过在《日本反不正当竞争法》中增设“限定提供数据”条款来规制部分数据的利用行为，以期营造一个有助于保护数据所有者，同时不影响数据流通的制度环境。修订后的《日本反不正当竞争法》第2条第7款规定，限定提供数据是以营利为目

---

〔1〕 정상조, 박준석, 지적재산권법, 홍문사, 2011, 310 면.

〔2〕 由上浩一「データベースの法的保護」工業所有権法研究113号(1993年)31～35頁；中山信弘「デジタル時代における財産的情報の保護」曹時49巻8号(1997年)1839頁；松本恒雄「情報の保護」ジュリスト1126号(1998年)196頁；梅谷眞人『データベースの法的保護－現行法制度の機能・限界と立法論的検討－』(信山社,1999年)209～211頁等。

的,通过电磁方法(电子方法、电磁方法以及其他不能被人的知觉所识别的方法),将提供给特定对象的被管理的技术或商业信息(作为秘密被管理的信息除外),储蓄累积到一定数量。[1]

综上所述,围绕知识产权专门法未作明文规定的利用行为是否可以构成一般侵权行为的问题,本书主要从解释论的层面研究了《日本民法典》第 709 条和《韩国民法典》第 750 条的法律适用问题。在知识产权法的保护问题上,希望今后能够将立法论的问题也纳入考量,进行更为深入的研究。

---

〔1〕 田村善之「ビック・データの不正利用行為規制の新設について－平成 30 年不正競争防止法改正の解説－」法学教室 462 号(2019 年)65～71 頁参照。

资 料

“疾速赛马”案

（最高裁判所2004年2月13日判决，
最高裁判所民事判例集58卷2号311页）

【主文】

1. 在原判决中，撤销2001年（受）第866号案件的上告人败诉的部分，并取消该部分的一审判决。[1]

2001年（受）第866号案件被上告人就该部分提出的要求均予以驳回。

2. 驳回2001年（受）第867号案件的上告人的上告。

3. 与第1款有关的诉讼总费用，由2001年（受）第866号案件的被上告人承担；与第2款相关的上告费用，由第867号案件的上告人承担。

【理由】

关于2001年（受）第866号案件上告代理人五月女五郎、同关智文、同谷雅文、同押金隆广的上告受理申请理由及2001年（受）第867号案件上告代理人盐见涉的上告受理申请理由。

1. 原审中合法确认的事实关系的概要如下：

（1）2001年（受）第867号案件的上告人、同第866号案件的被上告人（以下

---

〔1〕 日本的司法裁判采取的是三审制，一审由地方法院管辖，二审（控诉审）由高等法院管辖，三审（上告审）由最高法院管辖。

简称一审原告）是在原判决所附清单的“马名”栏中列出的每匹赛马（编号7、8、36除外，以下简称本案各赛马）的所有者或曾经的所有者。

（2）2001年（受）第866号案件的上告人、同第867号案件的被上告人（以下简称一审被告）是一家以制作和销售游戏软件为业的株式会社。一审被告未经一审原告的同意，制作并销售了使用本案各赛马名称的一审判决附件目录中记载的家庭用及商业用游戏软件（商品名：Gallop Racer，Gallop Racer Ⅱ，以下简称本案各游戏软件）。

（3）本案各游戏软件的内容是，玩家即为骑手，从登记的赛马中选择一匹马进行骑乘，在模仿实际赛马场的画面中展开比赛。在本案各游戏软件中登记的赛马名称几乎都是实际存在的赛马名称，本案各赛马名称的使用情况如上述一览表的“使用情况”栏所述。

（4）在本案各游戏软件中，家庭用的Gallop Racer的包装背面有“1000匹以上实际存在的赛马闪亮登场”的记载，在其宣传册上有“能够骑乘的马有1000匹以上，其中当然有如东海帝王……等名马”的描述，但是除上述的东海帝王以外，没有其他证据证明本案各赛马的名称被用于本案各游戏软件的宣传广告。

2. 本案中，所有或曾经所有本案各赛马的一审原告以其对具有顾客吸引力的本案各赛马名称拥有独占支配的财产权利（所谓的物的形象权）为理由，主张一审被告未经一审原告同意，在游戏软件中使用本案各赛马的名称等，侵犯了上述财产权利，因此要求其停止制作、销售、出租本案各游戏软件，并要求其赔偿因侵权行为给一审原告造成的损害。

3. 原审根据上述事实关系作出如下判决：驳回一审原告的各停止侵害请求，而对于损害赔偿请求，支持一审原告中14人（以下简称14名一审原告）的部分请求，其余的一审原告的各诉讼请求予以驳回。

（1）赛马的名称等具有与名人的姓名等相同的顾客吸引力。在这种情况下，名称等本身具有经济价值。为保护赛马名称等所具有的经济价值，仅依靠《日本商标法》《日本反不正当竞争法》等现行知识产权相关法律所规定的权利和救济是不够的。赛马的所有人拥有独占支配赛马名称等所具有的经济价值（无形价值）的无形财产权（物的公开权），对此应予以保护。实际上，赛马的所有者与制作、销售游戏软件的公司之间，就其所有赛马的名称等的使用许可，签订了收取授权费的合同。从这一事例来看,可以说在一定的条件下,承认赛马等所具有的物的形象权,并对其进行相应的保护的社会现象则应运而生。因此,当第三人擅自使用具有顾客吸引力的赛马名称等侵害上述无形财产权时,会构成侵权行为,同时产生损害赔偿请求权。

(2)但是,上述的无形财产权,现阶段尚不属于具有排他性的权利,所以不能承认停止侵害请求。

(3)在本案各赛马中,对于参加中央赛马的所谓G1比赛并获得冠军的19匹赛马,由于其名称被广泛地认为具有顾客吸引力,因此所有或曾经所有赛马的14名一审原告拥有独占支配上述各赛马名称所具有的经济价值的无形财产权。鉴于此,一审被告在本案各游戏软件中擅自使用上述各赛马的名称,构成侵犯上述无形财产权的侵权行为,故一审被告对14名一审原告承担损害赔偿责任。

4. 然而,在原审的上述判断中,上述3(2)中的结论可以支持,其余的判断无法支持。理由如下:

(1)一审原告是所有或曾经所有本案各赛马的人。但所谓赛马等物的所有权,仅是指对该物的有形层面拥有的排他性支配权能,而不涉及对该物的名称等无形层面的排他性支配权能。因此,第三者未侵犯所有者对赛马的有形层面的排他性支配权能,而仅利用赛马的名称等所具有的顾客吸引力等无形层面的经济价值,则应解释为不侵犯对赛马的所有权。在本案中,根据上述事实关系,一审被告仅制作、销售本案各游戏软件,并没有侵犯一审原告等基于所有权对本案各赛马的有形层面所拥有的排他性支配权能。因此,一审被告的上述制作、销售行为,并没有侵犯一审原告等对本案各赛马享有的所有权。

(2)在现行法律中,关于物在无形层面的使用,如物的名称的使用等,一方面,由《日本商标法》、《日本著作权法》以及《日本反不正当竞争法》等知识产权相关的法律,通过对特定范围的人基于一定的要件赋予排他性使用权的形式,对其权利提供相应的保护。另一方面,为保证使用权的赋予不会对国民的经济活动及文化活动的自由造成过度制约,各法律均规定了知识产权的产生原因、内容、范围、消灭原因等,明确了排他性使用权所及的范围和界限。

【要旨】鉴于上述各法律的旨趣或目的,即便赛马名称等具有顾客吸引力,但在缺乏法律法规等依据的情况下,不应认可赛马所有者使用赛马名称等无形层面的排他性使用权。此外,关于未经授权擅自使用赛马名称的行为是否构成侵权行为,在法律法规尚未明确违法行为的范围、形式等的情况下,也无法肯定侵权行为的成立。因此,在本案中,不能对停止侵权或者侵权行为的成立予以支持。

(3)此外,如原判决所述,即使有实例证明双方订立了支付赛马名称等使用费的合同,由于这些合同的订立可以基于各种目的,如预先避免争端以顺利地开展业务等,因此无法以上述合同订立为由认为,承认赛马所有者可以独占利用赛马名称等的经济价值的社会习惯或习惯法已经形成。

(4)根据上述理由,一审原告不仅不能对一审被告请求停止侵权,也不具有损害赔偿请求权。

5. 原审中部分支持 14 名一审原告的损害赔偿请求的判断,明显地违反法律法规,并对判决结果产生了影响。因此,一审被告在原判决中败诉的部分将被撤销。一审被告的论辩有理。综上所述,由于上述损害赔偿请求没有根据,应撤销支持部分损害赔偿请求的一审判决,即驳回全部诉讼请求。

此外,原审驳回一审原告的停止侵害请求正当,不予支持一审原告的论辩。对于一审原告就其余请求提出的上告,在上告受理的决定中已驳回其上告受理申请理由。

6. 因此,根据一审被告的上告,撤销原判决中一审被告败诉的部分,在取消一审判决的基础上,驳回 14 名一审原告就该部分提出的诉讼请求,驳回一审原告的上告。

鉴于此,根据全体法官一致的意见,按照主文进行判决。

审判长:滝井繁男

审判员:福田博

审判员:北川弘治

审判员:亀山继夫

2004 年 2 月 13 日

“朝鲜电影”案

（最高裁判所2011年12月8日判决，
最高裁判所民事判例集65卷9号3275页）

【主文】

1. 根据2009年(受)第602号上告人、同第603号被上告人的上告，撤销原判决中2009年(受)第602号上告人、同第603号被上告人败诉的部分。

2. 对于上述部分，驳回2009年(受)第602号被上告人、同第603号上告人的诉讼请求。

3. 对于原判决中的补充性诉讼请求，驳回2009年(受)第602号被上告人、同第603号上告人以及2009年(受)第603号上告人的各项上告。

4. 驳回2009年(受)第602号被上告人、同第603号上告人以及2009年(受)第603号上告人的其他上告。

5. 2009年(受)第602号上告人、同第603号被上告人与2009年(受)第602号被上告人、同第603号上告人之间的控诉费用和上告费用，由2009年(受)第602号被上告人、同第603号上告人承担，而2009年(受)第602号上告人、同第603号被上告人与2009年(受)第603号上告人之间的上告费用，由2009年(受)第603号上告人承担。

【理由】

第一，案情概要。

1. 本案中，2009年(受)第602号被上告人、同第603号上告人(以下简称一审原告X1)和2009年(受)第603号上告人(以下简称一审原告X2，一审原告X1和一审原告X2合称一审原告等)，因A未经一审原告等的许可播放在朝鲜民主主义人民共和国(以下简称朝鲜)制作的原判决附录电影目录1记载1n的电影(以下简称本案电影)的部分内容，从而向继承A的2009年(受)第602号上告人、同第603号被上告人(以下简称一审被告)作出如下主张：

(1)作为主要诉讼请求,包括本案电影在内的目录1至3中记载的、在朝鲜制作的电影(以下简称本案各电影)是朝鲜国民的作品,根据《保护文学和艺术作品伯尔尼公约》(以下简称《伯尔尼公约》),属于《日本著作权法》第6条第3项规定的日本有义务保护的作品。一审原告等以可能侵犯一审原告X2对本案各电影享有的公众送信权(《日本著作权法》第23条第1款)为理由,要求一审被告停止播放本案各电影的同时,以A的上述播放行为侵犯了一审原告X2对本案各电影享有的公众送信权以及一审原告X1在日本国内对本案各电影享有的独占利用的权利为理由,要求赔偿因侵犯上述权利所造成的损害。(2)作为原审中追加的补充诉讼请求,主张即使本案电影不构成受《日本著作权法》保护的作品,由于上述播放行为侵犯了原告对本案电影享有的法律所保护的利益,也要求其支付基于侵权行为的损害赔偿。

2.原审中合法确认的事实关系,概要如下:

(1)本案各电影都是在朝鲜制作的作品。其中,本案电影是B于1978年制作的时长超过两个小时的故事片。

(2)一审原告X2是根据《朝鲜民法》享有权利能力的朝鲜文化部下属的行政机关,经确认一审原告X2对本案各电影享有著作权。

2002年9月30日,一审原告X1与一审原告X2签订了电影著作权基本合同(以下简称本案合同),并获得了本案各电影在日本国内的独占放映、传播、授权第三方利用的权利。

(3)A于2003年12月15日在一个名为"超级新闻"的电视新闻节目中播放了一个约6分钟的专题,该专题为报道朝鲜利用电影对国民进行"洗脑教育"的情况,播出了担任电影主演的女演员讲述本案电影制作状况等场面,并与电影的一部分内容相结合。在上述专题中,A利用了本电影中共计2分8秒的片段(对于上述专题中播放的本案电影的部分,以下简称本案播放)。A对于本案播放没有获得一审原告等的许可。

(4)2008年10月1日,一审被告因公司分立继承了除集团经营管理业务以外的A的所有业务相关的权利义务。

(5)1975年4月24日,《伯尔尼公约》在日本生效。

2003年1月28日,朝鲜向世界知识产权组织的总干事提交了一份加入该公约的申请书,该总干事于同日将这一事实通知了该条约的其他成员国,自此该公约于同年4月28日对朝鲜生效。

(6)《伯尔尼公约》规定,适用本公约的国家组成保护作者对其文学艺术作品所享权利的联盟(第1条),以及本联盟任何成员国国民的作者,其作品受该公约的保护(第3条第1款第a项)。

公约还规定,任何不属于联盟的国家都可以加入公约,并可以通过加入公约成为本公约的当事国一方和本联盟成员国(第29条第1款),但没有规定如加入公约须取得成员国的同意等特别的要求。

(7)日本对朝鲜以外的其他国家加入《伯尔尼公约》时往往会在本国进行公告,但该公约对朝鲜生效的公告尚未发出。

此外,日本外务省和文部科学省表示,日本对未承认国家朝鲜的作品不承担《伯尔尼公约》上的保护义务。

3. 原审在上述事实关系的情况下作出如下判决:驳回一审原告等的主要诉讼请求和一审原告X2的补充诉讼请求,而一审原告X1的补充诉讼请求应在赔偿12万日元以及由此产生的迟延履行金的限度内予以支持。

(1)根据《伯尔尼公约》第3条第1款第a项,日本对日本未承认为国家(以下简称未承认国家)的朝鲜的国民作品,不负有保护义务。因此,本案各电影不属于《日本著作权法》第6条第3款规定的“根据条约日本负有保护义务的作品”,一审原告等的主要诉讼请求缺乏该前提,难以支持。

(2)本案播放构成侵犯一审原告X1根据本案合同取得的在日本国内利用本案电影相关利益的违法行为,对此A至少存在过失,根据《日本民法典》第709条,一审被告应赔偿一审原告X1所遭受的损失。

然而,一审原告X2已授权一审原告X1在日本国内利用本案各电影,对本案电影在日本国内的利用并不具有法律上可受保护的利益,因此一审原告X2的补充诉讼请求缺乏根据。

第二,关于2009年(受)第603号上告代理人齐藤诚、金舜植、石川美津子提出的上告受理申请理由。

1. 申请理由主要是,原审关于本案各电影不属于《日本著作权法》第6条第3项规定的“根据条约日本负有保护义务的作品”的判断,是对该项的错误解释。

2. 一般而言，在未承认国家事后加入已经对日本生效的多边国际条约的情况下，除非根据该条约缔约国承担的义务是具有普遍价值的一般国际法义务，否则不能认为由于未承认国家的加入而直接使日本与未承认国家之间产生该条约上的权利义务关系。日本可以就是否与未承认国家产生该条约上的权利义务关系这一问题拥有选择权。

就《伯尔尼公约》而言，该条约一方面保护以联盟国国民为作者的作品(第3条第1款第a项)，而对于以非联盟国国民为作者的作品，只有其作品首次在联盟国发行，或在非联盟国和联盟国同时发行(第3条第1款第b项)等情况下才提供保护。因此，该条约是以国家主体为前提来提供著作权的保护，而并不使联盟国承担具有普遍价值的一般国际法义务。

此外，根据上述事实关系，当日本未承认国家朝鲜加入已经对日本生效的该条约时，并没有发出公告表明该条约已对朝鲜生效，日本外务省和文部科学省也表示，日本没有义务根据该条约保护朝鲜国民的作品。因此，即便未承认国家朝鲜加入该条约，日本依然采取不与其建立基于该条约的权利义务关系的立场。

考虑上述情况，日本没有义务根据《伯尔尼公约》第3条第1款第a项保护朝鲜国民的作品。因此，本案各电影均不属于《日本著作权法》第6条第3项规定的作品。日本最高法院1974年(行ツ)第81号、最高法院1977年2月14日第二小法庭判决·裁判集民事120号35页，与本案事实不符，不适用于本案。

3. 因此，建立在本案各电影应受《日本著作权法》保护的基础上的一审原告等的主要诉讼请求，无须就其余部分作出判断。而原审作出的第一部分3(1)的判决与上述旨趣相同，可予以支持。

第三，关于2009年(受)第602号上告代理人前田哲男、中川达也提出的上告受理申请理由(但不包括已排除的部分)。

1. 申请理由主要是，原审关于本案播放构成对一审原告X1的侵权行为的判断，是对《日本民法典》第709条和《日本著作权法》第6条的错误解释。

2.《日本著作权法》在作品利用方面，对一定范围内的人在一定的条件下，在承认其独占性权利的同时，以谋求独占性权利与国民的文化生活自由的协调为旨趣,也规定了著作权的发生原因、内容、范围以及消灭原因等,使独占性权利所涉及的范围、界限变得清晰。

《日本著作权法》第6条规定的受保护的作品范围,也符合上述旨趣。当某类作品不属于该条各款规定的作品时,独占利用该作品的权利并不是法律所保护的对象。因此,《日本著作权法》第6条各款所规定范围之外作品的利用行为,除非存在与著作权法所规范的对象利益具有不同旨趣的合法利益受到侵害等特殊事由,否则该利用行为不构成侵权行为。

3. 就本案而言,上述判决表明,本案电影不属于《日本著作权法》第6条第3款规定的作品,一审原告X1所主张的利用本案电影所获得的利益,无非是指该法所规范的、在日本国内独占利用的利益,即便本案播放侵犯了上述利益,也不能被视为构成对一审原告X1的侵权行为。

假设,一审原告X1的主张也可以解释为,本案播放妨害了一审原告X1通过订立本案合同而欲从事的营业活动,由此侵害了其营业利益。根据上述事实关系,本案播放不过是在电视新闻节目以介绍朝鲜的国家现状为目的制作的约6分钟的专题中,在实现该目的的合理范围内,从时长2小时的本案电影中截取了共计2分8秒的片段进行播放。如果考虑上述情况,本案播放并非脱离了自由竞争的范围,未妨碍一审原告X1的营业活动,也无法认定对一审原告X1的上述利益造成违法的侵害。

因此,本案播放不构成对一审原告X1的侵权行为。

4. 原审中上述第一部分3(2)的判断与上述理由相悖,存在影响判决结果的明显违反法律法规的事由。原判决中,撤销一审被告败诉的部分,一审原告X1关于该部分的请求没有理由,因此应当驳回该请求。

第四,结论。

综上所述,根据一审被告的上告,撤销原判决中一审被告败诉的部分,驳回原判决一审原告X1对该部分的请求。虽然一审原告等对原判决中的补充诉讼请求部分提出了上告受理申请,但未提交记载其理由的书面文件,因此对该部分的上告是不合法的,应驳回一审原告等对该部分各项的上告,并驳回其他一审原告等的其他上告。

鉴于此,在全体法官一致的意见下,按照主文进行判决。

审判长:樱井龙子

审判员:宫川光治

审判员:金筑诚志

审判员:横田尤孝

审判员:白木勇

2011 年 12 月 8 日

“粉红女郎”案

(最高裁判所 2012 年 2 月 2 日判决,判例时报 2143 号 72 页)

【主文】

1. 驳回本案上告。

2. 上告费用由上告人承担。

【理由】

关于上告代理人中村稔等人的上告受理申请理由。

1. 本案中,上告人对被上告人擅自在周刊杂志上登载以上告人为被摄体的 14 张照片的行为,主张排他利用上告人的肖像所拥有的顾客吸引力的权利受到侵害,并根据侵权行为请求损害赔偿的案件。

2. 原审中合法确认的事实关系的概要如下:

(1)上告人是在 1976 年至 1981 年,组成双人组合“粉红女郎”进行活动的歌手。粉红女郎受到了从儿童到成人粉丝的广泛支持,日本全国曾流行模仿其歌曲的舞蹈动作。

被上告人是一家以出版、发行书籍、杂志等为业务的公司,并发行了《女性自身》周刊杂志。

(2)2006 年秋季开始,以对减肥感兴趣的女性为中心,一种利用粉红女郎歌曲编舞的减肥方法流行起来。

(3)2007年2月13日,被上告人发行了2月27日的上述周刊杂志(AB变形版尺寸,长26厘米、宽21厘米,约200页,以下简称本案杂志),并在其第16页至第18页上刊载了题为"粉红女郎de减肥"的报道(以下简称本案报道)。

本案报道,主要以演员(以下简称本案解说员)利用粉红女郎的5首曲子的编舞解说减肥方法为内容,使用了以上告人为被摄体的14张黑白照片(以下称为本案各照片)。

(4)在本案杂志第16页右端的标题"粉红女郎de减肥"的上方,刊登了一张长4.8厘米、宽6.7厘米的上诉人正在唱歌的照片。

在本案杂志的第16页和第17页,分为上下2段,分别以1首歌曲的编舞进行减肥方法解说,而第18页的上半部分解说了剩下1首歌曲的编舞的减肥方法。上述的各解说部分,除了记述各减肥效果的标题、4帧插图以及文字编排的解说等之外,还刊登了长5厘米、宽7.5厘米和长8厘米、宽10厘米的上告人正在唱歌的照片各1张,以本案解说员为被摄体的照片各1张或2张。

在本案杂志第17页的左上部分,记述了利用粉红女郎歌曲编舞的减肥方法效果等描述,其下方刊登了一张穿着泳装的上告人的长7厘米、宽4.4厘米的照片。此外,在同一页的左下部分,有本案解说员讲述小时候模仿粉红女郎的歌曲编舞等回忆的内容。

在本案杂志第18页的下半部分,在标题为"本杂志珍藏照片承载的粉红女郎的回忆"的下方,刊登了上告人的长2.8厘米、宽3.6厘米和长9.1厘米、宽5.5厘米的照片,共计7张。在其下方,有与本案解说员不同的艺人讲述上述相同回忆等的描述,在该描述左侧,刊登了一张上述艺人的照片。

(5)本案各照片是在已获得上告人同意的情况下,由被上告人安排的摄影师拍摄的照片。但是上告人从未同意在本案杂志上刊登本案照片,因此本案各照片是未经上告人同意而被刊登在本案杂志上的。

3.(1)人的姓名、肖像等(以下合称肖像等)是个人人格的象征,而作为人格权中衍生的产物,个人享有其肖像等不被随意利用的权利[关于姓名权,参见最高法院1983年(オ)第1311号、最高法院1988年2月16日第三小法庭判决·民集42卷2号27页;关于肖像权,参见最高法院1965年(あ)第1187号、最高法院1969年12月24日大法庭判决·刑集23卷12号1625页;最高法院2003

年(受)第281号、最高法院2005年11月10日第一小法院判决·民集59卷9号2428页]。而且,肖像等具有促进商品销售的顾客吸引力,此种排他性利用顾客吸引力的权利(以下简称形象权),是基于肖像等自身的商业价值产生的权利。因此,能够构成上述人格权所衍生的权利的一部分。此外,肖像等具有顾客吸引力的人聚集着社会的关注,有时也会将其肖像等用于时事报道、评论以及创作物,因此存在将其作为正当表达行为而应予以容忍的情形。由此可见,未经许可擅自使用肖像等的行为,属于专门以利用肖像等所拥有的顾客吸引力为目的的情形,如①将肖像等本身作为可供欣赏的商品独立使用;②出于使商品差异化的目的,将肖像等贴在商品上;③将肖像等用于商品广告等,应当以侵害形象权为由,认定其构成侵权行为法上的违法行为。

(2)从本案来看,根据上述事实关系,上告人在1975年左右受到了各年龄层粉丝的广泛支持,由于当时全国都在模仿该歌曲的编舞,因此可以说本案各照片的上告人的肖像具有顾客吸引力。

然而,根据上述事实关系,本案报道的内容并不是介绍粉红女郎本身,而是介绍前一年秋季流行的粉红女郎歌曲编舞的减肥方法,以其效果为标题,通过插图和文字对其进行解说,同时介绍艺人小时候模仿粉红女郎歌曲编舞的回忆等。此外,本案报道中使用的本案各照片仅在大约200页的整本杂志的3页中使用,而且都是黑白照片,大小约为长2.8厘米、宽3.6厘米以及长8厘米、宽10厘米。根据这些情况可以说,本案各照片主要是为解说使用上述编舞的减肥方法,并附带介绍小时候模仿上述编舞的艺人的回忆,以唤起读者的记忆,即以补充本案报道的内容为目的而使用照片。

因此,被上告人在未经上告人许可的情况下在本案杂志上刊登本案各照片的行为,并不完全是为了利用上告人肖像所拥有的顾客吸引力,因此,并不能认定为侵权责任法上的违法行为。

4.根据上述理由,原审认为本案各照片在本案杂志上刊登的行为不属于侵权责任法上的违法行为,并无不当。上告人的意见难以采纳。

鉴于此,根据全体法官一致的意见,按照主文进行判决。另外,法官金筑诚志提出了补充意见。

法官金筑诚志的补充意见如下：

关于以何种标准来认定侵犯公开权的情况，过往的下级法院判决提出了几种意见，但既然公开权是对人的肖像等所具有的顾客吸引力的排他性利用权，那么擅自利用顾客吸引力的行为就是侵权的核心要素。

具有顾客吸引力的名人，包括出于对容易产生公开权问题的艺人和体育选手的一种娱乐层面的关心，在各种意义上都可以成为社会正当关心的对象，不应当过度限制对其人物形象、活动状况等的介绍、报道、评论等行为。而且，几乎所有的报道、出版、播放等都是作为商业活动进行的，作为这些活动的一部分，在刊登名人的肖像等时，可能具有充分的吸引顾客的效果。因此，将对肖像等的一般商业利用视为侵犯公开权的行为并不妥当，应尽可能明确地限定构成侵权的范围。此外，日本没有规定公开权的法律法规，可将其理解为自人格权衍生而来的权利，以及侵害公开权造成的损害属于经济上的损失损害，至于使用姓名、肖像等的行为一旦达到毁损名誉或侵犯隐私的程度，也可以给予个别的救济，这也是限定构成侵权范围的理由。关于这一观点，参见否定了物的形象权的最高法院2001年(受)第866号、第867号、2004年2月13日第二小法庭判决·民集58卷2号第311页。上述判决指出：在现行法律中，关于物在无形层面的使用，如物的名称的使用等，由《日本商标法》等知识产权相关的法律，对其权利提供相应保护的同时，为保证使用权的赋予不会对国民的经济活动及文化活动自由造成过度制约，明确了排他性使用权所及的范围及界限。鉴于此，即便赛马名称等具有顾客吸引力，但在缺乏法律法规等依据的情况下，不应认可赛马所有人有对赛马名称等无形层面的排他性使用权。

如演员画报、偶像写真等，将肖像本身作为可供欣赏的商品独立使用，或如所谓的人物形象商品等，出于使商品等差异化的目的，将肖像等贴在商品上，或将肖像等用于商品等的广告，是本判决举例的未经许可使用肖像等构成侵权责任法上的违法的3种情况。这些都是专门以利用顾客吸引力为目的的典型类型，从以前的下级法院判决处理的案例来看，上述类型能够涵盖大部分认定侵害形象权的情况。对于这3种类型以外的案例，如果按该标准限定在专门以利用顾客吸引力为目的的情况，则侵害公开权的范围就会变得相当明确。

此外，原判决指出了一个问题，即如果存在利用顾客吸引力以外的目的，即便很少也不属于“专门”利用的目的。例如，肖像照片和报道在同一出版物上登载时，应对照片的大小、处理方法等与报道的内容进行比较研究，报道仅作为附带物并且难以承认报道具有独立性时，或者与报道无关的照片被放大时，可以认为符合“专门”要件，不能过分严格地对此表述进行解释。

审判长：樱井龙子

审判员：宫川光治

审判员：金筑诚志

审判员：横田尤孝

审判员：白木勇

2012 年 2 月 2 日

“船桥市立图书馆”案

（最高裁判所 2005 年 7 月 14 日判决，
最高裁判所民事判例集 59 卷 6 号 159 页）

【主文】

1. 撤销原判决中关于被上告人的部分。

2. 前项被上告人的部分，发回东京高等法院重审。

【理由】

关于上告代理人内田智等人的上告受理申请理由。

1. 原审确认的事实关系，概要如下：

(1)上告人 A1 会，是在 1997 年 1 月 30 日经过设立总会而设立的无权利能力的社团，是“以策划、建议制作新历史、公民教科书以及其他教科书，并将其交到儿童、学生的手上为目的”的团体。其余上告人等，是上告人 A1 会的董事或追随者（但是，上告人 A2 是上告人 A1 会的原理事一审原告 D 的诉讼继承人。以下，“上告人等”指除上告人 A2 外，还包括一审原告 D）。

(2)被上告人根据《船桥市图书馆条例》（1981 年船桥市条例第 22 号），设立船桥市中央图书馆、船桥市东图书馆、船桥市西图书馆以及船桥市北图书馆，并制定了船桥市图书馆资料除籍标准（以下简称本案除籍标准）作为上述图书馆资料的除籍标准。

本案除籍标准中，规定的“除籍对象资料”如下：“①藏书清点后发现无法找到，并且满 3 年仍不知去向的；②出借资料中经过督促等努力，3 年以上仍无法收回的；③因使用人污损、破损、丢失资料成为赔偿对象的；④因不可抗力灾害、事故遗失的；⑤污损、破损严重，无法修复的；⑥内容陈旧，丧失资料价值的；⑦利用率低，今后也不太可能被利用，丧失资料价值的；⑧由于新版、修订版的出版，需要替换的；⑨经过图书馆规定的保存年限的杂志。”

（3）自 2001 年 8 月 10 日至 26 日，当时在船桥市西图书馆担任图书管理员的工作人员（以下简称本案图书管理员），出于对上告人 A1 会和其追随者以及其著作的消极评价和反感，私自将该图书馆的藏书中上告人所写或者编辑的相关共计 107 册书籍（其中包括上告人 A1 会的追随者以外的著作），指示其他工作人员收集起来，尽管不属于本案除籍标准中规定的“除籍对象资料”，仍然从电脑上的藏书列表中作出除籍处理，并予以废弃（以下简称本案废弃）。

与本案废弃有关的书籍的每一作者的册数见一审判决书附件 2“关联图书藏书 · 除籍数一览表”，其中上告人等所写或编辑的书籍细目见一审判决书附件 1“除籍图书清单”（编号 20、21、24、26 除外）。

（4）在本案废弃约 8 个月后的 2002 年 4 月 12 日《产经新闻》（全国版）中，报道了 2001 年 8 月左右，船桥市西图书馆收藏的 E 的 44 本著作中的 43 本、F 的 58 本著作中的 25 本被作废弃处理的事实，以此报道为契机发现了本案废弃。

（5）2002 年 5 月 10 日，本案图书管理员向船桥市教育委员会委员长提交呈报书，表明本案废弃是其本人所为，该委员会于 5 月 29 日，对本案图书管理员作出减薪 1/10 持续 6 个月的纪律处分。

（6）到 2002 年 7 月 4 日为止，本案废弃图书中的 103 本书，由包括本案图书管理员在内 5 名船桥市教育委员会生涯学习部的工作人员捐赠给船桥市西图书馆。对于剩余的 4 本书，由于难以取得，上述 5 名工作人员以同一作者所著书籍作为替代图书捐赠，亦由该图书馆收藏。

2. 本案中，上告人等主张由于本案废弃作者的人格性利益受到侵害，并进一步遭受精神上的痛苦，根据《日本国家赔偿法》第 1 条第 1 款或《日本民法典》第 715 条，要求被上告人支付精神抚慰金。

3. 原审在上述事实关系的基础上，作出如下判决，并驳回了上告人等的诉讼请求。

作者不具有能够请求图书馆购买其作品的法律地位。即使其作品由图书馆购买，关于作品的供阅览的方式，除非涉及对著作权或著作人身权的侵害，否则作者对该图书馆不具有任何能够提出具体请求的法律地位。因此，关于其作品存放在图书馆供查阅本身，存放在被上告人图书馆的供查阅书籍的作者，对被上告人不享有任何合法权益。上告人的主张需以上告人的权益受到了本案废弃的侵害为前提，因此其主张不能被采纳。

4. 然而，原审的上述判决无法予以支持。理由如下：

(1) 图书馆是“致力于收集、整理、保存图书、记录以及其他必要的资料，供一般公众利用并有助于教育、研究和娱乐的设施”(《日本图书馆法》第 2 条第 1 款)，是“服务于社会教育的机构”(《日本社会教育法》第 9 条第 1 款)，更是国家以及地方公共团体致力于提高国民文化素养的公共设施(《日本社会教育法》第 3 条第 1 款、《日本教育基本法》第 7 条第 2 款)。公立图书馆是为实现该目标由地方公共团体设立的公共设施(《日本图书馆法》第 2 条第 2 款、《日本地方自治法》第 244 条、《日本地方教育行政组织及运营相关的法律》第 30 条)。图书馆所提供的服务内容，包括：①收集图书馆资料供一般公众利用；②必须对图书馆资料进行合适的分类排列，并制作目录(《日本图书馆法》第 3 条)。特别是关于公立图书馆，其设立及运营的理想标准由文部科学大臣制定，提交给教育委员会的同时也需要向一般公众进行公示(《日本图书馆法》第 18 条)。2001 年 7 月 18 日由文部科学大臣发布的《公立图书馆的设立以及运营上的理想标准》(日本文部科学省告示第 132 号)规定公立图书馆的设立人应根据该标准努力提供好图书馆的服务。根据该标准，公立图书馆关于图书馆资料的收集、提供等，应满足：①适当向当地居民的学习活动等提供援助，要考虑到当地居民的高度化、多样化的要求；②为供更多的当地居民利用，努力改进信息处理功能，建立一个能够提供有效和快速服务的体系；③为满足当地居民的需求，通过迅速更新出版的图书和杂志，并与其他图书馆合作，努力提供能够充分发挥图书馆功能的种类和数量的材料。

根据公立图书馆的上述功能、职责,图书馆是通过为居民提供包含思想、意见等各种信息的图书馆资料,以提高居民的文化为目的的公共场所。而且,为了使公立图书馆发挥上述功能,公立图书馆的工作人员不应凭借独断的评价和个人喜好,应公正地处理图书馆资料。对于可供阅览的图书,根据武断的评价和个人喜好予以废弃,违反了作为图书馆工作人员的基本义务。

(2)如上所述,公立图书馆是为居民提供图书馆资料的公共场所,也是供阅览的图书作者向公众传达其思想、意见的公共场所。因此,公立图书馆的工作人员以作者的思想及信仰为由,通过不公正的处理方式废弃供公众查阅的图书,无疑不正当地损害了该作者通过其作品向公众传达其思想、意见的利益。并且,鉴于作者的思想自由与表达自由是受《日本国宪法》保障的基本人权,该作品在公立图书馆公开供阅览的作者所享有的上述利益,应解释为值得法律保护的人格性利益。

【要旨】公立图书馆的工作人员作为公务员,其废弃图书的行为违反基本职务中的义务,凭借对作者或作品的独断的评价及个人喜好,对作者、作品采取不公正的处理方式,侵害了该图书作者的上述人格性利益,应认定为《日本国家赔偿法》上的违法行为。

(3)根据上述事实关系,本案废弃是由公立图书馆船桥市西图书馆的本案图书管理员,出于对上告人 A1 会和其追随者以及对其著作的消极评价和反感实施的行为,上告人等由于本案废弃,其上述人格性利益受到了侵害。

5. 因此,原审基于与此不同的意见,驳回上告人等对被上告人的请求,明显存在影响判决结果、违反法律法规的事实。以上述旨趣为理由,撤销原判决中关于被上告人的部分。由于有必要进一步审查,应对上述部分发回重审。

鉴于此,经法官一致同意,按照判决主文进行判决。

审判长:横尾和子

审判员:甲斐中辰夫

审判员:泉德治

审判员:岛田仁

审判员:才口千晴

2005 年 7 月 14 日

“网络广告”行为保全案

(대법원 2010.8.25.2008 마 1541 결정)

【主文】

1. 驳回全部再抗告。[1]

2. 再抗告费用由各自承担。

【理由】

(对再抗告理由书提交期限届满后提出的各再抗告理由补充说明,仅在补充再抗告理由的范围内)判断再抗告理由。

第一,关于被申请人再抗告理由的判断。

1. 关于未释明被保全利益的主张。

(1)竞争者违背商业道德或者公平的竞争秩序,为了自身的经营擅自利用通过投入大量劳动力和投资获得的成果,从而搭乘竞争对手劳动力及投资的便车,以不正当的手段牟取利益并侵害竞争对手受法律保护的利益,此行为作为不正当的竞争行为,构成民法上的侵权行为。如果上述擅自利用的状态持续,仅责令金钱赔偿难以期待受害人救济的实效性,经比较、衡量后,因禁止擅自利用而保护的受害人的利益大于由此产生的加害人的损失时,可以请求禁止或预防该行为。

(2)根据上述法理和记录,判断如下:

根据原审中合法确认的事实关系,申请人经过长期的努力和投资,构筑了提供信息检索、社区、娱乐等多样服务的国内最大的门户网站“世联”(其域名为www. naver. com,以下简称世联),使网络用户能够享受上述服务访问世联,同

---

〔1〕 韩国采用三审制,地方法院为一审法院,高等法院为二审法院(抗诉、抗告审),大法院为三审法院(上告、再抗告审)。韩国的裁判包括判决、决定和命令三种,其中判决是就实体问题作出的裁判,决定和命令是就程序问题作出的裁判。上诉是指对非终审法院作出的任何裁判所提出的不服。其中,不服一审判决而提出的上诉称为抗诉;不服二审判决而向大法院提起的上诉称为上告。在民事裁判中,对决定和命令提出第一次不服的称为抗告;向大法院提起再次不服的称为再抗告。

时通过使访问用户看到标题广告或提供导出优先顺位的搜索结果的服务等方法进行广告经营,申请人通过世联获得的广告经营上的利益是法律上值得保护的利益。

另外,根据原审中合法确认的事实关系,被申请人提供的原审判决中显示,如果安装本案程序的网络用户访问世联,其屏幕上出现的不是申请人的广告,而是同样大小的被申请人的标题广告(所谓代替广告方式),或者在屏幕的空白处出现被申请人的标题广告(所谓空白广告方式),或者在搜索窗输入关键字时,搜索结果界面最顶端的搜索窗口和申请人的关键词广告之间出现被申请人的关键词广告(所谓关键词插入广告方式)等。由此可知,被申请人的广告以替代或插入的形式出现。

但是,被申请人的上述广告是在网络用户为利用世联提供的服务而访问时显示,这等于是擅自利用了世联拥有的信誉和顾客吸引力。不仅如此,其广告方式或者使申请人提供的广告全部消失(代替广告方式),或者使申请人提供的搜索结果的顺位推后(关键词插入广告方式),在妨碍申请人经营活动的同时,非法占有了申请人应得的广告经营的利益。

被申请人的上述广告行为,是在利用网络的广告经营领域违背商业道德或者公平竞争秩序,为了自身的经营擅自利用存在竞争关系的申请人通过投入大量劳动力和投资建立的世联,从而搭乘申请人劳动力及投资的便车,以不正当的手段牟取利益,并侵害了前述申请人通过世联获得的受法律保护的广告经营利益,此行为作为不正当的竞争行为,构成民法上的侵权行为。

此外,根据原审中合法确认的事实关系,由于被申请人的上述广告行为不是一次性的,只要安装此程序的网络用户使用世联,上述行为就会反复出现。基于本案程序的广告行为的性质,申请人很难一一掌握并应对网络用户安装本案程序的情况和被申请人在世联上的广告现状,被申请人的广告内容还可能会损害申请人的信誉、名声等无形价值。考虑上述情况,仅对被申请人责以金钱赔偿,很难期待救济申请人的实效性。如果放任被申请人基于本案程序在世联上的广告行为,最终会威胁到以世联上的广告营业为其收益模型的申请人公司的存续本身。通过禁止被申请人的上述广告行为而受到保护的利益,大于被申请人的营业自由受到的损失。因此,在使用世联的网络用户的屏幕上,申请人可以请求禁止或预防被申请人利用本案程序的广告行为。

结论是，本案的行为保全申请已释明被保全利益。

(3)因此，虽然原审对此部分的说理有不足或不适当之处，但结论中认定本案的行为保全申请已释明被保全利益的判断并无不妥。

2. 关于未释明保全必要性的主张。

根据《韩国民事执行法》第300条第2款，判断是否需要申请作为临时措施的行为保全时，应当在考虑该行为保全对当事者双方利害关系的影响、将来本案诉讼中胜败的预测以及其他各种情况之后，根据法院裁量合理决定。

根据上述法理和记录，针对申请人就本案申请的行为保全，被申请人主张其基于本案程序的广告行为是合法的，并表明其将继续以该广告行为营业的意向。鉴于本案中广告行为的过程和形态等，申请人可能遭受的损害是显著的，且本案受理行为保全申请所保护的申请人的利益大于被申请人受到的损失。考虑上述情况，本案行为保全申请有保全必要性。

因此，原审判决认定有保全必要性是正确的，对此不存在保全必要性的法理误解。

第二，关于申请人再抗告理由的判断。

1. 关于再抗告理由的第1、2点。

从记录上看，申请人主张其基于计算机程序著作权的同一性保持权受到了侵害，受侵害的HTML(hypertext markup language，用于创建网页中超文本文档的基本语言)代码不仅包含显示搜索结果的文本部分和将结果展现在屏幕上的通用HTML标记，还包含值得以著作权保护的独创性表达，但没有资料能够佐证这些主张。而且，申请人向用户电脑发送的HTML文件将暂时复制到随机存取储存器(random access memory)上，以便在屏幕上显示其内容。此时，依赖本案程序的被申请人的HTML代码也被上传到随机存取储存器中，与申请人的HTML代码以互不影响的状态独立存在，且没有足够材料能够证明被申请人的HTML代码改编了申请人的HTML代码，因此不能说被申请人依据本案程序的广告行为侵犯了申请人对HTML代码的同一性保持权。

虽然原审关于这一部分的说理有不足之处，但对于申请人计算机程序的同一性保持权没有受到侵犯的结论并无不妥。

2. 关于再抗告理由的第 3 点。

根据原审决定的理由,《促进利用信息通信网和保护信息法》(以下简称《信息通信网法》)第 48 条第 2 款规定:“任何人不得无正当理由地毁损、灭失、变更、伪造信息通信系统、数据或程序,也不得传播或散布妨碍其运用的程序(恶意程序)。”原审认为本案程序是经过网络用户的明示同意后安装在该用户的计算机上并仅在该计算机内运行的,即使本案程序运行,也不会改变出现被申请人广告的网站的原本内容,不会影响该网站的运营,如果不想使用本案程序,用户可将其暂时或永久删除。鉴于记录中释明的各种情况,很难断定本案程序是无正当理由地毁损、灭失、变更、伪造或是妨碍信息通信系统、数据或程序的恶意程序。

根据记录来看,原审的上述判断是正确的,对《信息通信网法》第 48 条第 2 款规定的恶意程序也不存在法理误解。

3. 关于再抗告理由第 4 点。

依据原审决定的理由,原审认为本案程序的技术本身并不是不正当的,考虑到网站运营者同意运营本案程序,其实该程序能够以合法手段进行运营,以及被申请人利用本案程序经营处于初期阶段。鉴于上述记录中记载的情况,为了防止申请人因本案程序受到损害,对被申请人采取“在利用申请人网站的用户屏幕上,禁止被申请人利用本案程序的广告行为”足以实现目的,因此不需要禁止本案程序的制作、使用。

从记录上来看,原审的上述判断是正确的,不存在再抗告理由主张的对行为保全范围的法理误解等错误。

第三,结论。

综上所述,经所有大法官一致同意,裁决驳回所有再抗告,再抗告费用各自承担。

审判长:李鸿勋

审判员:金能焕

审判员:闵日荣

2010 年 8 月 25 日

“凯蒂猫”案

(대법원 2012.3.29. 선고 2010 다 20044 판결)

【主文】

1. 驳回原告等和被告德卡里奥公司的上告。

2. 上告费用中原告 KBS 电视台、原告 MBC 电视台与被告德卡里奥公司之间产生的费用各方承担;原告熙元娱乐公司、橄榄九公司、有声全球公司与被告德卡里奥公司之间产生的费用由上述原告承担;原告与被告三丽鸥韩国之间产生的费用由原告承担。

【理由】

原告等与被告德卡里奥公司(以下简称德卡里奥)的上告理由(在上告理由书提交期限届满后提交的各上告理由补充书的记载,在补充上告理由的范围内)一并判断。

第一,关于侵害原告 MBC 公司(以下简称 MBC)、橄榄九公司(以下简称橄榄九)商标权的各上告理由。

1. 被告德卡里奥在网页上刊登广告、销售商品的部分。

(1)虽然将他人的注册商标用于与其指定商品相同或类似的商品是侵害他人商标权的行为,但如果使用他人的注册商标不是为了实现商标本质功能的来源识别,而不能被认为是商标性使用时,不构成侵害注册商标权的行为。此外,是否能认定为商标性使用,要综合考虑与商品的关系、该商标的使用状态(商品上显示的位置、大小等)、注册商标的周知性以及使用者的意图和使用经过等,根据在实际交易活动中显示的标志是否是作为商品的识别标志使用进行判断。

(2)根据记录,可以确认的事实如下:

原告 MBC 是注册商标“”(注册号第 647208 号,以下简称大长今商标),原告橄榄九是注册商标“주 몽”(注册号第 20378 号,以下简称朱蒙商

标）和“”（注册号第730401号，以下简称三足乌商标）的商标权人。大约在2007年8月至10月，被告德卡里奥在其运营的网站上，在附着或表现身着朝鲜时代医女服装、手提神仙炉的凯蒂猫角色的手机挂绳、手帕等商品，以及在附着穿着铠甲、额头上系着带子、一只手拿着刀，或者穿着白色底夹杂着粉红色的点纹、手腕部位有粉红色带子衣服的凯蒂猫角色的圆珠笔、球结等商品（以下统称被告商品）的图片下方，在商品名称前面标示了“大长今”“长今”“朱蒙”的标志（以下简称本案各标志）。但是，上述原告的注册商标还不是众所周知的商标，相反凯蒂猫是日本法人三丽鸥公司于1974年10月左右将猫脸拟人化后创作出的角色，不仅在日本，在韩国国内大约从1979年2月14日开始就出现了与之相关的注册商标和商品化事业，2000年左右就已经是国内外著名的商品标志。被告德卡里奥在2006年左右就从三丽鸥公司在韩国的法人即被告三丽鸥韩国公司（以下简称三丽鸥韩国）处获得了对凯蒂猫角色进行商品化的独占权，并开始制造、销售穿着各种各样衣服的凯蒂猫或者利用道具进行变形制作玩偶、手帕、钥匙链、圆珠笔等，本案各标志的使用表现为当时网页左上方标注了“德卡里奥购物中心”“凯蒂猫”“©1976，2007 SANRIO CO.，LTD.”语句，上述商品图片中的一部分与本案各标志一起或以更小字体的“德卡里奥”“Licensed by Sanrio CO.，LTD”“德卡里奥公司”标示在商品图片的右下方。另外，原告MBC以“大长今”“朱蒙”为主人公，制作、播放相同标题的电视剧，获得了很大的反响，上述电视剧也出口到海外。

（3）依据上述法理，综合考虑与上述相同的事实关系中出现的本案各标志的使用形态，大长今商标或朱蒙商标、三足乌商标和凯蒂猫标志的周知程度，被告德卡里奥的意图和本案各标志的使用经过等情况，整体上看被告德卡里奥在网页上刊登广告、销售的上述手机绳等商品会被明确认为来源于三丽鸥或经营同一商品化事业集团。另外，在上述凯蒂猫角色商品上附着或标示本案各标志仅是为了介绍、说明作为原告MBC制作、播放的电视剧的角色而闻名的“大长今”“朱蒙”的形象化物品，不能说是作为商品的识别标志进行使用。从这一点来看，不管在上述网页界面左上角标示了“大长今”的菜单窗口，还是部分商品的图片在本案各标志以外未标示任何标志都不应区别看待。

原审以相同旨趣认定本案各标志没有被作为商标使用是正确的，对此不存在各上告理由主张的对商标性使用有法理误解等违法行为。

2. 对于其他部分。

原审认为，乐天免税店蚕室分店（"总店"一词是误记）和济州新罗免税店销售了商品，尽管被告陈列的商品或该商品包装上标有"大长今"，但没有证据证明被告德卡里奥作了上述标记，被告德卡里奥向原告有声全球公司（以下简称有声全球）发送的订单（甲第21号证据之1）上记载的"大长今""朱蒙"标志不能认为是标示商品来源，也没有证据证明销售被告商品的零售商为消费者开具的发票（甲第21号证据之2）上的"大长今凯蒂猫手机绳"的手写部分是被告德卡里奥写的。因此，不能认为被告德卡里奥侵害了原告MBC的大长今商标和原告橄榄九的朱蒙商标及三足乌商标的商标权。从记录上看原审判决理由，原审的上述判断是正确的，没有脱离逻辑和经验法则，没有违反法律，没有脱离自由心证主义的界限，也没有不尽心等违法行为。

此外，向海关提交的进口申报单上标明的"大长今""朱蒙"标志侵害了原告MBC及橄榄九的上述各商标权的主张是在上告中首次提出的，不属于合法的上告理由［上述进口申报单不属于《韩国商标法》第2条第1款第7项(3)所指的交易文件］。

第二，原告基于《韩国反不正当竞争和保护商业秘密相关法律》（以下简称《韩国反不正当竞争法》）第2条第1款第1项的各上告理由。

角色商品化后要符合《韩国反不正当竞争法》第2条第1款第1项规定的"在国内周知的他人的商品标志"要件，仅凭角色本身在国内周知是不够的，还需要开展角色的商品化经营，并通过持续宣传、广告和质量管理等使角色成为享有商品化权利的人的商品标志，或者成为商标注册人、根据商品化合同获得角色使用许可的使用权人以及再使用权人等经营角色商品化事业的集团（group）的商品标志，进而被需求者广泛认识。如果某一商品的形态具有来源识别功能，甚至已经获得周知性，即符合《韩国反不正当竞争法》第2条第1款第1项规定的"在国内周知的他人的商品标志"而受到该法律的保护。为此，与类似商品相比，商品形态需要具备能强烈呼吁需求者感觉的独特、有设计性的特征等，足以使一般需求者一眼识别出是特定企业的商品。此外，该商品形态需要长期被作为特定企业的商品持续、独占、排他地使用，或者短期内通过强有力的宣传、广告，使商品形态的差别性特征更显著，足以使交易者或者一般需求者联想到特定销售主体。

参考上述法理和记录，原审认为作为通过对商品化事业的持续宣传、广告和品质管理等拥有使之能够商品化权利的人，或者经营与该角色相关的商品化事业的集团的商品标志，即认定电视剧《冬季恋歌》《黄真伊》《大长今》《朱蒙》（以下简称本案各电视剧）的角色被大众熟知是比较困难的。而且，不能认为使本案各电视剧的服装、道具、背景等商品化已经实现了明显的个性化，不能认为商品形态及具备商品形态的差别化特征足以使交易方或一般需求者联想到本商品的特定来源。因此，原审判断被告德卡里奥的商品销售行为不符合《韩国反不正当竞争法》第2条第1款第1项的规定是正确的，对此不存在各上告理由主张的法理误解等违法行为。

第三，原告基于《韩国反不正当竞争法》第2条第1款第9项的各上告理由。

《韩国反不正当竞争法》第2条第1款第9项规定了不正当竞争行为的一种类型，即转让、出租模仿他人商品形态而制作的商品，以及展示、进口或出口该商品的行为。此处的“模仿”，指的是依据他人的商品形态制造与其形态实质性相似的商品。如果对形态进行了变更，判断是否属于实质性相似的商品要综合考虑该变更的内容和程度、构思的难易度、变更的效果等。

参考上述法理和记录，原审认定被告商品没有与原告商品实质性相似的形态，因此不符合《韩国反不正当竞争法》第2条第1款第9项规定，该判断是正确的。对此，不存在各上告理由主张的法理误解等违法行为。

第四，关于侵害原告KBS、MBC的复制权、改编权的各上告理由。

1. 关于人物形象作品的各上告理由。

根据记录看原审判决理由，原审认为本案各电视剧中登场的人物姓名、服装、道具不能与各电视剧分离而成为著作权法保护的人物形象作品，该判断是正确的。对此，不存在各上告理由主张的对人物形象作品性的法理误解等违法行为。

此外，原告熙元娱乐公司（以下简称熙元娱乐）主张被告商品侵害了漫画电影《长今的梦》中登场的长今角色的著作权。该主张是上告中首次提出的，不是合法的上告理由。

2. 关于摄影作品、影视作品的各上告理由。

根据原审判决理由记录,原审认为被告商品与本案各电视剧有关的摄影作品、影视作品不具备实质性相似,该判断是正确的。对此,不存在各上告理由主张的关于实质性相似的法理误解等违法行为。

3. 关于实用艺术作品的各上告理由。

根据原审判决理由记录,原审认为电视剧《冬季恋歌》男女主人公的大衣和围巾、电视剧《大长今》的医女服装和电视剧《朱蒙》的召西奴服装不具备作为作品受到保护的独创性,很难认定电视剧《黄真伊》中黄真伊穿过的韩服的著作权属于原告 KBS,而且与电视剧《朱蒙》中朱蒙穿过的铠甲也不构成实质性相似,无法认定被告商品侵害了原告 KBS、MBC 的复制权或改编权,该判断是正确的。对此,不存在各上告理由主张的法理误解等违法行为。

第五,原告有声全球关于著作权侵害的上告理由。

据记载,原告有声全球在 2009 年 6 月 1 日的书面材料中主张被告的商品侵害了原告有声全球对电视剧《黄真伊》《大长今》《朱蒙》缔结商品化事业合同后制作出的玩偶、圆珠笔、包链、钥匙链、钥匙圈等物品的实用艺术著作权,原审对此未作任何判断,这与上告理由的主张一致。但是根据记录,仅对比原告有声全球主张享有实用艺术著作权的部分与被告商品中属于独创性表达的部分时,面貌、色彩和花纹、商品形态等具体的设计上存在较大差异,因此这些商品之间不存在实质性相似,被告的商品未侵害有声全球的上述著作权。

鉴于此,原告有声全球的上述主张显然是缺少理由而应被排斥的,即便对当事人的主张存在漏判的违法行为,当该主张能被明确排除时,因为对判决结果没有影响,所以不能因原审对此部分的漏判就受理原告有声全球的上告主张。

第六,关于侵权行为的原告和被告德卡里奥的各上告理由。

1. 关于被告德卡里奥提出的对 KBS、MBC 不构成侵权行为的上告理由。

(1)竞争者违背商业道德或者公平的竞争秩序,为了自身的经营擅自利用通过投入大量劳动力和投资获得的成果,从而搭乘竞争对手劳动力及投资的便车,以不正当的手段牟取利益并侵害竞争对手受法律保护的利益,此行为作为不正当的竞争行为,构成民法上的侵权行为。

(2)根据上述法理和记录,判断如下:

原告 KBS 播放的电视剧《冬季恋歌》和《黄真伊》以及原告 MBC 播放的电视剧《大长今》和《朱蒙》是各电视台投入大量劳动力和投资获得的成果,同时各电视台利用相关电视剧的名声和顾客吸引力,以授权他人进行相关商品化事业并收取报酬的方式进行营业。因此,原告 KBS、MBC 由此获得的利益属于法律上值得保护的利益。

本案各电视剧不仅在国内,在海外也获得了很高的人气,国内需求者和海外游客对与此相关的商品的需求增加。被告德卡里奥在未获得制作本案各电视剧的原告 KBS、MBC 许可的状态下,使接触被告商品的需求者直接联想到本案各电视剧,并借助此种联想产生的需求者的购买需求制造、销售商品,下列情况充分地证明了这一点。

被告德卡里奥在本案各电视剧大受欢迎之前,从未制造和销售过被告商品,而且还在自己的网站上写道:“正在将韩流热潮的主角冬季恋歌、大长今、朱蒙等特别的角色商品化,谋求角色变身,销售这些商品的商场包括免税店、观光特区,在南大门的直营卖场、明洞、仁寺洞、东大门都能买到。”由此可知,被告将本案各电视剧进行了商品化。而且,被告制作销售的与电视剧《冬季恋歌》的男女主人公相似的姿势和与他们使用的相似颜色、风格的衣服和围巾、表现冬天的雪和光秃秃的枝条等装饰的凯蒂猫商品,与电视剧《黄真伊》相关的穿着红色裙子和有花纹的短上衣、盘头的凯蒂猫商品,与电视剧《大长今》相关的穿着朝鲜时代医女服装、手提神仙炉的凯蒂猫商品,与电视剧《朱蒙》相关的穿着铠甲、额头上系着带子、一只手拿着刀,或者穿着白色底夹杂着粉红色的点纹、手腕部位有粉红色带子衣服的凯蒂猫商品等,已经足以使需求者联想到本案各电视剧。另外,被告德卡里奥还在其网页上展示的被告商品的名称前面直接标示了“冬季恋歌”“黄真伊”“大长今”“朱蒙”等本案各电视剧的标题。

但是,为了推进电视剧相关的商品化事业,首先需要得到相关权利人的许可,考虑到交易中的一般惯例,被告德卡里奥未经原告 KBS 和原告 MBC 允许的上述行为违反了商业道德和公平竞争秩序。而且,此种行为在电视剧商品化事业领域,搭乘了存在竞争关系的上述原告劳动力及投资的便车,为了自身的经营擅自利用了本案各电视剧的名声和顾客吸引力,构成侵害上述原告等受法律保护的、通过本案各电视剧的商品化经营活动获得的营业利益的行为。

因此,被告德卡里奥的上述制造、销售行为是不正当竞争行为,构成民法上的侵权行为。

(3)小结。

根据上述旨趣,原审认为被告德卡里奥构成侵权行为是正确的,对此不存在被告德卡里奥在上告理由中主张的对侵权行为的法理误解等违法行为。

2. 关于侵权行为成立的原告熙元、橄榄九、有声全球的各上告理由。

根据记录,原审认为被告德卡里奥的商品制造、销售行为不构成对原告橄榄九、有声全球的侵权行为,该判断是正确的。对此,不存在各上告理由主张的法理误解等违法行为。

3. 关于损害赔偿额算定的原告 KBS、MBC 的上告理由。

根据原审判决的理由,原审考虑与本案各电视剧有关的被告商品的销售量和零售价累计,原告 KBS、MBC 未直接从事商品化经营,考虑到如果被告德卡里奥与上述原告之间签订各商品化事业的合同后应当支付的使用费,和这种情况下获得商品化权利的其他企业因销售量减少引起的上述原告使用费收益的减少,以及商品化合同中零售价与出厂价的通常比率和使用费费率等,将被告德卡里奥对原告 KBS 的损害赔偿额定为 10,000,000 韩元,对原告 MBC 的损害赔偿额定为 20,000,000 韩元。

从记录上看,原审的上述判断不存在上告理由主张的计算损害赔偿额的法理误解等违法行为。

第七,原告等对被告三丽鸥韩国的各上告理由。

从记录上看,原审认为很难认定被告三丽鸥韩国因参与、放纵被告德卡里奥的商品制造、销售行为构成共同侵权,或构成直接侵权,该判断是正确的。对此,不存在各上告理由主张的法理误解等违法行为。

第八,结论。

综上所述,根据大法官的一致意见,驳回原告等和被告德卡里奥的上告。上告费用中原告 KBS、MBC 与被告德卡里奥之间产生的费用由各方承担;原告熙元、橄榄九、有声全球与被告德卡里奥之间产生的费用由败诉方承担;原告等与被告三丽鸥韩国之间产生的费用由败诉方承担,与主文保持一致。

审判长:安大熙

审判员:金能焕

审判员:李仁福

审判员:朴炳大

2012 年 3 月 29 日

参考文献

一、日文文献

(一)日文著作

[1]安藤和宏『よくわかる音楽著作権ビジネス基礎編・実践編』(リットーミュージック,2018年)。

[2]愛知靖之=前田健=金子敏哉=青木大也『知的財産法』(有斐閣,2018年)。

[3]半田正夫『著作権法の研究』(一粒社,1971年)。

[4]半田正夫『著作権法概説』(法学書院,2015年)。

[5]北川善太郎『日本法学の歴史と理論－民法学を中心として－』(日本評論社,1968年)。

[6]白石忠志『技術と競争の法的構造』(有斐閣,1994年)。

[7]阪本昌成『憲法2(基本権クラシック)』(有信堂,2008年)。

[8]長谷部恭男『テレビの憲法理論－多メディア・多チャンネル時代の放送規制－』(弘文堂,1992年)。

[9]長谷部恭男『憲法』(新世社,2011年)。

[10]潮見佳男『不法行為法Ⅰ』(信山社,2009年)。

[11]潮海久雄『職務著作制度の基礎理論』(東京大学出版会,2005年)。

[12]大日方信春『著作権と憲法理論』(信山社,2011年)。

[13]島並良=上野達弘=横山久芳『著作権法入門』(有斐閣,2016年)。

[14]高林龍編『知的財産法制の再構築』(日本評論社,2008年)。

[15]高林龍『標準著作権法』(有斐閣,2019年)。

[16]高倉成男『知的財産法制と国際政策』(有斐閣,2001年)。

[17]高翔龍『韓国法』(信山社,2010年)。

[18]岡本薫『著作権の考え方』(岩波書店,2003年)。

[19]岡村久道『著作権法』(民事法研究会,2019年)。

[20]荒竹純一『ビジネス著作権法(侵害論編)』(中央経済社,2014年)。

[21]京俊介『著作権法改正の政治学－戦略的相互作用と政策帰結－』(木鐸社,2011年)。

[22]加戸守行『著作権法逐条講義』(著作権情報センター,2013年)。

[23]駒田泰土＝潮海久雄＝山根崇邦『知的財産法Ⅱ(著作権法)』(有斐閣,2016年)。

[24]吉田克己＝片山直也編『財の多様化と民法学』(商事法務,2014年)。

[25]吉田徹＝筒井健夫編『改正民法(保証制度・現代語化)の解説』(商事法務,2005年)。

[26]蘆立順美『データベース保護論』(信山社,2004年)。

[27]芦部信喜(高橋和之補訂)『憲法』(岩波書店,2007年)。

[28]末川博『権利侵害論』(弘文堂書房,1930年)。

[29]平井宜雄『債権各論Ⅱ(不法行為)』(弘文堂,1992年)。

[30]平嶋竜太＝宮脇正晴＝蘆立順美『入門知的財産法』(有斐閣,2020年)。

[31]斉藤博『人格権法の研究』(一粒社,1979年)。

[32]斉藤博『著作権法概説』(勁草書房,2014年)。

[33]森村進『財産権の理論』(弘文堂,1995年)。

[34]山口いつ子『情報法の構造:情報の自由・規制・保護』(東京大学出版会,2010年)。

[35]渋谷達紀『不正競争防止法』(発明協会,2014年)。

[36]渋谷達紀『著作権法』(中央経済社,2013年)。

[37]田村善之『機能的知的財産法の理論』(信山社,1996年)。

[38]田村善之『競争法の思考形式』(有斐閣,1999年)。

[39]田村善之『著作権法概説』(有斐閣,2001年)。

[40]田村善之『市場・自由・知的財産』(有斐閣,2003年)。

[41]田村善之『不正競争法概説』(有斐閣,2003年)。

[42]田村善之『知的財産権と損害賠償』(弘文堂,2004年)。

[43]田村善之編『新世代知的財産法政策学の創成』(有斐閣,2008年)。

[44]田村善之『特許法の理論』(有斐閣,2009年)。

[45]田村善之『知的財産法』(有斐閣,2010年)。

[46]田村善之＝高瀬亜富＝平澤卓人『ロジスティクス知的財産法Ⅱ』(信山社,2014年)。

[47]田村善之『知財の理論』(有斐閣,2019年)。

[48]土肥一史『知的財産法入門』(中央経済社,2019年)。

[49]我妻栄『事務管理・不当利得・不法行為』(日本評論社,1937年)。

[50]我妻栄＝有泉亨＝川井健『民法2(債権法)』(勁草書房,2005年)。

[51]五十嵐清『人格権法概説』(有斐閣,2003年)。

[52]小泉直樹『知的財産法』(弘文堂,2018年)。

[53]小野昌延＝松村信夫『新・不正競争防止法概説』(青林書院,2015年)。

[54]伊藤正己編『外国法と日本法』(岩波書店,1966年)。

[55]中山信弘『発明者権の研究』(東京大学出版会,1987年)。

[56]中山信弘『ソフトウェアの法的保護』(有斐閣,1988年)。

[57]中山信弘『工業所有権(上)特許法』(弘文堂,2000年)。

[58]中山信弘＝金子敏哉『しなやかな著作権制度に向けて－コンテンツと著作権法の役割－』(信山社,2017年)。

[59]中山信弘『著作権法』(有斐閣,2020年)。

[60]作花文雄『詳解著作権法』(ぎょうせい,2018年)。

[61]鄭鐘休『韓国民法典の比較法的研究』(創文社,1989年)。

[62]佐藤幸治『憲法』(青林書院,1995年)。

(二)日文论文

[1]比良友佳理「デジタル時代における著作権と表現の自由の衝突に関する制度論的研究(1)」知的財産法政策学研究45号(2014年)。

［2］板倉集一「商品形態の保護と不法行為法」Law & Technology17 号(2002 年)。

［3］阪口正二郎「民主主義と人権の関係－多数決で決めるべき事柄と多数で決めてはならないもの－」法学セミナー570 号(2002 年)。

［4］阪口正二郎「表現の自由の原理論における『公』と『私』－『自己統治』と『自律』の間－」長谷部恭男＝中島徹編『憲法の理論を求めて－奥平憲法学の継承と展開－』(日本評論社,2009 年)。

［5］阪口正二郎「憲法上の権利と利益衡量－“シールド”としての権利と“切り札”としての権利－」一橋法学 9 巻 3 号(2010 年)。

［6］阪口正二郎「憲法学と政治哲学の対話－リベラリズム、違憲審査基準、権利」公法研究 73 号(2011 年)。

［7］阪口正二郎「表現の自由の『優越的地位』論と厳格審査の行方」駒村圭吾＝鈴木秀美編『表現の自由Ⅰ(状況へ)』(尚学社,2011 年)。

［8］北村二郎「芸能人の肖像写真が雑誌の記事に利用された場合のパブリシティ権侵害の成否」知的財産法政策学研究 25 号(2009 年)。

［9］濱本正太郎「未承認国家の地位－ベルヌ条約事件－」小寺彰＝森川幸一＝西村弓編『国際法判例百選』(有斐閣,2011 年)。

［10］潮見佳男「新聞記事見出しの著作物性と記事見出しの無断利用による不法行為」コピライト538 号(2006 年)。

［11］潮海久雄「職務著作制度の法的構造」本郷法政紀要 4 号(1995 年)。

［12］茶園成樹「記事見出しの著作物性とその利用による不法行為の成否」知財管理 56 巻 7 号(2006 年)。

［13］茶園成樹「北朝鮮の著作物について我が国が保護する義務を負わないと判断された事例」知財管理 58 巻 8 号(2008 年)。

［14］長谷部恭男「国家による自由」ジュリスト1244 号(2003 年)。

［15］長谷部恭男「Interactive 憲法－憲法学者はなぜ著作権を勉強する必要がないか？－」法学教室 305 号(2006 年)。

［16］長谷部恭男「基本権条項の私人間効力」法学教室 344 号(2009 年)。

［17］長谷部恭男「続・Interactive 憲法表現の自由の根拠」法学教室 360 号

(2010年)。

[18]長谷部恭男「著作権と表現の自由」コピライト616号(2012年)。

[19]長谷川晃「〈競争的繁栄〉と知的財産法原理－田村善之教授の知的財産法理論の基礎に関する法哲学的検討－」知的財産法政策学研究3号(2004年)。

[20]長谷川晃「〈競争的繁栄〉と知的財産法原理－田村善之教授の知的財産法理論の基礎に関する法哲学的検討－」田村善之編『新世代知的財産法政策学の創成』(有斐閣,2008年)。

[21]村越啓悦「著作者人格権等の侵害に対する救済」牧野利秋＝飯村敏明編『新裁判実務体系22(著作権関係訴訟)』(青林書院,2004年)。

[22]丁文杰「キャラクターの絵画的表現の保護範囲－マンション読本事件－」知的財産法政策学研究30号(2010年)。

[23]丁文杰「未承認国の著作物の保護範囲(1)－北朝鮮映画放送事件－」知的財産法政策学研究41号(2013年)。

[24]丁文杰「未承認国の著作物の保護範囲(2・完)－北朝鮮映画放送事件－」知的財産法政策学研究42号(2013年)。

[25]大日方信春「著作権の憲法上の地位－合衆国憲法一条八節八項の文理解釈を導きの糸として－」姫路法学45号(2006年)。

[26]大日方信春「著作権をみる憲法学の視点について」熊本法学114号(2008年)。

[27]大日方信春「著作権と表現の自由の間隙」山崎広道編『法と政策をめぐる現代的変容(熊本大学法学部創立30周年記念)』(成文堂,2010年)。

[28]大日方信春「暗号化と表現の自由:米国デジタル・ミレニアム著作権法を素材に」熊本法学119号(2010年)。

[29]大日方信春「著作権をみる憲法学の視点について」『著作権と憲法理論』(信山社,2011年)。

[30]大日方信春「著作権と憲法理論」知的財産法政策学研究33号(2011年)。

[31]大林啓吾「表現の自由と著作権に関する憲法的考察－判例法理の批

判から新たな議論の展開へ－」大沢秀介＝小山剛編『東アジアにおけるアメリカ憲法－憲法裁判の影響を中心に－』(慶應義塾大学出版社,2006年)。

[32]島並良「特許客体論の方法と構造」知財研フォーラム55号(2003年)。

[33]島並良「特許制度の現状と展望:法学の観点から」『岐路に立つ特許制度(知的財産研究所20周年記念)』(知的財産研究所,2009年)。

[34]島並良「一般不法行為法と知的財産法」法学教室380号(2012年)。

[35]大河純雄「民法709条"権利侵害"再考－法規解釈方法との関連において－」『市民法学の歴史的・思想的展開(原島重義先生傘寿)』(有斐閣,2006年)。

[36]大河内美紀「『精神的自由の優越的地位』について」ジュリスト1400号(2010年)。

[37]飯野守「表現の自由からみた著作権の論点(1)－アメリカの判例に見るパロディ表現の取扱い－」情報研究40号(2009年)。

[38]宮脇正晴「既存の法律書籍に依拠し、類似する内容の法律書籍を執筆・発行する行為について、著作権侵害の成立を否定し、一般不法行為の成立を肯定した例」Law & Technology 34号(2007年)。

[39]宮脇正晴「パブリシティ権・不正競争防止法への招待」法学セミナー692号(2012年)。

[40]亀本洋「法におけるルールと原理(1)－ドゥオーキンからアレクシーへの議論の展開を中心に－」法学論叢122巻2号(1987年)。

[41]亀本洋「法におけるルールと原理(2)－ドゥオーキンからアレクシーへの議論の展開を中心に－」法学論叢123巻3号(1988年)。

[42]横山久芳「著作権の保護期間延長立法と表現の自由に関する一考察－アメリカのCTEA憲法訴訟を素材として－」学習院大学法学会雑誌39巻2号(2004年)。

[43]横山久芳「情報誌"ケイコとマナブ"編集著作権事件」コピライト523号(2004年)。

[44]横山久芳「創作投資の保護」日本工業所有権法学会年報30号

(2007年)。

[45]横溝大「未承認国家の著作物とベルヌ条約上の保護義務－北朝鮮著作物事件－」知的財産法政策学研究21号(2008年)。

[46]鳩山秀夫「工業会社の営業行為に基く損害賠償請求権と不作為の請求権」『債権法における信義誠実の原則』(有斐閣,1955年)。

[47]井上達夫「立法学の新展開特集にあたって」ジュリスト1369号(2008年)。

[48]井上達夫「立法学の現代的課題－議会民主政の再編と法理論の再定位－」ジュリスト1356号(2008年)。

[49]井上由里子「競走馬の名称と『パブリシティ権利』」ジュリスト1291号(2005年)。

[50]井上由里子「パブリシティの権利の再構築」『現代企業法学の研究(筑波大学大学院企業法学専攻十周年記念論集)』(信山社,2001年)。

[51]今西頼太「著作権非侵害行為と一般不法行為」同志社法学7号(2009年)。

[52]今村哲也「著作権法と表現の自由に関する一考察－その規制類型と審査基準について－」季刊企業と法創造1巻3号(2004年)。

[53]巻美矢紀「個人としての尊重と公共性」安西文雄編『憲法学の現代的論点』(有斐閣,2009年)。

[54]駒村圭吾「表現の自由の『価値』・『機能』・『成立条件』－『優越的地位論』・『思想の自由市場論』の再検討に向けての序論的考察－」慶應義塾大学新聞研究所年報37号(1991年)。

[55]江藤淳一「北朝鮮の著作物にベルヌ条約が及ばないとされた事例」法学セミナー増刊速報判例解説2号(2008年)。

[56]臼杵英一「多国間条約と未承認国－ベルヌ条約と北朝鮮－」ジュリスト臨時増刊1376号(2009年)。

[57]瀬川信久「民法709条(不法行為の一般的成立要件)」広中俊雄＝星野英一編『民法典の百年Ⅲ』(有斐閣,1998年)。

[58]林良平「不法行為法における相関関係理論の位置づけ」『近代法にお

ける物権と債権の交錯』(有信堂,1989年)。

［59］蘆立順美「創作性のないデータベースからのデータの流用に対する不法行為の成立」コピライト486号(2001年)。

［60］蘆立順美「新聞記事見出しの著作物性と見出しの利用に対する不法行為の成否」コピライト521号(2004年)。

［61］蘆立順美「データベースの保護」著作権研究36号(2010年)。

［62］滝井朋子「著作物上のキャラクターの法的性質と保護範囲」牧野利秋＝飯村敏明編『知的財産法の理論と実務第4巻(著作権法・意匠法)』(新日本法規,2007年)。

［63］梅謙次郎「開会ノ辞及ヒ仏国民法編纂ノ沿革」『仏蘭西民法百年紀念論集』(有斐閣,1905年)。

［64］末弘厳太郎「民法学生時代の回顧」『東京帝国大学学術大観』(東京帝国大学,1942年)。

［65］木村和成「物のパブリシティ権侵害に基づく差止請求・損害賠償請求の可否」法律時報76巻11号(2004年)。

［66］満田重昭「不正競争防止法による知的財産権諸法補完の根拠」『現代企業立法の軌跡と展望(鴻常夫先生古稀記念)』(商事法務研究会,1995年)。

［67］牛木理一「漫画キャラクターの著作権保護(3)－キャラクター権の確立への模索－」パテント55巻2号(2002年)。

［68］能見善久「桃中軒雲右衛門事件と明治・大正の不法行為理論」学習院大学法学会雑誌44巻2号(2009年)。

［69］平嶋竜太「『車両データベース事件』について」AIPPI 47巻9号(2002年)。

［70］斉藤愛「ドゥオーキンの表現の自由論に関する一考察」本郷法政紀要7号(1998年)。

［71］斉藤愛「表現の自由－核心はあるのか－」長谷部恭男編『講座人権論の再定位3(人権の射程)』(法律文化社,2010年)。

［72］斉藤博「『雲右衛門』判決へのもう一つの評価」北川善太郎編『知的財産法制』(東京布井出版,1996年)。

[73]斉藤博「公立図書館の職員が図書の廃棄について不公正な取扱いをすることと当該図書の著作者の人格的利益の侵害による国家賠償法上の違法」民商法雑誌135巻1号(2006年)。

[74]橋谷俊「女性週刊誌『女性自身』に『ピンク・レディーdeダイエット』と題する特集記事を組み、ピンク・レディーの白黒写真を無断掲載した行為についてパブリシティ権侵害を否定した事例(1)－ピンク・レディー事件－」知的財産法政策学研究41号(2013年)。

[75]橋谷俊「女性週刊誌『女性自身』に『ピンク・レディーdeダイエット』と題する特集記事を組み、ピンク・レディーの白黒写真を無断掲載した行為についてパブリシティ権侵害を否定した事例(2・完)－ピンク・レディー事件－」知的財産法政策学研究42号(2013年)。

[76]前田達明「権利侵害と違法性」山田卓生編『新・現代損害賠償法講座2(権利侵害と被侵害利益)』(日本評論社,1998年)。

[77]前田陽一「不法行為における権利侵害・違法性論の系譜と判例理論の展開に関する覚書」『民法学における法と政策(平井宜雄先生古稀記念)』(有斐閣,2007年)。

[78]上野達弘「著作物の論評における名誉毀損と著作者人格権－『運鈍根の男』事件－」知財管理54巻1号(2004年)。

[79]上野達弘「パブリシティ権をめぐる課題と展望」高林龍編『知的財産法制の再構築』(日本評論社,2008年)。

[80]上野達弘「未承認国の著作物と不法行為－北朝鮮事件－」速報判例解説5号(2009年)。

[81]上野達弘「未承認国の著作物と不法行為－北朝鮮事件－」Law & Technology 45号(2009年)。

[82]上野達弘「未承認国の著作物と不法行為－北朝鮮事件－」AIPPI 57巻9号(2012年)。

[83]山根崇邦「著作権侵害が認められない場合における一般不法行為の成否」知的財産法政策学研究18号(2007年)。

[84]山根崇邦「知的財産権の正当化根拠論の現代的意義(1)」知的財産法

政策学研究28号(2010年)。

[85]山本敬三「現代社会におけるリベラリズムと私的自治(2・完)－私法関係における憲法原理の衝突－」法學論叢133巻5号(1993年)。

[86]山本隆司「パロディによる表現の自由と著作権の保護の限界」ジュリスト1215号(2002年)。

[87]山本順一「船橋市立図書館蔵書廃棄事件最高裁差戻し判決の意義」早稲田法学81巻3号(2006年)。

[88]山本顕治「現代不法行為法学における『厚生』対『権利』」民商法雑誌133巻6号(2006年)。

[89]山口いつ子「表現の自由と著作権」『知的財産法の理論と現代的課題(中山信弘還暦記念)』(弘文堂,2005年)。

[90]山崎友也「公立図書館職員による蔵書廃棄と表現の自由」法学教室306号(2006年)。

[91]三浦正広「著作権侵害と不法行為法理の機能－著作権の保護と競争秩序の維持－」野村豊弘＝牧野利秋編『現代社会と著作権法(斉藤博先生御退職記念論集)』(弘文堂,2008年)。

[92]森田果「最密接関係地法－国際私法と"Rules versus Standards"－」ジュリスト1345号(2007年)。

[93]設楽隆一「パブリシティの権利」牧野利秋＝飯村敏明編『新・裁判実務体系22(著作権関係訴訟法)』(青林書院,2004年)。

[94]松川実「著作者人格権侵害と名誉毀損」『現代社会と著作権法(斉藤博先生御退職記念)』(弘文堂,2008年)。

[95]松田浩「公立図書館の不公正な蔵書廃棄と著作者の表現の自由」法学セミナー612号(2005年)。

[96]松本信夫「他人の成果の冒用と不法行為」知財管理57巻6号(2007年)。

[97]田村善之「技術環境の変化に対応した著作権の制限の可能性について」ジュリスト1255号(2003年)。

[98]田村善之「競走馬の馬名をゲーム・ソフトに無断利用する行為と物

のパブリシティ権侵害の成否」法学教室 294 号(2004 年)。

[99]田村善之「知的財産法政策学の試み」知的財産法政策学研究 20 号(2008 年)。

[100]田村善之「知的財産権と不法行為 – プロセス志向の知的財産法政策学の一様相 – 」同編『新世代知的財産法政策学の創成』(有斐閣,2008 年)。

[101]田村善之「知的財産法からみた民法 709 条 – プロセス志向の解釈論の探求 – 」NBL 936 号(2010 年)。

[102]田村善之「日本版フェア・ユース導入の意義と限界」知的財産法政策学研究 32 号(2010 年)。

[103]田村善之「知的創作物の未保護領域という陥穽について」著作権研究 36 号(2010 年)。

[104]田村善之「著作権法に対する司法解釈のありかた – 美術鑑定書事件・ロクラク事件等を題材に – 」法曹時報 63 巻 5 号(2011 年)。

[105]田村善之「民法の一般不法行為法による著作権法の補完の可能性について」コピライト 51 号(2011 年)。

[106]田村善之「民法の一般不法行為法による著作権法の補完の可能性について」『ライブ講義知的財産法』(弘文堂,2012 年)。

[107]田村善之「パブリシティ権侵害の要件論考察 – ピンク・レディー事件最高裁判決の意義 – 」法律時報 84 巻 4 号(2012 年)。

[108]田村善之「メタファの力による"muddling through":政策バイアス vs. 認知バイアス –『多元分散型統御を目指す新世代法政策学』総括報告 – 」新世代法政策学研究 20 号(2013 年)。

[109]田村善之「日本の著作権法のリフォーム論 – デジタル化時代・インターネット時代の『構造的課題』の克服に向けて – 」知的財産法政策学研究 44 号(2014 年)。

[110]田中成明「法的思考についての覚書 – R・アレクシーと平井宜雄の理論展開を機縁に – 」山下正男編『法的思考の研究』(京都大学人文科学研究所,1993 年)。

［111］藤田友敬「はじめに」『ソフトローの基礎理論』（有斐閣，2008年）。

［112］藤谷武史「『より良き立法』の制度論的基礎・序説－アメリカ法における『立法』の位置づけを手がかりに」新世代法政策研究7号（2010年）。

［113］窪田充見「不法行為法と知的財産法の交錯」著作権研究36号（2010年）。

［114］小泉直樹「著作権制度の規範的理論」『アメリカ著作権制度－原理と政策－』（弘文堂，1996年）。

［115］小泉直樹「著作者人格権」民商法雑誌116巻4＝5号（1997年）。

［116］小泉直樹「表現の自由、パロディ、著作権」ジュリスト1395号（2010年）。

［117］小島立「著作権と表現の自由」新世代法政策学研究8号（2010年）。

［118］小島立「著作権と表現の自由」『憲法問題21』（三省堂，2010年）。

［119］小島立「著作権の保護期間－文化政策の観点から－」知的財産法政策学研究33号（2011年）。

［120］西森菜津美「表現の自由と著作権－パロディ表現物に関する憲法的検討－」立命館法政論集6号（2008年）。

［121］西口博之「未承認国家の著作権の保護－北朝鮮映画判決を読んで－」コピライト576号（2009年）。

［122］原島重義「わが国における権理論の推移」法の科学4号（1986年）。

［123］玉井克哉「情報と財産権」ジュリスト1043号（1994年）。

［124］佐藤薫「憲法第二一条と同一性保持権－パロディおよびその保護について－」海保大研究報告35巻1号（1989年）。

［125］佐藤薫「著作権、同一性保持権と表現の自由－パロディを例として－」憲法論叢2号（1995年）。

［126］佐藤岩夫「信義則分析の基礎視角－トイプナーとアレクシーの比較を中心に－」『民事法学の新展開（鈴木禄弥教授古稀記念）』（有斐閣，1993年）。

［127］佐藤祐介「著作権法によって保護されない場合の一般不法行為法による保護」『民事法の現代的課題（松本恒雄先生還暦記念）』（商事法務，

2012 年)。

[128]中曽久雄「民主主義のもとでの司法審査 – 権限アプローチの構築に向けて – 」阪大法学 59 号(2010 年)。

[129]中根哲夫「デジタル時代の著作権保護と表現の自由」大学院研究年報 31 号(2002 年)。

[130]中田邦博「ドイツ不正競争防止法の新たな展開 – 新 UWGについて – 」立命館法学 298 号(2004 年)。

[131]中川律「公立図書館での司書による蔵書廃棄と著者の表現の自由 – 船橋市西図書館蔵書廃棄事件最高裁判決 – 」季刊教育法 149 号(2006 年)。

[132]中林暁生「公立図書館による図書廃棄と著作者の表現の自由」ジュリスト1313 号(2006 年)。

[133]中山代志子「著作物の権利制限規定を巡る著作権と言論の自由の衝突 – "チーズはどこへ消えた?"事件(東京地裁平成 13 年 12 月 19 日決定)を題材として – 」明治学院大学法科大学院ローレビュー 1 巻 1 号(2004 年)。

[134]竹田稔「『公立図書館職員による蔵書除籍・廃棄事件』最高裁判決」コピライト536 号(2005 年)。

[135]諏訪野大「知的財産権非侵害行為による不法行為の成立」『知的財産権法と競争法の現代的展開(紋谷暢男教授古稀記念)』(発明協会,2006 年)。

[136]猪瀬貴道「ベルヌ条約上の日本と北朝鮮との間の権利義務関係が否定された事例」ジュリスト1366 号(2008 年)。

[137]張睿暎「未承認国の著作物と不法行為 – 北朝鮮映画放映事件 – 」著作権研究 36 号(2009 年)。

二、韩文文献

(一)韩文著作

[1]지홍원, 인격권의 침해, 사법논집, 제10집, 법원행정처, 1979.

[2]정상조편, 저작권법 주해, 박영사, 2007.

[3]정상조, 부정경쟁방지법 원론, 세창출판사, 2007.

[4]정상조, 박준석, 지적재산권법, 홍문사, 2011.

[5]곽윤직편, 민법주해18(채권11), 박영사, 2005.

[6]곽윤직, 민법총칙, 박영사, 1985.

[7]곽윤직, 채권각론, 박영사, 2003.

[8]황의창, 황광연, 부정경쟁방지 및 영업비밀보호법, 세창출판사, 2009.

[9]김주수, 채권각론, 삼영사, 1997.

[10]김상용, 채권각론, 법문사, 2003.

[11]김상용, 불법행위법, 법문사, 1997.

[12]김상용, 민법총칙론, 박영사, 1986.

[13]김증한, 민법총칙, 박영사, 1972.

[14]김철수, 헌법학 신론, 박영사, 2010.

[15]김기선, 한국채권법각론, 법문사, 1988.

[16]이석호, 데이터베이스론, 정익사, 1987.

[17]권녕성, 헌법학원론, 2009.

[18]권용우, 불법행위론, 신양사, 1998.

[19]오승종, 저작권법, 박영사, 2010.

[20]윤선희, 김지영, 부정경쟁방지법, 법문사, 2012.

[21]윤경, 저작권법, 육법사, 2005.

(二)韩文论文

[1]최호진, "아이디어의 보호가능성과 유형별 사례분석", 저스티스, 제 140 호, 2014.

[2]차상육, "저작권법의 보호대상이 되지 않는 지적성과물의 모방도용행위와 일반불법행위의 기능", 창작과 권리, 제 56 호, 2009.

[3]정상조, "데이터베이스의 법적보호", 디지털재산법연구, 제 1 권 제 1 호, 2001.

[4]정상조, "불공정경쟁행위의 규제: 기술과 시장의 변화에 대한 법적대응", 법학, 제 45 권 제 3 호, 2004.

[5]정상조, "혁신과 경쟁: 기술과 시장의 변화에 대한 법적 대응", 인터넷과

법률Ⅱ, 법문사, 2005.

[6]정상조, "우리나라의 데이터베이스 보호", 세계의언론법제,상권제19호, 2006.

[7]정상조, "인터넷 산업의 발전과 규제——기술과 시장 그리고 법의상호작용", 저스티스, 제 121 호, 2010.

[8]김병일, "영업비밀 침해금지와 금지청구의 기산점", 창작과 권리, 제 53 호, 2008.

[9]김병일, "인터넷 웹페이지에서의 광고의 삽입·차단 등을 둘러싼 법적 문제", 사법, 제 16 호, 2011.

[10]김상중, "불법행위에 대한 금지청구권의 판례법적 형성과 발전: 영업이익과 계약관계 침해에 대한 예방적 보호를 중심으로", 민사재판의 제문제, 제22권, 2013.

[11]김성호, "인터넷배너광고의 연계에 대한 법적 문제", 인터넷법률, 제11호, 2002.

[12]김원오, "부정경쟁방지법상 신설된 일반조항의 법적성격과 그 적용의 한계", 산업재산권, 제 45 호, 2014.

[13]김관식, "인터넷상에서 광고의 차단·삽입과 그 법적문제——지적재산권법과 불법행위법의 경계", 비교사법, 제 3 호, 2010.

[14]구회근, "부정경쟁방지 및 영업비밀보호에 관한 법률 제 2 조 제 1 호자. 목에 규정된 '상품형태 모방' 의의미", 법조, 제 56 권 제 3 호, 2007.

[15]임상민, "지적재산법상 보호되지 아니하는 지적성과물에 대한 무단 이용과 일반불법행위의 성부", 저스티스, 제 132 호, 2012.

[16]이헌, "아이디어의 보호에 관한 연구", Law & Technology, 제 6 권 제 1 호, 2010.

[17]이헌, "타인의 의류와 유사한 디자인의 의류를 제조·판매한 자의 법적 책임에 관한 연구", Law & Technology, 제 7 권 제 6 호, 2011.

[18]이숙연, "지적재산권법 체계하에서의 불법행위법의 역할", Law & Technology, 제 6 권 제 2 호, 2010.

[19]이규호, "미국 연방법원에 있어서 주법의 적용여부 및 범위(상)", 사

법행정, 제 39 권 제 7 호, 1998.

[20]이상정, "사진의 저작물성에 관한 일고", 계간 저작권, 제 27 권 제 1 호, 2014.

[21]이형하, "언론 출판의 자유와 저작권의 상충과 조정——헌법상 언론 출판의 자유를 이유로 하여 저작권침해에 대한 면책특권을 인정할 것인가?", 헌법재판연구 I, 한국사법행정학회, 1993.

[22]유대종, "불공정경쟁행위와 디지털정보의 보호", 인터넷 법률, 제 42 호, 2008.

[23]유대종, "검색광고의 법적문 제에 관한 소고", 인터넷법률, 제 34 호, 2006.

[24]유영선, "우리나라 법에 의한 산업디자인의 보호 및 한계", 사법논집, 제 41 집, 2005.

[25]유영선, "우리나라에서 기능성원리의 적용", Law & Technology, 제 7 권 제 3 호, 2011.

[26]유영선, "부정한 경쟁행위와 관련한 불법행위 성립요건 및 그에 기한 금지청구권의 허용 여부", 사법논집, 제 53 집, 2011.

[27]박준우, "데이터베이스의 법적 보호에 관한 법경제학적 분석——배타적 접근방법과 부정경쟁방지적 접근방법의 비교", 상사법연구, 제 19 권 제 2호, 2000.

[28]박준우, "부정경쟁방지법에 의한 퍼블리시티의 보호——유명인의 유사물을 이용한 광고를 중심으로", 산업재산권, 제 22 호, 2007.

[29]박준우, "인터넷에서의 사진 저작물의 보호와 부정경쟁", 인터넷법률, 제 46 호, 2009.

[30]박준우, "홍보사진의 탐색비용감소기능과 저작물성의 한계", 계간저작권, 제 95 호, 2011.

[31]박성호, "저작권의 역설: 저작권법의 '오래된 미래' 를 생각한다", 계간 저작권, 제 90 호, 2010.

[32]박성호, "지적재산법의 비침해행위와 일반불법행위——불법행위법리에 의한지적재산법의 보완 문제를 중심으로", 정보법학, 제 15 권 제 1 호, 2011.

[33]박윤석, 박해선, "성과모방행위에 관한 고찰", 지식재산연구, 제 9 권 제 4 호, 2014.

[34]박준석, "영업비밀 침해금지청구에 대한 우리 법원의 태도——기술정보 유출을 중심으로", 저스티스, 제 114 호, 2009.

[35]박준석, "퍼블리시티권의 법적성격——저작권과 상표 관련 권리중 무엇에 더 가까운가?", 산업재산권, 제 30 호, 2009.

[36]박준석, "인터넷상에서 '상표의 사용' 개념 및 그 지위(III): 메타태그, 한글도메인이름 관련 분쟁을 중심으로", 사법, 제 16 호, 2011.

[37]박준석, "한국 지적재산권법과 다른 법률들과의 관계", 법조, 제 62 권 제 12 호, 2013.

[38]박준석, "지적재산권 침해의 손해액 입증 곤란시 '상당한 손해액' 의 인정에 관하여", 인권과 정의, 제 438 호, 2013.

[39]배진아, "방송 시장의 포맷 거래에 관한 연구", 방송과 커뮤니케이션, 제 9 권 제 2 호, 2008.

[40]권영준, "불법행위와 금지청구권", Law & Technology, 제 4 권 제 2 호, 2008.

[41]권택수, "상표적 사용의 의의 및 의장적 사용과의 구별판단기준", 대법원 판례해설, 제 35 호, 2001.

[42]신지혜, "공중의 영역에 해당하는 저작물 이용에 대하여 일반불법행위 책임을 인정한 판결례에 대한 고찰", Law & Technology, 제 6 권 제 2 호, 2010.

[43]송오식, "불법행위의 효과에 관한 일제언", 민사법연구, 제 6 집, 1997.

[44]심재한, "독일의 개정 부정경쟁방지법 고찰", 경영법률, 제 16 집 제 1 호, 2005.

[45]오세빈, "캐릭터의 부정사용과 부정경쟁방지법 위반죄의 성부", 형사재판의 제문제, 박영사, 1997.

[46]서영철, "신규 식물발명에 관한 보호법규(하)", 법조, 제 57 권 제3호, 2008.

[47]설민수, "특허침해 소송에서 손해배상 산정의 현실과 그 구조적원인, 그 개선모델", 사법논집, 제 58 집, 2014.

[48]허성욱, "권리남용금지 법리에 관한 법경제학적 고찰", 법조, 제 55 권 제 1 호, 2006.

[49]윤종수, "저작인접권에 관한 고찰——저작인접권의 본질론적 검토와 미디어 환경의 변화에 따른 쟁점을 중심으로", 사법논집, 제 45 집, 2007.

[50]윤종수, "디지털 시대의 저작권과 대안적 보상체제", 지적재산권, 제25 호, 2008.

[51]윤진수, "부동산 이중양도의 경제적 분석——배임행위 적극가담론의 비판", 저스티스, 제 29 권 제 1 호, 1996.

[52]윤진수, "권리남용 금지의 경제적 분석——토지 소유자의 지상물철거 청구를 중심으로", 민법논고, 제 2 권, 2007.

[53]우성엽, "한국법상 아이디어 보호의 가능성", Law & Technology, 제 6 권 제 1 호, 2010.

[54]정진근, "창작성 없는 비저작물의 이용과 일반불법행위책임——2007 가합 16095 판결을 중심으로", 상사판례연구, 제 22 집 제 3 권, 2009.

[55]정호열, "독일 부정경쟁방지법 제 1 조의 일반조항에 관한 소고", 기업법의 현대적 과제, 조세통람사, 1992.

[56]정연덕, "한국, 미국, 일본의 특허 무효율 비교", 창작과 권리, 제 70 호, 2013.

[57]조영선, "판례에 나타난 저작물의 창작성——부인된 사례의 유형화를 중심으로", 법조, 제 50 권 제 12 호, 2001.

[58]주선아, "우리 저작권법에서의 '공표' 의 의의——미국 저작권법상의 '발행' 과 관련하여", Law & Technology, 제 7 권 제 4 호, 2011.

后 记

本书是由笔者连载于北海道大学《知识产权法政策学研究》第 46 号(2015)、第 47 号(2015)、第 49 号(2017)、第 50 号(2018)的数篇论文翻译而成。在将论文重述成书的过程中,笔者对原文的叙述进行了大幅调整,以期本书能够在介绍日韩两国的研究现状方面作出微薄的贡献。

2011 年攻读博士学位之际,为了准备在北海道大学知识产权法研究会上的报告,笔者曾围绕日本最高法院的"朝鲜电影"案〔1〕撰写了判例评释。〔2〕为了厘清尚未承认朝鲜为国家的韩国对于未被承认国家的作品的保护方法,笔者就韩国的法律条文和判例展开了一系列研究,并发现了如下颇有意思的现象:从日韩两国最高法院的判例来看,围绕知识产权专门法未作明文规定的利用行为是否可以构成一般侵权行为,两国法院的判例对此问题采取了不同的态度。具体而言,日本的最高法院判例无一例外地对此予以否认;〔3〕与此相对,韩国的大法院判例则积极地承认侵权行为的成立。〔4〕那么,日韩两国最高法院的判例采取不同态度的理由,到底是因为日韩两国的侵权行为法在条文构造上存在差异,还是基于对个案具体案由的判断而存在得出不同结果的特殊事由?笔者的问题意识,便源于这一疑问。

在我国的审判实务中,对于知识产权专门法中尚未明文规定的新型竞争行

---

〔1〕 最高裁判所 2011 年 12 月 8 日判决,最高裁判所民事判例集 65 卷 9 号 3275 頁。

〔2〕 丁文杰「未承認国の著作物の保護範囲(1) - 北朝鮮映画放送事件 - 」知的財産法政策学研究 41 号(2013 年)325 - 357 頁;丁文杰「未承認国の著作物の保護範囲(2・完) - 北朝鮮映画放送事件 - 」知的財産法政策学研究 42 号(2013 年)395 - 444 頁。

〔3〕 最高裁判所 2004 年 2 月 23 日判决,最高裁判所民事判例集 58 卷 2 号 311 頁;最高裁判所 2011 年 12 月 8 日判决,最高裁判所民事判例集 65 卷 9 号 3275 頁;最高裁判所 2012 年 2 月 2 日判决,判例時報 2143 号 72 頁等。

〔4〕 대법원 2010.8.25.2008 마 1541 결정; 대법원 2012.3.29. 선고 2010 다 20044 판결 등.

为,通常适用《反不正当竞争法》第 2 条进行规制,而非适用《民法典》侵权责任编中的一般侵权行为。《反不正当竞争法》第 2 条的特征在于,并不事先特定不正当竞争行为的类型,而是设定了“诚信原则”“商业道德”“合法权益”等抽象的要件,将具体的判断交由法院进行自由裁量。然而,随着互联网技术的日臻成熟,法院在新型不正当竞争行为案件中适用《反不正当竞争法》第 2 条的数量和比例显著增加,“商业道德”俨然成为非类型化不正当竞争行为的评判标准和裁判规则。笔者希望,本书在中国的出版能够引起我国理论界和实务界人士对于《反不正当竞争法》对知识产权保护的过度介入这一问题更多的重视、讨论和研究。

当然,本书的出版绝非笔者一个人努力的成就。东京大学的田村善之教授是笔者硕士阶段和博士阶段的导师(当时为北海道大学教授),在笔者求学之时,田村善之教授给予了亲切的关怀和悉心的指导,有幸得以进入田村研究室,乃是笔者意志坚定地走上学者道路的重要契机。另外,在研究过程中,北海道大学吉田广志教授、Hazucha Branislav 教授、高桥直子特任助手、刘晓倩研究员,中国政法大学李扬教授,明治大学铃木贤教授,首尔大学丁相朝教授、朴俊锡教授,西江大学朴濬佑教授,釜山大学桂承均教授,釜山地方法院林相珉法官等给予了笔者莫大的支持和鼓励。同时,曾一起在田村研究室攻读博士学位,而今已经走上各自的工作岗位的同门兄弟姐妹,也多次倾听笔者的构想并给出宝贵的建议。他们是同志社大学山根崇邦教授、驹泽大学小嶋崇弘副教授、中国台湾地区万国律师事务所陈信至律师、京都教育大学比良友佳理讲师、国家知识产权局顾昕首席研究员、中国社会科学院张鹏助理研究员、北京理工大学刘影助理教授、佐贺大学孙友容讲师、暨南大学许清讲师、NHK 知识产权中心桥谷俊首席董事、福冈大学平泽卓人讲师、东京大学张唯瑜特任助理教授。此外,笔者还想对曾一起攻读硕士学位,而今已经离世的冉敏、朱誉鸣夫妇表达衷心的感谢和深切的悼念。还有,自笔者赴日留学直至今天,一直承蒙亚细亚友之会外语学院野左近勇藏院长、丁玉实副院长以及国士馆大学沈柱仁主任的亲切关照。本书出版之际,得到了复旦大学季立刚教授、法律出版社刘晓萌女士和任娜女士、上海幻电(bilibili)孙梦洁法务主管、方达律师事务所卢金瑾律师、东京大学李远杰博士研究生的热情帮助,也得到了复旦大学法学院的大力支持,笔者在此向以上诸位表达诚挚的谢意。最后，笔者还想对一直以来甘苦与共，并给予无尽支持的父母、妻子由衷地道一声：“谢谢！”

丁文杰

2023 年 10 月 1 日

于复旦大学江湾校区